企画の本質と技法

村 上 哲 大

学文社

はじめに

すべてが閉塞したままである。明治維新以来の右肩あがりの経済成長がゼロ成長になってから十年を超えるが、何一つ明るい光はみえてこない。その主要原因の一つが企画力の不足にあるのだ。

モノが溢れ、飽食の時代となった今日、とりたててほしいものとてない。したがって、モノを作っても売れない。不況も十年を超えると、無気力・無責任・無感動などの三無主義は今日では皆無主義となり、ほとんどの人が生きた屍と化し、脳死状態を呈している。

かかる需要不振と低成長、飽食と皆無主義の時代が続く最大の原因は、明治維新以来成功してきた〝拡大発展手法〟から一歩も脱出できずにいることである。わが国の拡大発展手法とは、先進国の文物や技術の物真似・結果ただ取り・横並び・同質主義……などであるが、世界のフロントランナーとなった今日では、それらの手法は役立たなくなっているのである。

成熟・飽食・皆無の時代を打破し、人びとの心と経済を活性化させるには、今日の時代にあった新しい手法を導入するしかないのである。

それこそは、閉塞と脳死の暗黒世界に、新しい知的価値を創造する手法であり、それを称して「ストーリー式企画手法」という。これは、すべての仕事につき、価値が出やすい単位のテーマを設定し、一つのストーリーとして、着実にステップを踏んでゆくというやり方である。

さて、本書は他の企画本に較べて数々の特長を持っている。

一つは、企画を経理や営業などといった機能的、職能的な業務として捉えるのではなく、すべての仕事に共通して存在する〝共通方法業務〟として位置づけていることである。それゆえに、すべての仕事・分野について企画することが可能である。

二つは、企画は問題解決の一部であり、創造的な分野を担当することである。

三つは、本書の内容が、他の類書に較べて〝企画とは何か〟〝どうすれば良い解決策を得られるのか〟といった、企画の本質や意味について深く言及していることである。類書の多くが企画書のつくり方、表現の仕方などのノウハウを中心に書かれており、企画の心や本質が忘れられているからである。

四つは、本書の全編を通して、ＢＧＭとして、目的論的《テレオロジカル》アプローチを採用していることである。これにより、創造性と論理性に筋金が入り、本物の企画を成し遂げることができる。

五つは、視野であるが、叙述は仕事・ビジネスが中心になり、私生活・学習・交友など人生万般への活用が可能なことである。

21世紀は企画なくしては、一歩も動けない時代である。自分で発想し、論理的にまとめ、果敢に実践してゆく能力が不可欠なのである。本書によって、企画への意欲と能力が少しでも高まれば著者にとりこれにすぐる喜びはない。

二〇〇二年二月

著　者

目次

第1章

企画の心（本質）

一　今、なぜ企画なのか

今日、役所も企業も、いたるところに〝企画〟という言葉が氾濫している。組織では企画部や商品企画室といった部署はどの会社にもある。また、企画名称でも、経営企画・新事業企画・新商品開発企画・原価低減企画・販促企画・システム企画……等々、今や、企画は花盛りである。私自身も、わが国の大学ではじめて開設された、企画開発論（理論）とその演習を担当するため、高知から移ってきた。

では、今、なぜ、企画がもてはやされるのであろうか？

そのわけを結論的にいえば、「良い企画さえあれば、現今の、そして未来のきわめて厳しい環境をも堂々と生き抜いてゆける」からである。

企画が必要とされる背景・理由につき、五つにまとめてみよう。

まず第一は、長期の不況や飽食の時代などからつくられてきた、沈滞ムードや閉塞感を打破《ブレークスルー》し、往年の活気を取り戻すことの必要性である。

とにかく、人心は皆無の状態にある。社会の成熟化による飽食は、無気力・無関心・無責任・無能力……等々あらゆる面において、〝無〟の状態を現出させている。

明治維新以来、百年以上に及ぶ、モノ造り時代に必要とされた、資質や能力は、今日の知識社会では時代遅れとなっている。たとえば、従順・同質・物真似・応用・肉体の汗などは、積極的提案・異質・独創・創造・基礎研究・知恵の汗……等々へと変化しているのである。

現今は、明治維新から連綿と続く、一本調子のモノづくりを特徴とする〝循環型の経済〟ではないのである。それは、循環型経済から〝破壊・創造型経済〟への経済革命なのである。何事も壊して、新しく創り変えなければならないのだ。しかるに、長いモノ造り時代に身に染み込んだ、思考や体質・気質、能力は一向に変わらないのである。「もう少し我慢しておれば、そのうちによくなってくるだろう」と考え、何一つ新しい手を打つことをしないのである。何も手を打たなくてよくなるはずはないのであるが。

不況が十年以上、続いてもなお明かりはみえず、ますます、深刻さを増していても、その奥に潜む変化の本質をほとんどの人たちが理解していないのである。

さて、それでは、かかる状況が理解されていないなかで、閉塞状態を打破するにはどうすればよいか。そこで登場してくるのが企画なのである。

企画は新しい発想によって、創造的に問題を解決してゆくやり方であり、現行の閉塞状態に風穴をあけるに絶好の手法なのである。

では、何故にそれができるのか。

第二は、環境の激変によって翻弄され、変化してゆく顧客のニーズ、価値観、欲望等に対して適切な対応を可能にしてくれるからである。その変化の方向は、多様化・高度化・複雑化……等々であるが、その変化は、環境変化に影響されてあまりにも速く、あまりにも激しいのである。瞬時でも油断すれば多大の機会損失を発生させることになり、それゆえに素早い企画が必要になってくるのである。

変化に対する感受性を研ぎ澄まし、いささかの変化やその徴候を見逃すことなく、変化を先取りした企画をどんどん提案してゆくのである。

第三は、環境の激変により、益々、複雑化・混沌化・高度化・困難化してゆく、経営・管理や日常業務に対して、そのやり方の革新・改革を促進してくれるからである。組織の革新は階層が絡むだけに尋常のことではむずかしい。多くはトップを始め、より上位職者に問題があるからだ。これは一筋縄ではゆかないのである。

そこで、アイデアや知恵を結集した企画の出番が出てくるのである。従来のごとく、物真似と結果ただ取りと横並びをモットーとし、知の汗は一滴もかかず、肉体の汗だけを多量にかくといったやり方では、複雑怪奇な制度や習慣を変えることは到底不可能なのである。

第四は、時代の変化に則した能力の開発・練磨に大きく貢献するからである。時代の変化に則した能力とは、豊かな教養と前向きの姿勢をバックに〝共通方法能力〟を縦横に駆使して〝職種別個別能力〟を生かし切り、それぞれのテーマを最初から最後まで完結せしめる能力である。その中心は、発想法やコミュニケーション能力などの共通方法能力なのである。

企画では以上に述べた能力も含めて、実に多くのかつ中核的な能力のほとんどを開発・育成することができる。企画することそれ自体が重要能力の養成につながるのである。

第五は、自己実現や生きがいにも大きく貢献するからである。知的ワークの時代に入って久しいにもかかわらず、知の欠片《かけら》も使えず、常に指示待ち、肉体の汗だけで、過ごす毎日に果たして自己実現や生きがいの実感があるのだろうか。

企画によって、知をフルに使い、達成の喜びを感じ、自己実現してゆくのである。企画しない人にとっては、自己実現も、生きがいも夢のまた夢なのである。

以上には、企画が人気者になっている理由や企画の必要性について述べてきた。がもう一度まとめていうと、それは、「良い企画をしてゆけば、人生も経営も仕事もみんなうまくゆくよ」ということである。逆にいえば、「企画しなかったり、しても下手な企画では、人生も、経営も、仕事もそれらすべては真っ暗闇よ」ということである。

以上のように、良い企画は、人生そのものを幸福にするのであるが、それは、①顧客ニーズへの対応、②経営等の革新、③能力開発、④自己実現と生きがい、の四領域を卓越させるからである。

然り、である。企画は、単なる提案や業務改善、初歩の問題解決や単なる計画ではないのである。なぜならば、そこには、創造性・論理性・意欲・情熱・行動力など、知情意のすべてが、フルに活用されているからである。

しかし、企画はただたてればよいというものではない。下手な企画はかえって大怪我のもとになる。企画は良いものでなければならないのである。

二　企画とは何か

何か物事を行うに当たっては、その対象が何であるかを知らなければ、良い結果を得ることはできない。企画についてもまったく同様であり、企画がなんたるものであるかを知らないで、企画を行うことはできない。しかるに、実務上においては、確立した定義がないこともあって、各人が思いのままに、企画を行っている。それゆえ、企画の定義は、企画という言葉を使う人の数ほど存在する。非常に狭く解する人は、ちょっとしたアイデアのレベルから企画に入れ、広く解する人は、革新的構造的なもののみを企画と考えている。いずれにせよ、何事をするにも、まずは、定義が必要であり、定義によって関係者全員が共通認識することが、企画を成功させる条件の一つである。

そこで本書でも、まずは、定義を行うところから始めたい。

1．諸先輩の定義

企画については、さまざまな角度からなされた諸先輩の定義がある。それらのなかからいくつかを紹介させていただく。企画の本質について深く考える糸口になれば幸甚である。

①「企画とは、実践を通じてより良い成果を得るための知恵、もしくはそうした知恵の創造行為である」（『ビジネス

企画書の作成技法』和田創　日本経済新聞社）。

彼はまた、同書のなかで次のような定義もされている。

②「企画とは、現状と目標のギャップを解消する努力である」。

目標をあるべき姿の代表と解すれば、問題解決の定義と同じになる。

③「企画とは、ある目的を効果的に達成するために必要な、知的生産技術としての、論理性・創造性・現実性が、有機的に結合した実像が完熟し、それを書き・説得し・実践する手続きの全体である」（『ビジネス・プランニング』生田哲雄　東洋経済新報社）。

体系的・網羅的である。目的と手段がみえる。

④「企画とは商品の質を高めるもの」（『企画力』高橋憲行　実務教育出版）。

範囲が狭い。

⑤「企画とは、ある課題に基づいて、その課題を達成するためになすべき仕事のイメージを描き、全体的なまた細部にわたる構想を練って取りまとめ、提案する時、その提案内容および提案をまとめるに至る過程の作業を、企画と言います」（『企画の立て方』星野匡　日本経済新聞社）。

企画の特質がみえない。

⑥「ある意味で人間の思考はすべて〈広義の企画〉と考えることができる。だが、今日でいう企画とは、その中の特殊なもの、すなわち、極度に計画的で意図的なものを意味する」（『企画書立て方・書き方がわかる事典』小泉俊一　西東社）。

中身がなく空まわり。

⑦「企画力とは、仕事の問題を創造的な解決を目ざし、方針を立て、情報を集め、構想を立て、具体化し、説得し、

実現を目ざすまでの全過程を実施する能力」（『企画力をつける』高橋誠　日本経済新聞社）。

企画力の定義であるが、企画の定義としても活用できる。

⑧「企画とは、ある目標に沿って、その目標を実現するための仕事のイメージを描いて提案し、その提案内容の実現に至る過程、およびその成果をいう」（『企画書をスラスラまとめる本』星野匡・梅澤庄亮　中経出版）。

企画の特性が表現されていない。

⑨「ある課題に基づいて、その課題を達成するためになすべき仕事のイメージを描き、全体的なまた細部にわたる構想を練って取りまとめ、提案する時、その提案内容および提案をまとめるに至る過程の作業を、企画と言います」（『企画の立て方』星野匡　日本経済新聞社）。

その他、部分的特長が鮮明な定義もあげておこう。

⑩「企画とは、創造的な問題解決である」。

⑪「企画とは、ある目的（目標）を計画的に考え、方向づけ、達成するための効果的な手段である」。

⑫「企画とは、前向きの問題解決・問題改善である」。

⑬「企画とは、問題解決という〈結果〉をもたらす〈原因〉のことだ」。

⑭「企画とは、明確な目的意識をもって計画を練ることだ」。

⑮「企画とは、目的達成のための最も効率的な方法を模索することである」。

⑯「企画とは、ある課題を解決するための具体的かつ新しい方法を組み立てること」。

⑰「企画は、創造の手法を用いた問題解決の手段である」。

⑱「企画とは、可能性を追求するための知的原動力である」。

⑲「企画とは、企てを画くことである」。

⑳「企画とは、プロジェクトの質を高める作業の総称である」。
㉑「企画とは、ある目的・目標を計画的に達成するための手段である」。
㉒「企画とは、平たくいえば、問題解決である」。
㉓「今日でいう企画とは、自然発生的できまぐれな思考ではなく、計画的で意図的な思考を意味する」。

2. 本書の定義

先にはいくつかの代表的な定義を紹介したが、帯に短し襷《たすき》に長しといったところである。そこで本書では、環境的アプローチ（パラダイム発想法）と目的発想法を用いて、次のような定義を導いた。

企画の定義

企画とは、激変する環境のなかにあって、当該目的を最適に達成するため、創造性、論理性、手段性（合目的性）、現実性（実現可能性）等を有機的に結合した新しい手段価値《ホワット・当為》を創造・開発するとともに実現に向けての道筋を描く、問題解決への創造的なアプローチ法である。

以上の定義の本質を一言でいえば、

目的達成のために新しい手段価値を創造する手法

ということになり、目的と創造的価値がキーワードとなる。要は、「その目的の達成手段としては、こんなに創造性に富んだやり方があり、実際に実現できたよ」といったイメージである。

以上の定義には、環境的アプローチ（パラダイム発想法）を試みた。環境激変のなか、経営・仕事を維持・向上してゆくために、われわれは何をすべきか、を問う方法である。変化を先取りし、変化を機会《チャンス》と捉え、常に新しい価値を創造し続けることが必要なのである。それを可能にしてくれる一つの手法が企画なのである。企画は有力な経営手法の一つだということである。

次は、目的発想法からのアプローチである。物事の定義は、ほとんどの場合、目的と手段のペアで述べるとうまくゆく。要は何のために、何をすることなのかが、わかるようになる方法である。

また、企業は利益目的を持つ、目的手段の体系であることから、そのことがみえるように定義したものである。

この定義の最大の特徴は、企画を問題解決の重要な一部として位置づけたことである。次にはそのことについて触れてみよう。

3. 問題解決としての企画

本書は企画を問題解決の一領域である創造的な部分を担当するものとの立場をとっている。すなわち、企画とは創造的問題解決なのである。ということになると、問題解決と企画との関係を明らかにしておく必要がある。とりわけ、企画を問題解決のなかにどのように位置づけるかということである。

以下に、二つの視点から両者の関係をみる。

(1) 問題のタイプと企画

まずは、問題のタイプの内、二分類型と企画との関係をみてみよう。

二分類型と企画の関係は、目標指向型など右側（B）は、ほぼ全面的に企画の担当領域になる。また、原因指向型など左側については、20～30％程度（A）が企画、80～70％程度が企画担当外となる。モノ造り万能の時代では企画が入り込む余地はまったくなかったのであるが、現今のごとき超高速環境変化の時代には、左側のタイプにも企画の目を向けることが必要になっている。

二分類法と企画との関係

左側 原因指向型	右側 目標指向型
論理的問題	創造的問題
遭遇する問題	創り出す問題
守る仕事	向上させる仕事
A	B
企画の担当領域	

この領域が問題解決と
企画が重なる部分

三分類法と企画の関係

左側 維持・回復型	中間 向上・発展型	右側 革新・創造型
発生型	探索型	設定型
日常の問題	捜す問題	創る問題
改善の問題	改良の問題	設計の問題
A	B	C
企画の担当領域		

この領域が問題解決と企画が重なる部分

問題の三タイプ分類法は、原則的には二分類法に右側の革新・創造型以下を付け加えたものである。

さて、企画との対応やいかに。

まずは中間のBであるが、これは先の二分法におけると同様、100％が企画領域となる。

次は左側Aの部分であるが、これも先の二分法におけると同様、20～30％が企画領域となる。理由も同様である。

最後に、新しく顔を出してきた右側、Cの部分である。私としては、これらすべてを企画に含めて考えたい。なぜならば、たとえ、トップが決断した場合にあっても、それらを実現するに際しては、大小さまざまな企画が必要とされるからである。

多くの場合は、戦略的企画となり、その他では、戦術企画、行動企画といった形になる。

いずれにせよ、問題のタイプ別でみた場合、企画の出番は、実に広いということである。

以上は、問題タイプのなかに企画を位置づけたものであるが、次は問題解決ステップのなかへの位置づけである。

(2) 問題解決ステップへの位置づけ

何事でも、仕事を進めてゆくにはステップとかプロセスが必要である。手順といってもよい。当然、問題解決にも企画にもそれらは存在する。では両者の関係やいかに。

比較すべき問題解決ステップとして、AとBの二つを選んだ。Aは、ステップとしては最も基本的で短いものである。Cは、筆者が開発した、ストーリー式問題解決ステップで七つの要素で構成される。

以上のA、Cに較べると中間の企画ステップは13もあり、やたらに長く感じられるかもしれない。しかし、それには理由《わけ》があるのだ。

その一つは、企画が持つ特徴がうまく生かせるようなステップにしたことである。その特徴にはたとえば、社外から依頼される他人、他社の問題解決が増えていること、それとも関係して関係者の数が多数に亘《わた》ること、したがって、コミュニケーションの重要性が高まっていること……等々がある。

具体的には、オリエンテーション、コンセプト、プレゼンテーションなどが入っているのがそれである。

第二は、企画を問題解決の一種と位置づけた以上、いかなるタイプの問題にも対応できるステップにしたことである。いわば、最大公約数的なステップを考えたのである。

最後は、高質を要求される企画業務自身が漏れなく完遂できるようにステップを設定したことである。いわば、パラ

図表－１　問題解決と企画のステップ

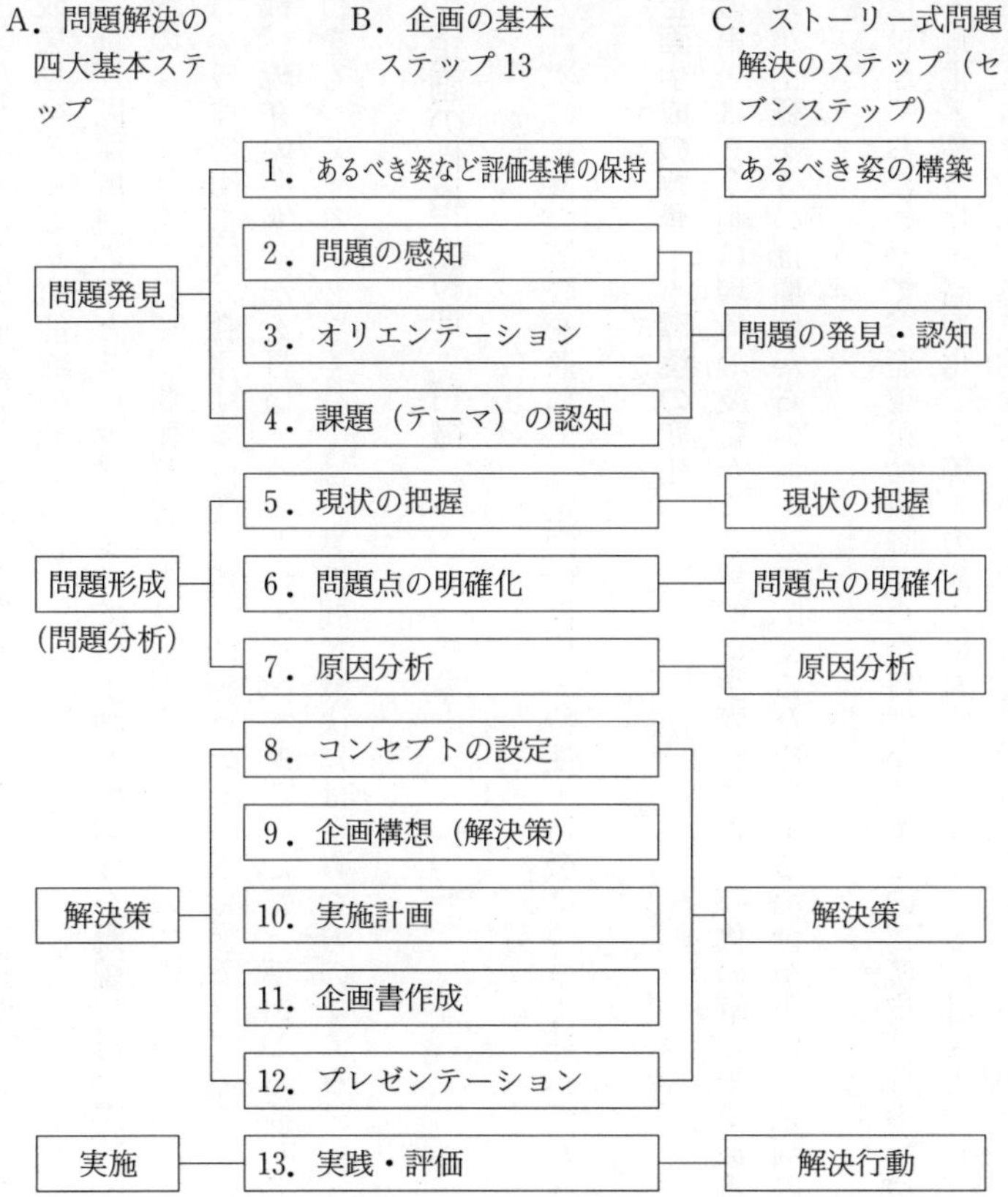
A．問題解決の四大基本ステップ
B．企画の基本ステップ13
C．ストーリー式問題解決のステップ（セブンステップ）
問題発見
問題形成
（問題分析）
解決策
実施
1．あるべき姿など評価基準の保持
2．問題の感知
3．オリエンテーション
4．課題（テーマ）の認知
5．現状の把握
6．問題点の明確化
7．原因分析
8．コンセプトの設定
9．企画構想（解決策）
10．実施計画
11．企画書作成
12．プレゼンテーション
13．実践・評価
あるべき姿の構築
問題の発見・認知
現状の把握
問題点の明確化
原因分析
解決策
解決行動

ダイム的（枠組み）な機能を期待したものであり、このステップを枠組みとして着実に作業を進めてゆくことで、ある程度の成果を得ることが可能なのである。

以上には、問題解決の型《タイプ》とステップについて、企画との関係を概観した。成熟・飽食・無気力・無責任を背景にした、長期不況のなか、仕事そして、問題解決の中身は一変しているのである。

それはいうまでもなく、探索する問題、創る問題へのシフトである。このことに一刻も速く気づき、企画力を発揮しなければ、現在の閉塞状況を打破することは不可能である。ただ、漠然と一括りで問題をみるのではなく、創造の目、企画の目をもってすることなくしては、真の問題解決には至らないのである。

4. 企画の性格・特性・特徴

それでは次に定義の解説を兼ねて、企画の性格・特性・特徴について述べておきたい。

(1) 企画生成の背景——環境の変化

特徴の第一は、企画は環境の変化から必然的に生誕してきた時代の落し子であるということだ。何事においても、新しい物事が生誕するのは環境からのニーズに応えるためである場合が多い。企画の場合はとりわけそれが顕著なのである。

企画はひとくちにいって、産業革命以降から今日に至るまでの、産業社会のたゆみなき進化・発展がもたらす経営の複雑化・難化・高度化・高速化……等々の変化に対応してゆくことの必要上から、必然的に生まれてきたものである。

思い付き、気まぐれ、恣意的な発想や思考では経営環境の変化についてゆけなくなったのである。そこで出てきたニーズが、産業社会を中心にその進化・発展に有用な合理的、創造的、論理的な経営手法の創造であり、かくして生誕したのが、企画手法なのである。

(2) 創造性・論理性・合目的性・実現性

第二の特徴は、(1)で述べた企画生誕の背景からもわかるように、難局を打破するに足る創造性・論理性・合目的性・実現性が必要とされることである。これら四つが有機的に結合され、相乗効果を発揮することが必要である。

アイデアが優れていても、論理的思考を欠けば関係者を納得させることはむずかしい。

アイデアが優れていても、目的から、離れていては目的の達成には貢献できない。

アイデアが優れていても、実現の可能性がなければアイデア倒れで終わってしまう。

これら四つの能力はそれぞれに性格が異なるだけに企画力といった複合能力が必要なのである。

(3) 目的達成の手段

第三の特徴は、企画は特定の目的を達成するための手段だ、ということである。このことはあまりにも当然のことではあるが、理解している企画者はまだ稀なのである。ほとんどの企画者が、「なんのために企画しているのかについて真の理解をしていない」のが実態である。目的が正確に認識されていないと、いかにすばらしいアイデアが出てきても、的外《まとはず》れとなってしまうのだ。

仕事とは所詮、「正しく価値の高い目的を設定し、最適手段を発掘・実践して目的を達成すること」である。このことを真にわからせてくれるのも企画の重要な特徴なのである。

(4) 創造的な問題解決

第四の特徴は、企画は創造的な問題解決だということだ。仕事はことごとくが問題解決ではあるが、その内でも創造的な能力を必要とされる領域を担当するのが企画なのである。

(5) 一件完結性・サイクル性

第五の特徴は、企画はテーマごとにはじめから終わりまでの全プロセスが視野に入っていることである。すなわち、プラン・ドゥ・シ、あるいは、プラン・ドゥ・チェック・アクションのサイクルを一回転させる、一件完結型のストーリーをもって進められる。

断片的ではなく、時の流れを組み込んだ実践を重視するものなのである。

5. 企画の目的

以上で、「企画とは一体何者だ！」という問いに対していささかの回答ができたかと思う。さて、ここでは、企画の目的について、まとめておきたい。

(1) よい目的・よいテーマ

目的の定義からみられるキーワードは、目的、手段、目的と手段の組み合わせ、創造、実践の五つである。

まずは、創造的なよい目的の設定である。企業の仕事を全体的にみれば、それは目的手段の階層・連鎖とそれらの実践である。「長期的・安定的に適正利益を確保する」ことを最高目的において、その手段を展開してゆくと、一般的に

図表ー2　企画の目的手段系統図

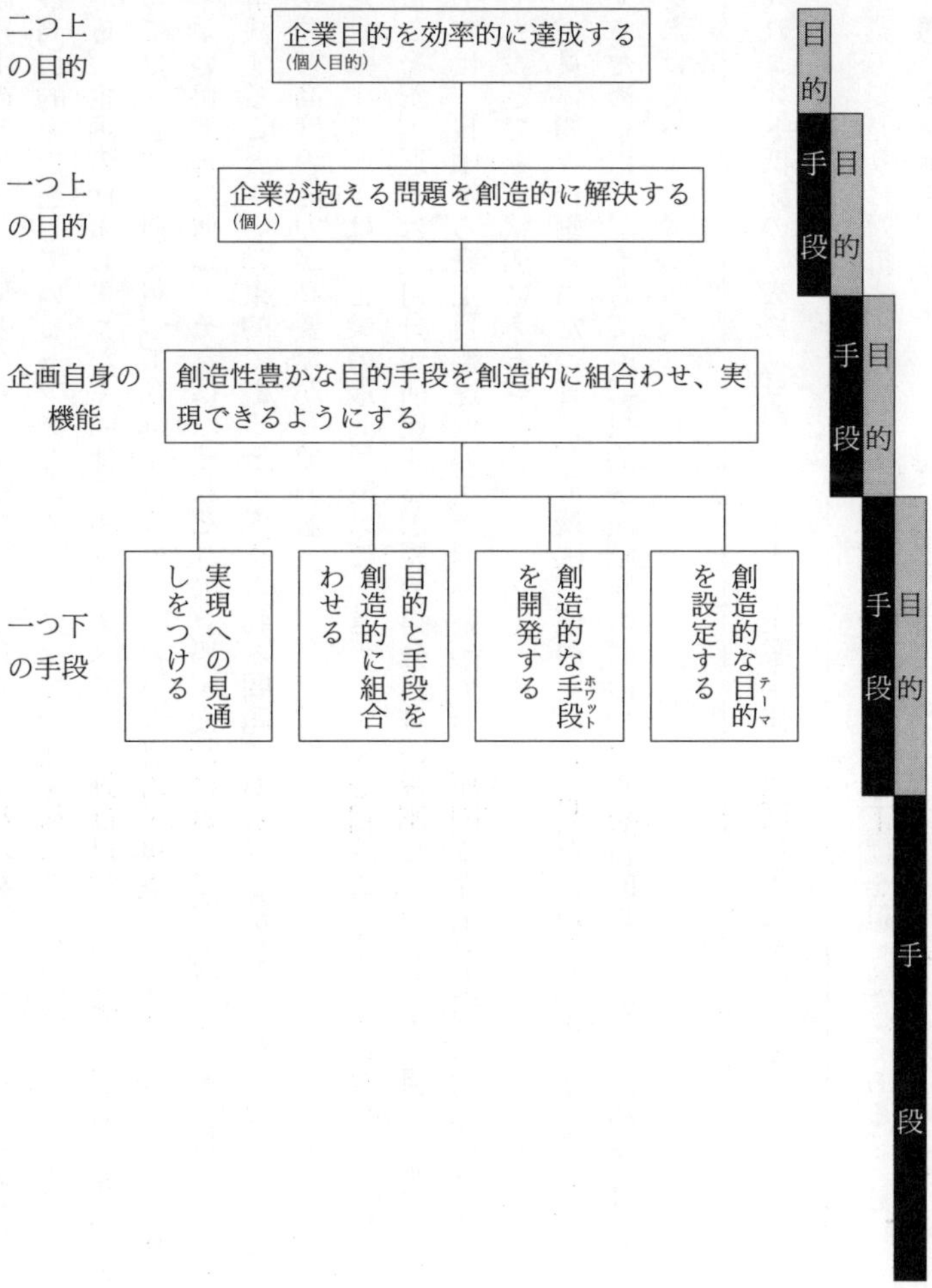
二つ上の目的
企業目的を効率的に達成する
（個人目的）
一つ上の目的
企業が抱える問題を創造的に解決する
（個人）
企画自身の機能
創造性豊かな目的手段を創造的に組合わせ、実現できるようにする
一つ下の手段
実現への見通しをつける
目的と手段を創造的に組合わせる
創造的な手段《ホワット》を開発する
創造的な目的《テーマ》を設定する
目的
手段
目的
手段
目的
手段
目的
手段

は十段階以上のピラミッド型となり、全社員は、それらのいずれかを担当していることになる。

要は最高目的を担当しているトップも含めて、すべての従業員はその最高目的を達成するための手段として働いているのである。企画の仕事もまったく同様であり、すべての企画は目的があってはじめて成立するのである。そこで、企画に際しては、まず、何を狙って企画を行うのか、という目的を決めるところから始めなければならない。

では、よい目的《テーマ》とは何か。それは、それぞれの立場・役割において、最優先で解決したい問題であり、かつ、企画によって解決することが、効果的であると、考えられる問題である。しかし、それは決して、容易ではない。論理性、目的発想法など高度の能力が必要だからである。

実際に企画するときは、企業の最高目的のごとき大テーマ《ビッグサイズ》を目的にすることはない。それは経営者やゼネラルスタッフのやることだ。通常は、自分が所属する部課や自分自身の役割などのなかから目的《テーマ》を選ぶことになる。販売促進課の課員であれば、日頃から売上目標達成の足を引っ張っている原因や売上の促進に効きそうな方策をつかんでおり、目的はいつでも設定できる状態にある。

そこで、具体的な企画に当たっては、最低限、何のために（目的）、何を（手段）するのか、を決めなければならない。それをするためには、どうしても、目的手段階層のどのレベルを目的にするかを決めるところから始めなければならない。例をあげてみよう。

●仕入れコスト低減のために（目的）、グループ企業全体で共同仕入れを行う（手段）。

競合企業の安売りに対抗するため、まずは仕入れ価格の引き下げを狙ったのである。

次に、悪い例を示す。

● 販売を促進するために（目的）、グループ企業全体で共同仕入れを行う（手段）。

この例では、中間目的がスキップしており、共同仕入を行うと売上げが増えることになる。仕入れコストの低減と販促とは直結しないのである。

コスト低減の目的はきわめて多様なのである。

もう一つ例をあげる。

あるスーパーの店長が部下に、「売上げが落ちているが、よい企画を頼むよ」と命じた。提出された部下の企画書をみると、

● 売上大幅増のために（目的）、従来の三倍の地域に折込み広告を入れる（手段）。

結果は散々であった。折込みをたくさん入れれば売上げは増えると短絡的に考えた結果である。

正しい企画は、売上減少の原因を徹底的に追及して、その原因を取り除くことをやったあとでその結果を形にして、折込みで告知するのである。商品のマンネリ化で魅力が薄れているのであれば、商品構成を徹底的に見直し、新しい仕入先を開拓し、産直品コーナーをつくり、各種イベントを企画するなどで新しさと変化を演出するのである。かくして、

● 一変した商品をごらんいただくための（目的）、来客者倍増キャンペーン企画――折込みなど（手段）。

となる。

以上には、いくつかの例をあげたが、このように目的と手段がチグハグな例は実に多い。

(2) 手段の開発

正確にいえば両者は異なるのであるが、ここでは仮に、手段＝実施項目《ホワット》としておく。要は「なんのために」「何をするのか」ということであり、企画は実質的にこの手段を中心に進められてゆく。

しかし、ここにも、大きな問題がある。もちろん、目的とも深い関係があるのだが、要は手段《ホワット》すなわち、テーマの大きさ《サイズ》の問題である。この手段《ホワット》にも目的と同様、第一手段から所作・仕種といった微動作までが存在するのである。例をあげてみよう。

●国際競争力を強化するため（目的）、米国大手企業と合併する（手段）。

●資産を圧縮するため（目的）、不動産の証券化を企画する（手段）。

●組織の活性化を図るため（目的）、成果主義の人事制度を導入する（手段）。

次は小さい例である。

- ラーメンを届けるため（目的）、単車で運ぶ（手段）。
- スーパーのチラシを届けるために（目的）、個別訪問で手渡す（手段）。
- 論文を書くため（目的）、ワープロを使う（手段）。

小さい例は企画のテーマ（手段）となることはない。しかし、大きいほう、三つの例は、テーマになる可能性は十分である。

- 米国企業との合併企画
- 不動産の証券化企画
- 成果主義人事制度導入企画

と名付けると十分、様《さま》になるからだ。

これらは、企画のテーマとして、適切か否か。それを判断する基準は何なのか。

そこで、出てくるのが、大きさ《サイズ》という視点である。特に明確な基準はないが、私は以下を考えている。

一つは、創造性からの視点である。たとえば、合併・新人事制度・売上増・コスト低減……等々、スローガン的、枠組み的でそれ自身にアイデアなどの創造性が包含されていないものは、テーマとして適切とはいい難い。

二つは、論理性からの視点である。テーマが大きすぎると、実現までの道筋を短時間に要領よく、論理的に述べ、説得させることは難しいと思われる。

三つは、実現可能性からの現実である。テーマが大きすぎると実現可能性の判断がつきにくい。
以上のごとき理由から、最適なサイズとは、
•アイデアや知恵が盛り込まれやすいこと
•全体をコンパクトにわかりやすく、論理的にまとめられること
•実現化への道筋がイメージできること
以上の三条件を具備していることが必要である。
以下にいくつかの例をあげてみよう。
私がマツダ勤務中に行った企画の例である。

•純正部品のイミテーション化を防止するために現地でセカンドブランドを導入する
•購入部品仕入れコストを低減するための部品メーカーとの早期共同開発制度を導入する

(3) 目的と手段の組み合わせ

第三のキーワードは、目的と手段の最適な組み合わせである。仕事というものはすべからく、ある目的のための手段として行われている。目的なくして手段はないのであり、手段なくして目的はないのである。

しかし、現実の仕事ぶりをみていると、目的を正しく理解し、その目的を達成するため最適手段を考えた上で仕事をしている人は、皆無に近いといえる。ほとんどの日常業務は手段の目的化が進んでおり、惰性と怠惰がまかり通り、成り行きの仕事が大半だ。

企画は、知情意の固りのごとき仕事であるが、その中核となるのが、先に述べた目的と手段の最適な組み合わせなの

である。目的と手段がしっかりしているとは、創造性・論理性・実現性が高いことの証左なのである。

企画は、創造性と論理性と実現性の結晶ともいうべき、目的と手段の最適な組み合わせによって、はじめて、すばらしい成果をあげることができるのである。

(4) 創造

創造的な目的・手段は、目的発想法を活用すれば容易に発掘・発見することが可能である。その方法をひとくちでいえば、「物事の機能《はたらき》を明らかにし、そのなかから目的や手段を決める方法」である。

創造的な組み合わせについても、目的発想法で万全である。

(5) 実践

企画も机上の空論やアイデア倒れ、ではまったく意味がない。投入《インプット》された以上の産出《アウトプット》があってこそ、本物の企画といえるのである。

企画の機能は、「創造的に問題を解決する」ことである。成果《アウトプット》を出すためには、計画・実施・統制のすべてをよく、すなわち効率的に行わなければならない。

企画は、創造的問題解決であり、結果を出してこそ価値があることを忘れてはならない。

本書のテーマミュージックである、目的発想法は、ＰＤＳのすべてに、完璧ともいえる理論を提供してくれるのである。

(6) テーマと目的・手段

以上には、企画の目的と手段について度々述べてきたが、それではテーマとの関係やいかに、ということになる。

具体的にいえば、テーマにするのは、目的、手段、両者の組み合わせ（ペア）の内、いずれが適しているのか、ということである。

結論的にいえば、目的と手段をペアで表現するのが、よいのではなかろうか。「何々するため（目的）に、何々する（手段）」と表現すると企画の内容がよくみえるからである。

テーマの表現で最も重要なことは、「なんのためにテーマをきめ、なんのためにテーマを表示するのか」という目的なのである。それがわかれば、いかに決め、いかに表示すべきかといった手段《（機能）》はおのずとみえてくるはずである。したがって、最適解は企画の数だけあるというのが、正しいのである。

関係者全員が正確に理解しているテーマであれば、「X企画」でもよいわけである。

6. 企画の効用・メリット

企画とは何か、がわかってきたところで、企画の効用・メリットについても概観しておきたい。企画への意欲が高まるからである。

(1) 業績維持・向上への切り札

現今のごとき飽食・価値観多様化……等々といった心の時代にあって、業績を維持・向上させることは至難のわざである。名門企業も含めて倒産を伝えるニュースは引きも切らない状態である。かかる悪い現状・悪い結果には必ず原因があるのだ。その有力原因の一つが企画力の不足である。すなわち、創造的な問題解決能力が不足しているのである。

いかに不況のときにも、企業を個別にみるとき、そこには必ず絶好調の会社が存在している。そのような企業は環境の変化に適応した商品やサービス、物流や商流などにおいて新しい価値を創り続けているのである。

企画のレベルには、経営企画・戦略企画といった経営レベルのものから、新商品開発企画・原低《CR》企画などの中間的・部門レベルの企画、さらには個々人の担当職務レベルの企画まで会社の機能に対応したものがあるのだ。

全階層を巻き込んだ創造的な企画によって新しい価値を創造し続けるのである。

企業の維持・発展は、企画なくしては不可能だ。

(2)　能力開発への貢献

前向きかつ真剣に取り組む企画からは下記するがごとき数々の能力を開発・錬磨することに貢献する。そのいくつかを例示する。

一つは、感受性・感知力である。興味・関心・好奇心の幅が広がり、奥が深まることから五感の感覚力が鋭くなり、感受性・感知力が養成される。要は他人と同じものをみても他人にはみえないもの、感じられないものがみえ、感じられるのである。

二つは、何事に対しても、ビジョンや理想、希望や期待などの「あるべき姿・物差し」をもつことができるようになることである。これなくしては、何をみても、何を聞いても、なんらの違和感・ギャップ・ズレを感じないのである。感じなければ始まらない。

三つは、問題発見能力である。

「あるべき姿」と「現状および未来」とのギャップが問題なのであり、先に述べた一と二の能力によって養成される。

四つは、創造力である。いわゆるアイデアとか発想力、知恵とか工夫力といわれるものである。企画の本質は、「新しく創る」ことであり、企画作業《ワーク》の全体が創造と知恵の坩堝《るつぼ》となる。したがって、そのなかで仕事をしているとごく自然の内に、創造力が養われてくるのである。

五つは、思考力とりわけ論理的思考力である。企画は単なる思い付きだけでは実現不可能である。アイデアを深化させ、論理的に組み立て、人びとを説得・納得させるに足る形にする論理化能力が必須である。この論理化能力は発想力である創造力とは性格が異なり、両立し難いものではあるが、企画ワークを続けてゆくなかで双方を育成できるのである。

六つは、共通方法能力である。以上一から五までに述べた能力はすべて共通方法能力であるが、それら以外にも多くの共通方法能力が育成される。たとえば、整理・分類技術、ＰＤＳなど基本的な仕事の進め方、コミュニケーション能力、人間関係処理技術……等々である。

七つは、管理能力と経営《マネジメント》能力である。企画テーマの大小や難易度によって違いはあるが企画は管理能力や経営能力の育成に有用である。なぜならば、企画にはＰＤＳやＰＤＣＡのサイクルを含み、また、一件ごとに採算性を考えることなどから、〝個別テーマごとの経営者・管理者〟といった役割を担うことになるからである。

⑶　仕事と経営の本質

企画は一件ごとがいわば、「一つの事業経営」のごときものである。したがって、よい企画はよい仕事、よい経営そのものであり、仕事と経営の本質をつかむことができるのである。

⑷ 自信と自己実現

企画には己の意欲や能力を余《あま》すところなく盛り込むことができ、それが成功すると自信が強くなり、さらに高みへと挑戦することになる。かくして、能力がさらに高まる。企画の成功はまさしく自己実現そのものなのである。

⑸ 活用側のメリット

企画を活用する側には、これまた、多大の効用《メリット》がある。

極論すれば、当該分野について、しっかりした評価能力さえあれば、机一つ、電話一つを持つだけで、その世界をぎゅうじることができるのである。簡単にいえば、各方面に優秀な企画マンをネットワークしておき、彼らに、採算の合う企画をつくらせ、その実践もまた、アウトソーシングの企画をさせるのである。

要はすべてを他人の褌《ふんどし》でやってしまい、利益だけは自分で、というわけである。もちろん、企画を依頼する分野は、広と狭、総合と個別など多様なものがあろうが、企画という手法を上手《うま》く活用してゆけば、ビジネスは自由自在である。自分に、自社に負えないところはすべて、企画専門家に依頼すればよいのである。もちろん、金と時間はかかるが、コスト以上の成果が出る企画であれば、採算は合うのである。

ただ、問題は、採算の合う企画をしてくれる企画者がいるかどうか、ということである。真に役立つ企画者がいれば、次々に、依頼でき、よい成果を出してハッピーになれるのである。

逆にいえば、企画者は、己の専門分野においては、投入《インプット》を超える産出《アウトプット》を出せる企画ができる実力を養っておくことが必須となるのである。実力さえあれば、企画者の未来は、バラ色である。そのためには、企画書の書き方やプレゼンテーションの仕方といった表面的なもののみでなく、その前提として必要な、価値の創造といった深奥な領域に本格的に入ってゆくことが必要である。本書はそこに焦点を当てている。

7. よい企画とは

企画にも、よい企画と悪い企画があり、当然、われわれは、よい企画を行わなければならない。しかし、よい企画とは何か、といった条件が明確な形で存在しているわけではない。

しかし、すべての企画を本物の企画たらしめる共通の基準を設けることは可能である。

(1) 企画者の立場の明確性

第一は、いかなる立場で企画するのかが、明確に理解されたうえでなされた企画である。たとえば、己の担当業務を革新するための企画なのか。己の担当業務ではないが、部長からの特命でやるのか、仕事で関係が深い他部門の仕事のやり方を改変する企画なのか。お客様である小売店が売上げを増やすための販促企画なのか……等々である。

立場が明確に理解されていないと、中途半端なものになってしまうからである。

(2) テーマの位置付けの明確性

位置付けの対象には三つがある。

一つは、目的手段体系内でのそれである。一例をあげる。A君が「新商品開発企画」を立案した。それは何のためなのか（一つ上の目的）。その目的にはたとえば、

①技術力の陳腐化を防ぐ

②社内のマンネリを打破する

③他商品の落ち込みをカバーする
④既存商品の販売に一億円上乗せする
⑤小売店の当社系列からの離脱を防止する
⑥小売店の収益に貢献する
⑦その他多数

　これらのなかから目的を決め、さらにその決めた目的からその上の目的を決める。たとえば、一つ上の目的が、③「他商品の落ち込みをカバーする」ことにあるならば、その上の目的は、販売目標の必達かもしれない。さらにその上の目的は、「計画利益の達成」であろう。

　以上は目的手段の上下（縦）への位置付けであるが、実はもう一つ、横への位置付けがあるのだ。しかも、これはきわめて重要なのである。先の例でいうと、「新商品の開発企画」という手段《ホワット》は一つ上の目的である「他商品の落ち込みをカバーする」手段として最適なのかということである。一つの目的に対して手段は、必ず二つ以上あるのだ。図示してみよう。

図表一3　目的手段ペア図

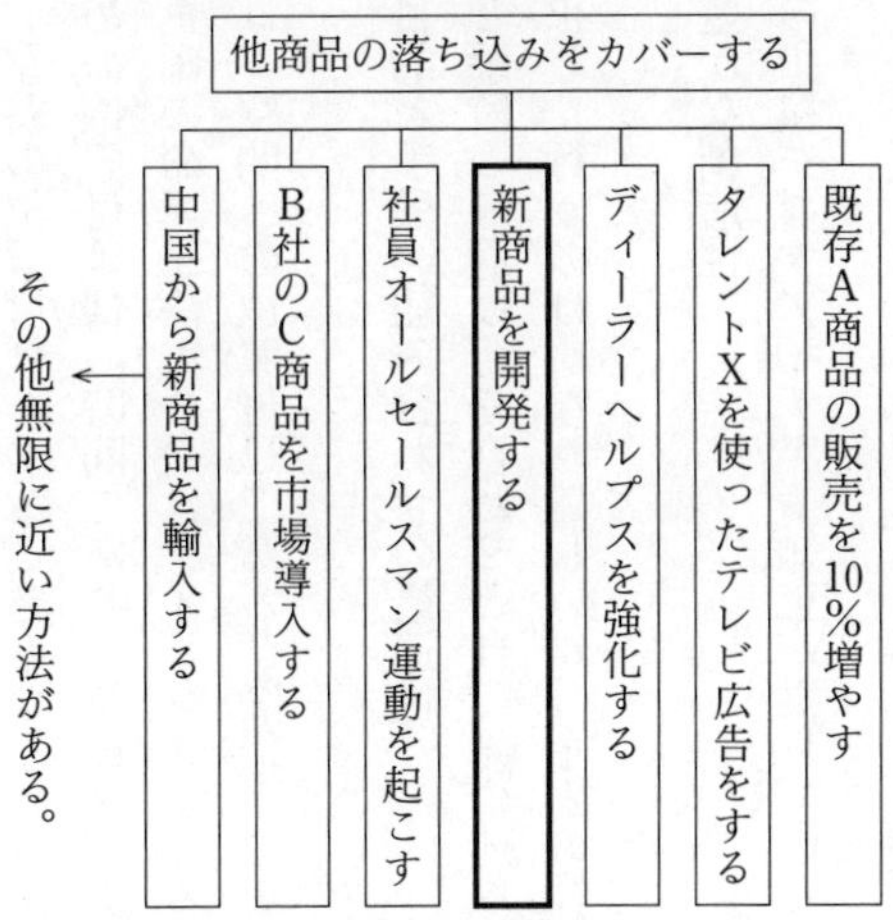

　図でわかるとおり、「他商品の落ち込みをカバーする」ための手段には無限に近いものがある。そのなかから敢えて、「新商品の開発」を選んだのは何故か？　そこにはいかなる合理性があるのか、ということである。

　現実には手段レベルのホワットだけがポツンと出てきて、そのまま上下、左右の位置付けをすることもなく、進んでゆくのである。

二つめの位置付けは、時間であり、特に企画実施のタイミングである。環境変化が超高速化、グローバル化している今日、企画の命運を決めるのはタイミングである。

最後は、空間への位置付けである。関係者やテリトリーなどを明確にしておくことである。

(3) 目的と手段の組み合わせの最適性

目的と手段の最適な組み合わせとは、先に述べた、目的手段の上下左右の位置付けが正しくなされていることである。これを正しく行うのはかなり難しいが、企画の神髄はここにあるのだ。

(4) 豊かな創造性

企画の中核をなすアイデアや知恵が溢れていることもよい企画の条件である。

(5) 論理性

企画では新しい価値を創造してゆくが、それにはアイデアなど創造的な能力が必要になる。そして、一般的にいえば、創造性と論理性は馴染みがよいとはいえない。しかし、豊富で革新的なアイデアもそのままに放置しておけばいつの間にやら消えてなくなるのである。

そこでアイデアを深め育成し、説明できる形にし、オーソライズされ、実施に導く過程《プロセス》が必要になってくるのであり、その過程《プロセス》こそが論理化の過程なのである。

自由奔放なアイデアも実際に実現できることを論理的に説明することが必要なのである。

⑹　**効果性**

ビジネスである以上、企画にかかるコスト、実施にかかるコストを超えるアウトプットが期待できる企画でなければならない。これこそは企画の大前提である。

⑺　**真実性**

企画の内容を聞きあるいは読み、「これには真実・誠があるな！」と感じさせるものでなければならない。よい企画には実際にも真実があり、それは相手にとっても企画者にとってもわかるものなのである。

⑻　**信念が貫かれていること**

本当によくできた企画というものには、企画者の信念が貫かれており、話を聞く人、企画書を読む人にもそれは伝わるものである。逆に自分でも実現できるかどうか迷っているような企画はすぐに見破られてしまう。

⑼　**信頼性**

客観的にみて、企画が相手にとって信じられる内容をもっていることも条件の一つである。それには、第三者の目になって、疑問点や説得力を十分、チェックしておくことが必要である。

⑽　**実現可能性**

理論ばかり立派でも、実現できなければ意味がない。よい企画といわれるためには、実現可能性が十分に検討されたものでなければならない。

(11) 新鮮な驚きと、目新しさ

よい企画といえるには、論理的にしっかりしているだけでなく、どこか新鮮だという驚きと、目新しさを感じさせるものが必要である。

(12) わくわくするような企画

企画が論理的なのはあたり前。わくわくするような内容も必要な条件である。

(13) 幸せが広がること

言葉で語ることのできる効果だけでなく、それ以外にどれだけの幸せを感じることができるかといった点もよい企画の条件である。

(14) 発見があること

何か一つでもよい。企画者と依頼者の双方にとって新しい発見があるような企画もよい条件の一つである。

(15) 自分らしさがあること

企画には論理性だけでなく、個性も必要だ。「自分らしさ、自分らしいトーンがあるか」といった視点で企画を見直すくせをつけることも必要である。

(16) ストーリー性があること

冒頭から結論までが一つのストーリーのように流れていることもよい企画の条件である。

(17) ひとりよがりでないこと

企画者の個性が強烈に入りすぎないこともよい企画の条件である。企画者の信念や熱意、思い込みなどが強過ぎると、応々にして、ひとりよがりの企画になってひんしゅくを買うことになる。

(18) 具体的であること

表現が抽象的でなく、具体的で手に取るがごとくにわかりやすいこともよい企画の条件である。

(19) 誇大妄想でないこと

企画内容を誇張しすぎると信憑性を失うことになる。形容詞や副詞などの多用に注意することも必要である。

(20) 独創性があること

真似や類似性の高いものは魅力に乏しい。

(21) 問題解決としての卓越性

最後にまとめも兼ねて結論をいえば、〝問題を解決する〟という企画の究極の機能を十分に果たした内容になっていることである。

企画はあくまでも、問題解決の重要な一部を構成しているのである。

8. 企画とよく似た言葉・紛らわしい言葉

仕事の現場では、企画とよく似た言葉、紛らわしい言葉が飛び交っている。たとえば、戦略・戦術・計画・提案・開発・発想・構想・アイデア・問題提起・催事・イベント等々……である。

企画という言葉の定義自体に統一されたものがなく、使う人によってその意味・内容にかなりの違いがある。他の言葉でも同様だが、使う人がその言葉の定義をしてから仕事を始めるということはまずないと思ってよい。

そこで実際に企画を進めてゆく立場の人は依頼者《クライアント》や上司がいかなる意味で使用しているのか、について常に注意しておくことが必要になる。自分自身の使い方にも自覚が必要である。

さて、依頼者や上司の意味するところをよりよく知るにはどうすればよいか。その有力な方法の一つに、企画者が推定して、その意味・内容を種々の方法でぶっつけ、反応をみながら、確かめてゆくやり方がある。

ここで企画者が推定するためには、推定するための豊富な関連知識が必要となる。その一つが、定義であり、しかも、できるだけ多くの人たちの定義である。その二つが、よく似た言葉や紛らわしい言葉との違いを知ることである。それによって、企画の位置付けが明確になるからだ。

以下では、主な類似語、紛らわしい言葉について、企画との違いをみておきたい。

(1) 企画とアイデア

アイデアは、いわば思いつきの段階であり、その実用性や実現可能性については考慮されていない。しかし、企画はアイデアを育成し、実現させるところまで一貫して行う。

アイデアは、基本的に個人から出てくるものであるが、企画は組織的な産物である。

アイデアには、論理性は馴染まないが、企画では必須の能力であり、創造的発想力と論理的思考力は、両輪としての重要能力である。

アイデアは、断片的ではあるが、企画ステップ13のすべてに必要である。

(2) 企画と問題解決

両者の関係を一言《ひとこと》で表現すれば、「企画も問題解決であるが、それは主として創造的な問題解決の分野を担当する」ということになる。

ではなぜ、企画という別の言葉を使うのか。

それは、数多《あまた》ある問題のなかには、創造的な問題解決に適した領域があり、それらを意識的に区別するためである。したがって、企画とは、問題解決のやり方・手法の一つであり、その特徴が創造的・論理的ということなのである。

では問題解決にはいかなる領域があるのか。

大別すると以下の三つに分類できる。

A型の守る仕事は、モノ造り作業がその典型で、造り方や手順が明確に決まっている場合であり、決められたとおりできない場合に、原因を調べ対策を打ち、基準を維持する日常的な問題解決である。

A型では、70～80%が企画の対象外となる。

	(70～80 %)		
	×	○	○
	A型	B型	C型
領域／タイプ／分類者	守る仕事	向上させる仕事	革新・創造する仕事
佐藤允一	発生型	探索型	設定型
野口音光	原因指向型	目標指向型	—
青木武一	日常の問題	捜す問題	創る問題
村上哲大	維持・回復型	向上・発展型	革新・創造型

次はB型の向上させる仕事であるが、これは一度設定した目標や基準などを上方修正する場合である。レベルアップのためには、アイデアが当然必要になってくる。

原則としてこの領域は企画の対象となる。

最後のC型は、問題（課題）そのものを新しく創り出すタイプである。組織の革新や新しい事業分野への進出などがその例である。

この領域はすべて企画の対象となる。

以上には問題を三つの型《タイプ》に分けて企画との関係をみてきたが、まとめていえば、問題解決に創造性・論理性を高いレベルで必要とされる場合に、企画の対象となるのである。

もう一つ、動機や活用目的からも違いをみてみよう。それは、問題解決が主として、自分自身の問題、自分を取り巻く問題を扱うのに対して、企画の場合は、企画案を誰か第三者に売込む提案活動である点だ。したがって、企画の場合には、案を相手にいかに売込んでゆくかが成功の重要な鍵になってくる。

企画と問題解決との関係は、企画も問題解決の一部、しかも重要な一部であり、それは創造的問題解決であるとするのが本書の立場である。著者によっては、企画と問題解決は別のものであるとされ、その際の違いを、企画は本質的に組織や他の人を動かすことを目的とするのに対して、問題解決の方は、己の担当業務内のことを個人で行うことが多い、ことをあげている。

しかし、その分け方は、おかしい。なぜならば、問題とは、「あるべき姿と現状とのズレ・ギャップ」であることから、そこには大小さまざまな大きさ《サイズ》のものがあり、大きな問題については、通常、多くの組織や人たちを巻き込み、小さなそれでは、自分一人で解決できるというだけだからである。

企画は確かに、ほとんどの場合に、オリエンテーション・提案・プレゼンテーションなど他の人たちを意識した行動が多いが、それらは問題解決の性質が創造的なため、多くの関係者たちの理解や説得を必要とするからなのである。

(3) 企画と計画

企画と計画の違いについては、二つの切り口がある。

一つは、同一テーマが、たとえば、問題解決のストーリーや流れとして進捗してゆくような場合における違いである。

企画
1　あるべき姿
2　現状あるいは未来に予想される結果
3　問題点の明確化
4　原因あるいは未来に予想される原因
5　解決策

計画↑
6　実行計画
7　実施・評価・反省

このように一応の定形が存在する場合における企画とは、一般的には1から7までのすべてを意味し、計画とは、6のみが考えられている。

二つは、特にストーリーとか、ステップを意識しないで漠然と使われる場合である。

このような場合において、〝企画〟とは大体、次のように使われているようである。

第一に企画は、目的・目標・方策・当為・ホワット等々、いわゆる何をなすべきか、そのものを設定することから始める、と理解されている。対して、計画の方は、企画で決まった目標、当為、ホワットなどをいかに効率的、合理的に実行するかについて、その方法の決定、諸資源（工数、時間、金など）の確保、手順の設定……などを行うものと理解されている。

第二に以上とも関係するが、企画には、計画に比べて、より高度の創造性、革新性が予想されている。すなわち、企画と計画が区別される要素の一つが、「創造性と革新性の程度」である。

もちろん、相対的なものではあるが、企画の方が格段に創造的・革新的であると思われているようだ。企画は、難局の打破や新しい状況を創造しようとする活動であることから、今までにない新しさや、関係者を動機づける魅力が必要なのである。そこには、論理だけではなく、視点の変換や飛躍といった創造活動の側面も当然、必要になってくる。

一方の計画では、与件としてのホワットや目標をいかに論理的、合理的、効率的に実現するかについての方法・手順を決めることであるから、創造性や革新性が入り込む余地はそれほど大きくはない。

第三に頭の使い方についてであるが、企画には、「企てる」という字が含まれているように、あることをどのように考えるべきかという「論理的考察力」が重要になってくる。

一方の計画では、決められた枠組みのなかで具体的な実施方法を考えてゆくのである。

第四に、中長期計画と企画との関係をみてみよう。たとえば、中長期の利益計画・経営計画・販売計画・原価計画……等々と企画との関係はどうか、ということである。

結論的にいえば、それら中長期の諸計画とこれまで述べてきた実施計画とは性格が異なり、企画との関係でいえば、中長期の計画が枠組みをつくり、企画が内容《コンテンツ》をつくる、という逆転の関係になる。

中長期の時間と対象項目の数という空間を組み合わせれば、計画の数や種類は限りなく拡がってゆく。百年計画もあり、二年計画もある。経営計画もあり、担当者の業務計画もある。

さて、それでは、計画の長短と企画との関係やいかに？

まずもって、計画は、企画のある、企画つきの計画と、企画のない、企画レスの計画の二種類に大別される。そして、一般的にいえば、計画期間が長くなればなるほど、企画のないものが多くなり、また、同じく計画期間が一〇日、一日など短くなればなるほど、企画レスが多くなる。要するに、計画期間は長すぎても、短すぎても、企画の伴わないものの割合が高くなってゆく傾向があるのだ。

なぜならば、企画というものは、実現性を重視していることから、期間の長い絵空事の計画には馴染みが薄いこと、さらに、あまりにも短い計画では企画の特性である創造性の入り込む余地が乏しいからである。

それではどのあたりの長さが、企画と馴染みやすいのか？　それこそは、「長すぎず、短すぎず中庸の期間をもつ計画」である。

では次にその中庸の長さ、とはいかなる長さをいうのか？　もちろん、一律にはいえない。計画対象の大小《サイズ》や難易度が大きく異なるからだ。しかし、これでは答えにならない。そこで実質的で真に役立つ答えをしておきたい。

それは、「計画された成果を枠組みとし、計画対象の大小・難易度・期間……等々から、総合的に判断しながら、企画の成果が極大となる長さ」をみつけることである。

計画とは元来が、鉄骨で組み立てた枠組みのようなものであり、内容については一般に貧弱である。そこで企画によって内容を一杯詰めてやるのである。計画は枠づくり、企画は内容づくりと思えばよい。

以上には、計画期間の長短と企画の関係について述べたが、そのことは、計画対象の大小《サイズ》やその数と企画との関係についても同様である。これについても、期間について述べたと同様のことがいえる。

すなわち、計画対象のどの大きさ、どの数のときに企画が馴染むのか、といったことである。大きすぎても、多すぎても、小さすぎても、少なすぎても馴染まないのだ。ここでも、適度の、適量の、すなわち、中庸のときに企画の出番がやってくるのである。

期間の場合と同様、企画の絶妙の出番を虎視眈々と狙うのである。

さて、先に述べた、長期計画に企画なし、については、やや正確さを欠く表現である。優れた企業の長期計画には、それぞれの長さに合わせた、戦略が存在するのである。これを戦略企画という場合もあり、これを企画に含めると、長期計画にも企画あり、ということになる。

しかし、実現可能性といったことを考えれば、われわれの定義する企画には入れないほうがよいのではあるまいか。

(4) 企画と戦略・戦術

戦略という言葉から連想されるものは、総合性、企業全体の目標・指針、企業の各資源の組合せ効果を最大限に発揮させるための方向づけ……等々である。戦術とは、戦略や経営を行うに当たっての具体的な方法、やり方である。

この二つと企画との関係も、排斥し合うというものではなく、相互に補完し合うものである。一般的にいえば戦略はテーマのサイズが大きく、総合的、目標的なため、具体的な内容に欠ける場合が多い。そこで企画が必要に応じて内容《コンテンツ》づくりをする。戦術については、企画との相性がよい。企画の多くは、戦術的企画といわれる分野で立案されるからである。

戦略を企画するという場合もある。これは戦略の内容づくりとは違って、戦略そのものをアウトプットするために、企画という手法を使う方法である。

企画は戦略を企画し、戦略の中味を企画し、さらには、戦術も企画するのである。

(5) 企画と提案

両者の関係については二つの切り口がある。

その一つは、両者を別のものと考えた場合である。そこでの提案とは、企画のように一つの流れやストーリーをもったものではなく、その時々の感覚や直観、解決策や方向性……等々について指摘・提言することをいう。いわば、思いつき的・断片的・部分的といったところだ。

もう一つの切り口は、企画提案と続いた使い方である。この場合は、単に、企画を出すといった場合と、単純に企画と提案を合体させて使用している場合の二つがある。

(6) 企画と共通方法能力

飽食・閉塞の時代にあっては、いかなる仕事においても、創造性や論理性が盛り込まれ、くわだてられたものでなければ価値を生むことができない。要はすべての職種・業務に強く求められているのが企画機能なのである。

そういった意味でも、企画力は共通方法能力の典型であり、さらに企画力は、ビジネスに必要なコア能力のほとんどを包含した〝ビジネス共通方法能力の縮尺版、凝縮版〟ともいえる能力なのである。なぜならば、企画という機能は、白紙の状態から出発して、アウトプットを出すまでの全プロセスを体験あるいは視野に入れた仕事だからである。分野はいずれであれ、テーマ発掘への気付き、テーマの明確化、解決策の立案・実践・成果までの全部あるいはその多くにかかわることから、それらを卓越させるためには、ビジネス共通方法能力のほとんどが高度に要求されるのである。たとえば、発想力・思考力・判断力・管理力・人間関係能力・コミュニケーション能力・行動力・問題解決能力……等々である。

(7) 企画と開発

企画が、問題の感知から、成果を出すまでを視野に入れて行うのに対して、開発の方は企画の基本ステップでいえば、その途中の企画構想段階ぐらいのところを想定しているようである。たとえば、携帯端末の新商品を開発する場合、技術的な問題にメドがついて、試作もし、活用のシミュレーションも終わって商品化のメドがついたときに開発が終わったとみる見方がある。

対して、企画の場合では、市場導入から販売成果の見通しまでを含むとの見方もある。

以上のごとく、開発は部分的・断片的に捉えている人はかなり多い。この場合のテーマは、一般的にいって科学技術的な分野のものが多いようである。

次は、企画開発と続けた場合であるが、この場合は二つある。

一つは、企画と開発の双方を含めて理解している場合である。

二つは、企画を開発するといった捉え方である。企画を立案するよりも、開発するといった方が響きがよいことから、使う人もいる。

要は、企画・開発のいずれにせよ、TPOに応じ、人によって、いかなる意味で使っているかをよく理解してから、対応することが必要である。

(8) 企画と問題・課題

企画は創造的問題解決であり、13の基本的なステップをもつ、したがって、時間的なサイクルをもつ動的な概念である。

これに対して、問題とは、「あるべき姿と現状とのギャップ」であるというだけで、客観的、中立的、第三者的な存在である。それゆえ、問題は一般的な事実・現象であって特定個人とのかかわりをもつところまでには至らない。

これに対して、課題はそれら問題のなかから、解決すべきものとして、選択され、己に課せられたものである。したがって、問題が漠然としたものであるのに対して、課題の方は、課せられた題であるため、なんのために、何をするのか、といった具体的なものとして受け取ることになる。

本書では、問題を中立的・第三者的なもの、課題を解決すべきものとして割り付けられたもの、さらに企画は、それらのなかで創造的なもの、といった理解で進めている。

9. 企画の種類・分類

それでは次に、企画をよりよく理解するため、企画の種類と分類についてもみておきたい。

(1) 目的別・機能別

企業内における活動のすべては、企業の最高目的である、「長期安定的に適正利益を獲得する」ために行われている。企画業務はまさにその中枢を担うものであり、そのすべてが、目的手段体系を構成する各階層の目的を達成するために行われているのである。

目的別・機能別に分類する方法には大別して二つがある。一つは、企業がその最高目的を達成するために必要な機能を体系化し、目的手段で階層化したうえで、それぞれの階層別と機能別に企画ニーズを発掘する方法である。そのためには、目的手段系統図（機能系統図）が必要である。

この方法による分類法の例として、いくつかをあげてみよう。この方法は基本的に部門別のやり方にほぼ同様である。

なぜならば、部門は、目的手段体系に、機能がよく表現された名称を付したものだからである。

- 販促企画――新商品市場導入企画、各種イベント企画、宣伝広告企画など
- 設備企画――新工場建設企画など
- 原価低減企画――インターネットによる部品調達企画、輸入品拡大企画など
- 合理化企画――間接業務効率化企画など
- 財務企画――直接金融による資金調達企画など

(2) 企画対象《ターゲット》別

以上は機能的なアプローチであるが、ここでは、企画の実現可能性という切り口からの分類である。

対象者の第一は、企画によって行動の変容を狙う人たちは誰かということである。俗にいうところのターゲットである。マーケティング分野ではターゲットの決め方の巧拙が企画の成否を決めることが多い。社内での企画においても、対象者の明確化は必須である。

①全従業員対象（業務効率化企画）
②20代前半独身ＯＬ（新化粧品開発企画）
③10代男女（ハンバーグ販促企画）

対象の第二は、企画の実質的な承認者である。他社から依頼された場合には、表に出てこない真の承認者は誰か、について確認しておくことが必要である。社内にあっても、他部門が絡《から》む場合には、ちゃんと押さえておくべきである。

対象の第三は、企画の推進協力者である。企画業務は、その実現までに異分野・異能の人たちを含めて実に多くの人たちの協力が不可欠である。異分野・異能の人たちについては己自身では能力を評価できないことがある。足が長く、関係者の多い企画にあっては、協力者についての鋭く深い配慮が必須である。

①単独企画
②部門内共同企画
③異部門・他社共同企画

(3)　実施頻度別

次は企画の実施頻度での分類法である。

一つは、定期的に行われる企画である。たとえば自動車ショウなどのごとく商品・製品の展示企画や、百貨店やスーパーなどの歳末大売出し企画などその例は多い。

概していえば、定期的な企画は創造性に乏しくマンネリ化してゆく傾向があるといえる。また、企画というよりも、ルーティン化してゆくものも多い。それゆえに、このタイプではマンネリ化の防止策が決め手となる。

二つは、一回限りの単発企画である。社内の特定分野を分離させて子会社を設立する企画や年俸制の導入企画などがその例である。

三つは、不定期・継続型の企画である。たとえば、原価低減《コスト・リダクション》や組織の活性化などについては定期的でもなく、一回限りでもなく、状況がある限度を超えたと思われるときなどに行われる。原価低減企画や組織活性企画などがその例である。

ここではアイデアの斬新性がきめ手となる。

(4) 自発性

第四は自発性の強弱による分類である。

第一は、自発提案型の企画である。誰からも提示や依頼があったわけではないが、みずから進んで提案するものである。この場合、留意すべきことは、みずから進んでやるといった意気込みがマイナスに働いて、内容が大雑把で独断的なものになりがちなことである。やるからには、真剣さが必要である。

第二は、受命型・依頼型の企画である。上司やクライアントなど他者からの指示・依頼によって行う企画である。この場合、留意すべきことは、指示者等の目的と期待水準に応えることである。

最後は、答申型の企画である。これは前二者の中間に位置するもので、内容的にはかなり漠然としたものである。政府がよくやる方式であり、審議会に審議させ、結果を答申するのがその典型である。企業でもやるが、拘束力もなく、時間のムダであることが多い。

(5) どこまでやるかによる分類

本書では、企画の基本プロセスを13のステップに設定した。この13のステップをどこまでやるかについても分類が可能である。

一つは、1から13までの全工程を担当する場合である。このタイプは己の担当業務から出てきた企画や小さな企画、企画者のタレントがそのまま使える企画……などの場合に行われる。

二つは、1から12までを行い、13だけを別人が行う場合である。このタイプは、比較的規模が大きく、能力的にも企画と実施ではまったく異なる場合などで行われる。しかし、このタイプでも、企画者は完成までの全工程に責任をもつ場合がある。

最後は、前二者の中間的なものであるが、いずれかのステップで協力し合ったり、外注したり、するやり方である。この場合、留意すべきことは、全体を通してまとめてゆくプロデューサー的な能力の活用である。

(6)　使用目的からの分類

何を狙うか、といった観点からの分類である。主要なものをいくつかあげておく。

①販促企画

販売を促進するための手段として行われる企画で最も頻繁に行われる。それらにはたとえば、広告企画・イベント企画・販促催事企画・PR企画……等々がある。

②商品開発企画

特にメーカーに多い企画で製品寿命が短くなった今日、企業経営の命運を担うものとなっている。それらにはたとえば、新商品開発企画・新商品販促企画……等々がある。

③新事業企画

経営環境の激変により、事業のスクラップアンドビルドが盛んに行われている。それらにはたとえば、新事業進出企画や子会社設立企画、他社との合弁会社設立企画など多彩である。

④経営企画

企業運営の根幹についての企画であり、その出来栄え次第で経営の成果も決まってくる。それらにはたとえば、短・中・長期の経営企画や利益計画・営業企画・商品企画・組織強化企画・組織活性化企画……等々がある。

⑤その他・部門に特有の企画

以上には企画の全般に影響を与える、比較的目立つものをあげたが、それら以外にも、社内の全部署において、その役割・存在目的を全うするために各種の企画が行われている。

たとえば、総務部では、創立記念事業企画や地域貢献事業企画などがあり、人事部では入社案内作成企画や年俸制導入企画などがある。

以下には、部門の代表的な企画テーマをいくつかあげてみよう。

営業部門――販促企画　商品開発企画　展示会企画　イベント企画　店舗企画　広告企画
経営階層――経営企画　事業企画
人事部門――組織活性化企画　研修企画
広報部門――広報企画　ＣＩ企画

(7) 問題タイプ対比の分類

本書では、企画を問題解決の創造的な領域であるとしている。そこでできたのが母体である問題のタイプを使った分類法である。

図表ー４　問題のタイプと企画の種類

A

問題のタイプ	維持・回復型	向上・発展型	革新・創造型
企画のタイプ	維持・回復型企画	向上・発展型企画	革新・創造型企画

B

問題のタイプ	日常の問題	捜す問題	創る問題
企画のタイプ	日常の問題型企画	捜す問題型企画	創る問題型企画

C

問題のタイプ	原因指向型	目標指向型
企画のタイプ	原因指向型企画	目標指向型企画

問題のタイプには図表－４のようなものがあるが、それぞれに対応して企画が存在する。

ここには、三例しか掲載していないが、原則的にいえば、問題のすべてのタイプに対応して、企画が存在しているのである。

しかし、対応はしているが、内容までもが100％対応しているというわけではない。企画は創造的問題解決であることから、問題のタイプの内、創造的な部分のみが対応しているというわけなのである。

問題の三分法であるAを例にあげると、維持・回復型問題の内で企画の対象となるのは20～30％であり、向上・発展型と革新・創造型はともに100％である。また、Cの二分法では、原因指向型で20～30％、目標指向型で100％といったところである。

本書では、問題のタイプ、企画のタイプともに、三分法を使い、そのなかでも、維持・回復型、向上・発展型、革新・創造型を代表として使用している。さらに、それらも、維持型、向上型、革新型と簡略化している場合が多い。

ただし、企画のタイプとして、それらの名称を使っている場合でも先に述べたように、内容的には完全な対応関係にないことをご理解いただきたいのである。

⑻　企画のレベルによる分類

企画にはテーマの大小や抽象性とは似て非なるものに、企画のレベルという視点がある。これは、企業行動の性格に対応させて考えた企画の分け方である。

企業行動を権限の視点で分けると、一般的には、戦略・戦術・アクションの三つになる。そして、企画もまたそれぞれに対応して、戦略企画、戦術企画、アクション企画に分けることができる。

企業を例にとると、戦略ではたとえば、「アウトソーシングの徹底による高収益化戦略」があり、戦術的には、「まずは主要製品のOEM化を実施する」という戦術をとる。さらにアクションレベルでは、全世界から候補企業を募集するためのアクション企画を立てる。

企画もまた、以上のレベルに対応して立てられるのである。戦略企画は経営層の、戦術企画は、中間管理職の、アクション企画は担当者レベルの仕事である。

(9) 動機による分類

企画を始めるに当たっての動機で分類すると、トップダウン型、ボトムアップ型、クライアント型の三つになる。

(10) 企画の性格による分類

企画の性格で分けると、処方型と予防型、開発型と改善型に分けることができる。

(11) 企画のパターンによる分類

企画は切り口によってパターン化することができる。

論理型企画	感覚型企画
男性型企画	女性型企画
モノ型企画	ココロ型企画
動物型企画	植物型企画
西欧型企画	日本型企画
集団型企画	個性型企画
物理型企画	化学型企画

以上は思いつくままの例示であるが、この他にも種々の切り口を活用することによって新しい発想や感受性を開発することができる。それはまた、個人のパターンとなり個性となる。

たとえば、乗用車をみても、製品企画や販売企画のパターンは、論理型、日本型、男性型、物理型であって、少なくとも、感覚型、女性型、個性型ではない。製品《モノ》だけでなく、コトの世界においても、組み合わせを活用することで種々のアイデアが出てくるのである。

三　企画能力

1. 企画に必要な能力とは

まずは、図表―5をごらんいただきたい。

そこには、企画の13ステップのそれぞれにつき、主要な能力を対応させている。だが、よくみると、共通した能力の多いことが目立つ。

そこで、以下には、共通的に多く使われる能力のうち、主要なものをいくつか紹介したい。

(1) 豊かな教養・人格

図表―5には、直接、顔を出してはいないが、企画を成功させるためにはきわめて重要な能力である。企画はテーマにもよるが多くの人たちとのかかわりのなかで厳しく行われる。多くはプロジェクトの形をなし、企画者はプロデューサーのごとき役割を果たすことになる。

そこでは、全人格がぶつかりあい、教養のレベルもあからさまとなる。

無教養な人では他人に影響を与え、心服させ、熱意ある協力を得ることは不可能である。また、実際の作業において

図表―5　企画の基本ステップ―13

企画の基本プロセス―13のステップ

13のステップ	主な必要能力（例示）
1．評価基準の保持	•評価基準にすることのできる知識、感性、技術、行動、物及びその他で既に保有しているものまた獲得できる能力　•向上心　•自己啓発能力
2．問題の感知	•評価基準と現実との間に違和感やズレ、GAPを感じる能力　•行動力
3．オリエンテーション	•コミュニケーション能力　•説得力　•プレゼンテーション能力　•論理的思考力　•目的思考能力
4．課題《テーマ》の認知	•体系化・構造化能力　•目的思考能力　•理解力　•論理的思考力
5．現状の把握	•情報収集・分析・評価・活用能力　•実態調査能力　•コミュニケーション能力　•人間関係能力
6．問題点の明確化	•論理的思考力　•体系化・構造化能力　•洞察力　•目的思考能力
7．原因分析	•因果発想力　•論理的思考力　•洞察力　•体系化・構造化能力　•目的思考力
8．コンセプトの設定	•創造力　•本質掌握力　•洞察力　•直観力　•論理的思考力　•目的思考力
9．企画構想	•創造力・独創力　•体系化・構造化能力　•論理的思考力　•目的発想・思考力
10．実施計画	•情報収集・分析・評価・活用能力　•目的発想能力　•合理的思考力　•予測力　•人間関係能力
11．企画書作成	•文章・図形等表現力　•体系化・構造化能力　•論理的思考力　•目的思考能力　•説得力
12．プレゼンテーション	•コミュニケーション能力　•人間関係能力　•ツール活用力　•説得力　•説明力
13．実践・評価	•コミュニケーション能力　•人間関係能力　•合理的思考力　•目的思考能力　•行動力

＊問題解決とは期待と現実とのGAP、ズレを埋めること。

も、人並み以上の教養がなければ、作業は進捗してゆかない。

仕事の大半は、教養でなされており、刻々の読み、書き、話し、聞く、などがちゃんとできなければ、定められた期限に密度が高く、創造的で、論理的な企画の仕事などできるはずがないのである。

善悪・真贋の判断や刻々における行動の選択力などは教養の偉大な力なのである。

現今は無教養な企画者があまりにも多い。

(2) あくなき向上心と高い意欲

これらも、教養とともに、企画の成功を支える黒子的な重要能力である。企画にはアイデアの発想や高度の知力が必要とされる企画構想や他人を説得するプレゼンなど、多様かつ高度の能力が必要とされる。

しかし、それらの能力は、高度の意欲とあくなき向上心なくしては発揮できないのである。やる気がなければアイデアは湧いてはこない。意欲の感じられないプレゼンに心を動かす人はいない。論理的思考力にも高度の意欲が必要。意欲に欠ければ頭が働かないのである。

近年は本物の企画をみることは稀であるが、その大きな原因の一つが向上心や意欲の欠如によるものである。

(3) 創造力・独創力――アイデア開発力

企画力を構成する三大能力の一つが、創造力・独創力である。俗にいうところのアイデアをどんどん出してゆける能力である。

企画の特徴の一つに創造性すなわち、新しさがあるが、その新しさは、アイデアを発想することから生じてくるのである。現今のごとき、成熟・飽食・閉塞の時代に生き残るためには新しいもの、新しい価値を創造してゆくしかないのである。新しいアイデアをふんだんに盛り込んだ創造性豊かな企画をどんどん提案してゆくしかないのである。

さて、アイデアは、基本ステップ13のすべてに必要なのである。確かに9の企画構想のステップで最も多く要求されるが、その他のステップでも常に必要だ。なぜならば、人が何かをするとき、それはその人のやり方・仕方をするのであり、やり方・仕方はいかにするかという方法なのであり、方法であるならばよい方法の開発にアイデアが不可欠だからである。

人が生きて何かをしている限り、アイデアは必要なのである。

企画力の開発・育成に役立つ発想法については第三章にいくつかを紹介している。

(4)　論理的思考力

企画力を構成する三大能力の二つめが、論理的思考力である。企画の仕事は他のそれに較べると、アイデアや考え方などが数限りなく交錯するという特徴がある。しかし、そのままにしておくと、何一つ、体《てい》を成さず、うたかたのごとく消え去ってしまうことになる。

そこで、種々のアイデアや考えを、自分にも他人にも、十分、説得・納得できる形に整理・整頓してゆく、論理化の過程が必要になってくる。いわば、アイデアを姿のみえる構想にまで育成してゆく能力である。

そして、その主役を務めるのが論理的思考力というわけである。

論理的思考力の開発・育成法については第三章にいくつかを紹介している。

(5)　情報収集・分析・評価・活用能力

新しさを形にしてゆく企画という仕事では情報は生命《いのち》である。必要なときにはいつでも最も新鮮な意味情報が得られるネットワークをつくっておくのである。鮮度の高い情報は生身の個人しかもっていないからである。

収集した情報を分析・評価する能力もまた重要である。その背景には企画者の人品やトータルとしての能力が発露してくるからである。

企画力は、新鮮さが勝負であり、それを決めるのが、高質の情報とその活用力である。

(6) 体系化・構造化能力――位置づけ能力

企画は当然ながら、企業や役所などそれぞれの組織の最高目的を達成するための手段として行われる。また、人・物・金・時間などかなりの経営資源を活用して行われる。しかも、新しいことすなわち、はじめてのことである。それはまた、映画を一本、プロジェクトで作りあげるようなものであり、一個の突撃隊や特攻隊のごときものである。それゆえに、どこへ飛んでゆくかがわからない。下手すると自分の隊を攻撃するかもしれない。暴走族になるかもしれない。

そこで、企画の仕事は、全体としても、あるいは13の基本ステップでも、さらには日々刻々の微動作レベルにおいても、常に、企業全体のなかに正しく位置づけられていることが必要なのである。そのために、何事をも体系化・構造化する能力が必要である。

その能力を開発・育成するのが、第三章に紹介する目的発想法とステップ7の原因分析で述べる因果発想法の二つである。

(7) コミュニケーション能力

制約された経営資源のなかで、はじめての新しいアイデアを、多くの人たちと、チームワークをもって成し遂げてゆく企画という仕事には、企画者に高度のコミュニケーション能力が要求される。

企画者はいわばプロデューサーのごとき立場にあり、数多《あまた》の関係者を統率してゆかなければならない。企画のオーソライズも得なければならない。

企画の成否は企画者のコミュニケーション能力によって決まるといっても過言ではない。

⑻　人間関係能力

情報入手やプレゼンなど具体的なコミュニケーションのバックにでんとして腰をすえているのが人間関係の良し悪しである。日頃から、好意好感をもっていただけるよう努力しておくとともに、具体的な場ではじめてコミュニケーションが行われるような場合にあっても、マナーやエチケット、第一印象などについてのわざを磨いておく心がけが必要である。

仕事全般とりわけ企画のような厳しく、際《きわ》どい仕事にあって、その成否を事実上決めることになるのが、要所要所における好意のこもった助言・助力である。表面的なきれいごとだけで成功を収めることは稀なのである。

⑼　説得力

企画を成功させるためには、数々の能力を必要とするが、そのなかでも、とりわけ、重要な能力の一つが説得力である。限られた期限のなかで、新しいことを多くの関係者とともに一件ごとに完結させてゆく仕事であることから、いわば、企画業務の全体が説得のプロセスといった様相を呈しているのである。

企画の基本ステップ13のなかでは、オリエンテーションとプレゼンテーションで特に必要性が高いが、その他すべてのステップでも大なり小なりに必要とされる能力である。

それでは、説得力とは何か。

説得力とは、「心の拒否の壁を突き破って心の中心層に入り込み、こちらの意とするところを納得してもらい、つまり、〝その気〟になって行動をおこしてもらうこと」である。

つまり、人の心には、人前に平気でさらすことのできる「表層」部分と、誰にも知られたくない「深層」部分があり、その深層部分に入り込み、深層部分での信頼を得ることが必要なのである。

そのためには、相手が大切にしている心の秘密（自我の核心部）はいったい何なのか、入口はどこか……など相手の深層心理の構造や内容などを、はっきり見極める必要がある。こうした深層心理の状況を読みとる手がかりが、相手の表情・身ぶり・言葉のなかにある。

そこでまず、拒否の壁がどのような表情、身ぶり、言葉に表れるかを知っておくことが、説得の出発点になる。

拒否の壁は、おおむね、次の八つの原因で形成されている。それは、警戒心、先入観、心的圧力、欲求不満、反感、自尊心（虚栄心）、不安感、不信感、である。これら八つのすべては、相手の表情、身ぶり、言葉のなかに表れており、まずはそれを知ることである。

かくして、拒否の壁がわかると次は、いよいよその壁を取り払うステップに入る。それには、ＴＰＯに応じて無限に近いものがあるが、以下には比較的、共通性の高い方法をいくつか紹介する。

第一は、警戒心を取り除き、相手の心を開かせる方法である。それには、相手の心のなかにある自分と共通のものを見いだすことである。出身地、出身校、共通の知人、趣味……などである。

第二は、先入観を取り除き、相手の考えを変えさせる方法である。これには、相手の主観を吐き出させ、客観視させてゆくやり方がある。

第三は、心的圧力を取り除き、相手の意志を変えさせる方法である。これには、影響力のある人物に根回ししておくことも有効である。たとえば、陰の実力者をまず説得するとか、上位の役職者の了解を先にとっておくなどがそれである。

第四は、欲求不満を取り除き、相手を満足させる方法である。それには、不平不満を別の方向へそらせるやり方がある。たとえば、低賃金の不満を、政府の経済政策の失敗へとすり替えるなどである。

第五は、反感を取り除き、相手と協調する方法である。それには、反感が〝いわれのないこと〟であるとわからせると効果がある。

第六は、自尊心（虚栄心）を取り除き、発奮させる方法であるが、基本的なやり方としては、相手をほめる、立てることである。もちろん、誠実にである。

第七は、不安感を取り除き、相手を積極的にする方法であるが、その基本は、不安の正体を相手自身に把握させることである。

第八は、不信感を取り除き、相手の信頼を勝ちとる方法であるが、その基本は、相手と当方の情報格差をなくすことである。

以上には、深層心理からのアプローチで、心の壁を取り除き、説得にこぎつける方法のごく一部についてみてきたが、以下では、もっと一般的な説得術についてその十箇条を述べておく。

第一条・日頃から人間関係を大切にしておくこと。

第二条・態度は口よりモノをいう。態度は目に訴える言葉である。説得に好印象をおよぼす態度は三点。明るい表情。活き活きした目。落ち着いた振る舞い。

第三条・聞き役に徹せよ！

第四条・NOは反応であって結論ではない。何回も説得し、結論時にYESが出ればよい。

第五条・やり方がみえる具体的な方法を示す。

第六条・相手にとってのメリットを示す。

第七条・先手をとる。期限を決める。

第八条・異なる意見を受け止めつつ、肯定的に話を進める。

第九条・説得に行き詰まったら、視点を変えよ。発想を変えよ。

第十条・説得力は総合力である。他人の説得に応じて動くとはその対象に己の生命（時間）をかけることである。それゆえに、小手先のテクニックだけで説得できるほど軽いものではない。真の説得力とは、説得者の人柄、見識、仕事の実力、日常の人間関係、説得の技術……といったいくつもの要素がトータルに合わさった人間としての総合的な力である。説得によって相手を動かすためには、説得する内容以前に説得者に人間としての魅力が必要なのである。

⑽ 先見力

先見力とは、先を見通し、今後の展開を予測する能力である。特に何かをするでもなく直感によって先をみるやり方もあるが、多くの場合は、種々の情報を分析したり、デルファイ法などの手法を活用して予測を行う。先をみるためにはまず、現状を正しく認識しておくことは当然である。

⑾ 構想力

構想力とは、物事を体系的に考え、まとめあげる能力であるが、それを企画に当てはめると、これからやろうとしている物事について、その全体構造と全過程の展望を描き、その内容、規模、資源、方法、時間などをバランスよく、効果的に組み立て、まとめあげる力となる。

要は課題《テーマ》解決策の全貌を示す能力である。

ここに必須の能力が目的発想法であり、第三章で紹介する。わが国のビジネスマンで最も弱い能力がこの構想力であり、その理由は抽象的なことを階層化できないことである。

⑿　表現力

企画の仕事では一つのテーマを完結するまでに、実に多くのひとたちと関係し、多種多様のアイテムについてのご理解をいただくことになる。そのご理解の決め手になるのが発想や意図などの心を形に現す表現の出来栄えである。また、その出来栄えを決めるのが表現能力である。

表現を感覚するのは、視覚、聴覚、味覚、嗅覚、触覚の五大感覚であり、まずは、五感による感覚、感受が行われやすい形への表現を考えなければならない。特に重要なのが視覚と聴覚である。

視覚では文章など書きものが中心になるが姿・表情はじめ目に入るものすべてが含まれる。また、聴覚では、言葉による説明や会話が中心となる。

いずれにせよ、表現というものは、その範囲があまりにも広く、その奥は限りなく深いのでここでは述べられないが、以下には、優れた表現として六つの条件を述べておきたい。

第一は、情熱である。企画であれば、自分の提案でお客様に喜んでもらいたいという情熱であり、その他すべての表現において、己の役割・使命を全うしたいという熱意である。それらの情熱が、表情、言葉、文章、姿勢、態度などのすべてに形となって現れていることが必要なのである。

第二は、相手の目線に合った表現である。相手の知識・経験・性格・立場・地位……等々を考慮した表現である。

第三は、現実性のある話や文章である。突飛なことをいっても聞く耳をもってはくれない。

第四は、何よりもわかりやすい表現である。文章や会話の言葉使いをわかりやすくするのは当然ながら、できるだけ多くの図表やイラストを使って、興味・関心をひくようにする。

第五は、物《モノ》、特に商品など実物の提示である。

最後は、会話や文章で結論を先にすることである。

では、表現力を養成するにはどうすればよいのか？

こうすればよいという知識を得て、実際にやってみることである。

⒀ 即断力

限られた期限内に狙いの成果を出す、一件完結型の企画業務においてはそのほとんどすべてのプロセスで迅速な意思決定が必要とされる。そこで必要とされるのが、「即断力」である。即断とは、極端に短い時間で決断することであるが、その力をつけるためには、プロセスを確立して実戦で訓練することが必要である。

そのプロセスとは、
①引き金《きっかけ》の発生（トリガー）
即断すべきか否かについての出来事である。米国に同時テロが発生した。この事実がトリガーである。何を引き金とみるか、そこには感性や問題意識により多大の差がある。
②状況の把握（シチュエイション）
種々な情報を整理・分析して、現状を見極めることが必要である。
③行動選択の目的明確化（オブジェクティブ）

なんのための行動選択なのか、の目標や目的を明確にする。

④行動案作成（オルタナティブ）

自由に幅広い案をつくる。

⑤選択基準の設定・最良案の選択（クライテリア&エヴァリエイション）

複数案を評価・選択する。

⑥リスク評価とリスク対策の用意（リスクマネジメント）

即断は情報量も少なくリスクも大きい。そこで、リスク対策を考えておくのである。

プロセスは以上であるが、これらがごく自然に活用できるよう訓練しておくことが必要である。わが国で特に弱いのが、この即断力であり、横並び主義と日和見主義で、末期ガンになり、どうしようもない状態になるまで決断を延ばすからである。

米国のＩＢＭは、好況時に、即断で従業員の三分の一をカットした。そして、成功した。

わが国の場合、特に状況把握の共通化ができない。そのわけは、個人的な欲望のみで仕事や経営を行い、他人、社会に目を向けた価値観が育っていないからである。

⒁　観察力

あるべき姿をいくらたくさん、もっていても、五感によって感覚され、観察されないと、あるべき姿と現状のギャップを感じることはできない。また、あるべき姿をもっていない対象に対しても、観察力があれば、企画の全プロセスに亘って、より鋭くより深い洞察を与えてくれる。

では、観察力とは何か。

観察力とは、「五感で感知できる溢れるばかりの情報のなかから、どの情報こそが己の仕事にとって役立つものか、あるいは不要なものかを嗅ぎとれるセンス」である。それは、いわば、世の中の兆しを嗅ぎ取るアンテナであるともいえる。

それでは、観察力を磨く方法やいかに？

結論的にいえば、問題意識をもって注意深くみる、聞くなど五感で感知することである。

ではどこをみるか。その一つに、コンビニがある。店内すべてが情報の宝庫だ。問題意識をもって毎日五分ずつチェックしてみると、時代が読みとれる。

コンビニの定点観測に慣れたら、次は百貨店やスーパーなど、大型店の「一店まるごとウォッチング」だ。そこでは、その店の経営力・方針・顧客志向の程度・売れ筋商品……等々のすべてがわかる。高齢化社会といわれながら、ベンチの一つさえ置いてない百貨店がある。ゴールデンスペースに欠品が目立つスーパーがある。

さらにはもっと役立つ観察場所がある。それは主婦たちや女子高生の会話である。そこでは、子どもの話・安売り商品・ブランド品……等々の今日的な情報を得ることができる。

最後は、地方紙・折り込みチラシ・ラジオのコマーシャルである。これらのなかから、全国に広がりそうなものをみつけるのである。

観察とは情報を収集することである。集めた情報はポスト・イットにすぐメモることが大切である。

⒂　調整力

新しい企てを多種多様な職業の人たちとともに進めてゆく企画者にとって、全体をうまくまとめてゆく調整能力は企画の成果を左右するほどの重要能力である。

ひとくちに調整力とはいっても、それは多くの高度な能力で構成されているのである。

第一は、テーマについての高度の専門知識、経験そして見識である。

第二は、リーダーシップ能力である。明確な方向を示し、人びとを目的に向けて引っ張ってゆく能力が必要なのである。

第三は、計画力である。効率的な実施計画を作成し、きめ細かくフォローしてゆくことのできる能力である。

第四は、人間関係処理能力やコミュニケーション能力などの円滑化能力である。

最後は、包容力、器の大きさ、人間的魅力、高潔な人格などの人間力である。

調整力はこれらの能力で構成される総合能力なのである。

⒃　プレゼンテーション能力——提示能力

企画は断新性を特徴の一つとすることからも、決定者や関係する多くの人たちに、十分なご理解をいただくことが必要である。そのためには、他の仕事に較べてはるかに優れたプレゼンテーション能力が必要とされるのである。

そこでは、紙や画面など媒体への表現能力や口頭での説明能力などに高度のスキルが要求される。

⒄　行動力・実践力

行動力とは基本ステップ13の実践のみを指すのではない。ステップ１から13までのすべてに不可欠の必要能力なのである。

まずは動き回り、五感をフルに働かし、人に会い話を聞くことをしなければ、評価基準もできないし、洗練させることはできない。

次に、いくら多くの優れた評価基準をもっていても、動き回って現実の姿を感覚しなければ、問題の感知など到底不可能なのである。行動力こそが問題発見を可能にするのである。

現状の把握でも情報収集や調整に動き回る。

企画構想段階でさえ、座してアイデアや論理が出てくるわけではない。動き回り、人に会う内にアイデアが噴出し、論理も深化してゆくのである。アイデアは異質との遭遇によって生じるからである。

企画書の作成もまた、行動の連続である。書いては消し、描いては消しの繰り返しによって洗練されてゆくからである。

プレゼンテーションもまた、行動の仕方そのもので成否が決まる。プレゼンなるものは要は口《くち》をはじめ身体全体の動かし方なのである。

最後の実践は行動そのものであるが、何事も可能な限り、前倒し、前広に行うことが必要である。「形より入りて心に入り、心より入りて形に入る……」という「形入法」で行動することである。心ができるまで待っていては永遠に物事を成就させることはできない。

⒅ 文章力・数字・絵画・音楽の四大センス

企画を実現してゆく過程では、心を形に表現する仕事が多いが、そこで特に重要な能力が、これら四つのセンスが高いことである。

高いとは、十分に理解できること、自由に操れること、である。

まずは文章であるが、論理的な整合性に強いことが必要である。新しい企てを納得させるためには、説得力のある文章が不可欠なのである。

次は数字のセンスであるが、単に計算上手といったものではなく、客観的な判断基準づくりが優れていることである。

さらには絵画であるが、これも単に絵がうまいといったことではなく、コンセプトや組織、非言語系情報などが、スケッチ、関係図、構造図、概念図、系統図などにスラスラ描ける能力である。

最後は、音楽であるが、これも歌が上手といったことではなく、音感やリズムに優れていることである。

2. 企画能力の特徴

以上には企画に必要な能力を18に絞って述べてきたが、そこには、機能部門である経理や営業といった仕事に要求される能力に較べて次のごとき特徴がある。

図表―6　個別能力と共通能力

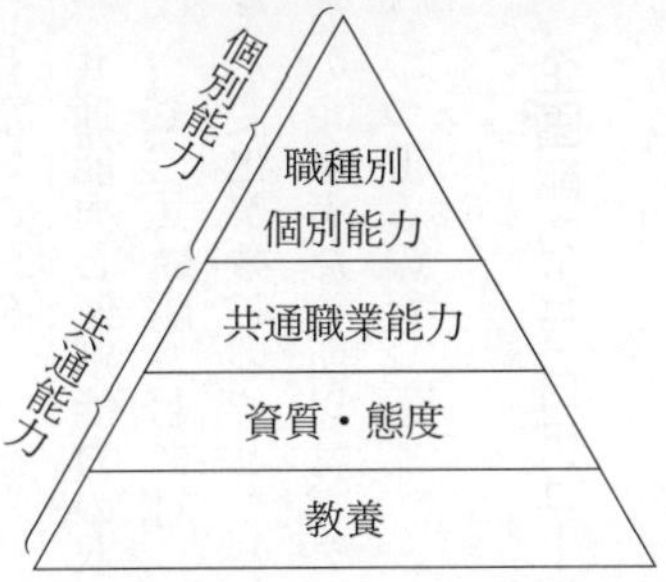

その一つは、その多少は別としても、転種を問わず、すべての仕事に共通して活用できる共通能力だということである。仕事能力をきわめて大胆に二大別すると、それは、職種別個別能力と共通能力に分けることができる。そして共通能力はさらに、教養と資質・態度と共通職業能力の三つに分けることができる。企画能力はこれら三つの能力をすべて包含するものである。
その二つは、そうはいっても、共通能力だけでは企画はできないということである。なぜならば、企画テーマについての知識や技術が必要になるからである。
たとえば、ラーメンの新商品開発企画を依頼された場合を考えてみると、ラーメンについてのあらゆる知識と技術が必要になる。ラーメンの歴史、現在市販されている商品の種類、価格、売れ行き、販促、チャンネル、製造技術、原価、デザイン……等々である。

要は、共通能力と個別能力の双方が必要ということであるが、その主体は共通能力にあり、ということができる。大まかにいって、共通能力七に対して個別能力三といったところである。個別能力については、テーマ次第で常に変わること、また変化が激しいことなどから、その時々の必要に応じて外部の専門家を活用すればよい。

企画者の企画者たる所以《ゆえん》は、そのプロデュース性にあるのであり、企画者に必要な能力は急速にプロデューサー能力に向かいつつあるのだ。

3. 企画能力とプロデューサー能力

企画の仕事は、プロデューサーのそれに酷似しており、大変、参考になる。近い将来、企画者はプロデューサーに包含され、ビジネス領域では、「ビジネス・プロデューサー」となるであろう。

そこで以下には、現時点における、ビジネス・プロデューサー像について一瞥しておきたい。

(1) ビジネス・プロデューサーとは

ビジネス・プロデューサーとは、「ビジネスの分野において、知価を高めるために、周辺や社内外の多様な能力や資源などを効果的に組み合わせ新しい価値を創造するプロフェッショナル」である。

成功のポイントとなるのは、周囲の力をいかにコーディネートできるか、である。

彼らの足場は組織と組織の境界で核となって活躍するが、存在形態としては、企業内型と独立型がある。

現在、一般に理解されているところでは、企画者《プランナー》の方は、企画者個人の能力活用が重視され、プロデューサーの方は、プロデューサー以外の能力活用が重視されているように見受けられる。すなわち、前者が内部的、後者が外部的といったイメージがするようである。

しかし、その本質は同じである。企画者もプロデューサーもともに、己自身の能力は当然ながら、己以外の能力や資源などを結合・活用する仕事だからである。

(2)　今、なぜ、ビジネス・プロデューサーなのか

ビジネス・プロデューサーが注目されている理由には大別して二つがある。

一つは、知識社会になり、仕事が複雑怪奇化・高度化してゆくなかで、知価を創造してゆくためには、あらゆるモノゴトの結合やミックスなど〝諸関係〟に注目せざるを得なくなってきたことである。

知価は諸関係をコーディネート、ミックス、結合してゆく、そのなかにあり、ということである。それはまた、創造そのものなのである。

二つは、組織が生涯の面倒をみられなくなった今日、他者の能力や資源を活用して、自分で知価を創造《プロデュース》できる力をつけておくことの必要性が高まってきたことである。

端的にいえば、自分でメシの食える力を養っておくことである。

(3)　役割

ビジネス・プロデューサーのタイプには、経営レベルのマネジリアル・プロデューサーとプロジェクトレベルのオンサイト・プロデューサーの二つがある。

ビジネス・プロデューサーの役割

マネジリアル・プロデューサー	オンサイト・プロデューサー
①長期的視点で総合的に担当する。	①個々のプロジェクトを担当する。
②新しい価値観や美意識をつくり出す。	②マネジリアル・プロデューサーが描いたプロジェクト構想を具体化してゆく。
③ビジョンを創造し、実現への道筋である構想を示す（目標、コンセプト、方針など)。	③ビジョンの実現にリーダーシップを発揮する。実施計画を立てる。
④ビジョン、目的、目標、ビジョン実現の過程、社会的効果、組織図、予算などを「構想設計書」としてまとめあげる。	④実施設計書を作成し成果の実現に邁進する。スケジュール管理を徹底する。

(4) プロデューサー制度の効用

以上のごときプロデューサーが制度化されると、以下のような効用を発揮する。

第一は、プロデューサー能力が高ければ、小が大より優位に立てることである。周囲の能力・技術・資金等々を効果的に組み合わせてゆくのであるから、一人の独創力さえあれば大を制することも可能である。

第二は、個人能力の開発・育成を促進することである。プロデューサーは高度の専門家であり、また、多くの人たちにも刺激を与える。

第三は、組織の活性化である。個人の能力が開発・活用され、諸資源が活用され、異質との交流が活発化する。

第四は、経営資源が有効に活用されることである。

最後に、それらゆえに、企業の閉塞感は打破され、業績が向上してゆくことである。

(5) 必要能力

図表―7は、ビジネス・プロデューサーに要求される能力について、まとめたものである。

ここでは、主要な必要能力を個別能力と共通能力に二大別して示したが、これでわかることの一つは、プロデューサーに必要とされる能力はその大半

図表ー7　ビジネス・プロデューサー能力の体系

大分類	中分類		小分類（例示）
個別能力	対象プロジェクトについての専門的能力		①知識ー対象についてのあらゆる知識（商品知識、マーケットの知識など）
			②経験ー対象についてのあらゆる経験（商品開発の経験、市場調査の経験など）
			③技術ー対象についてのあらゆる技術（商品開発・製造・サービスの技術など）
共通能力	共通職業能力	共通基盤能力	①指導力ービジョンの提示力、ビジョン達成への道筋、意欲・モラールの維持他 ②説得力ープレゼン能力、論理性、共感の獲得、ボランティアの刺激、役割の明確化他 ③調整力ーコミュニケーション能力、優先順位の決定、オルタナティブを持つ、妥協他
		方法技術	①創造性ービジョン創造力、仮説設定力、未来洞察力、アイデア開発力他 ②論理性ー目的手段で体系化・構造化できる能力、帰納、演繹他 ③仕事の進め方ーPDCA、問題解決のプロセス、計画化の技術他
		共通事務処理能力	①コンピューターなどOA機器活用能力 ②報・連・相
		円滑化技術	①人間関係能力ー人脈、ネットワーキング他 ②コミュニケーション能力ープレゼンテーション能力他
		職業意識と共通知識	①ビジネスの15大意識ーコスト意識、利益意識、時間意識他 ②ビジネスマンとしての常識ー会社、組織、仕事、経営、経理などの知識他
		資源活用技術	①社内経営資源の活用ー人、物、金、時間、情報、技術、信頼、人気他 ②社外経営資源の活用ー同上
	資質・態度	性格・パーソナリティ	①楽観性ー成功への確信、プロセスを楽しむ、充実感のある毎日他 ②粘着性ービジョンへの固執、持続力、凝り性他 ③精神力ー強い意志、打たれ強さ、発散上手、タフネス、集中力他
		姿勢・心構え	①ホスピタリティ（気配り上手）
	教養	人格	①人間的魅力
		教養	①豊かな教養ー適切な判断力、真贋を見分ける能力、自学自習力など

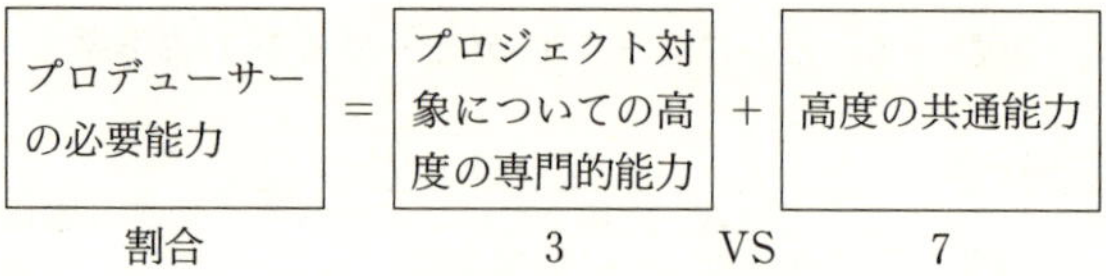

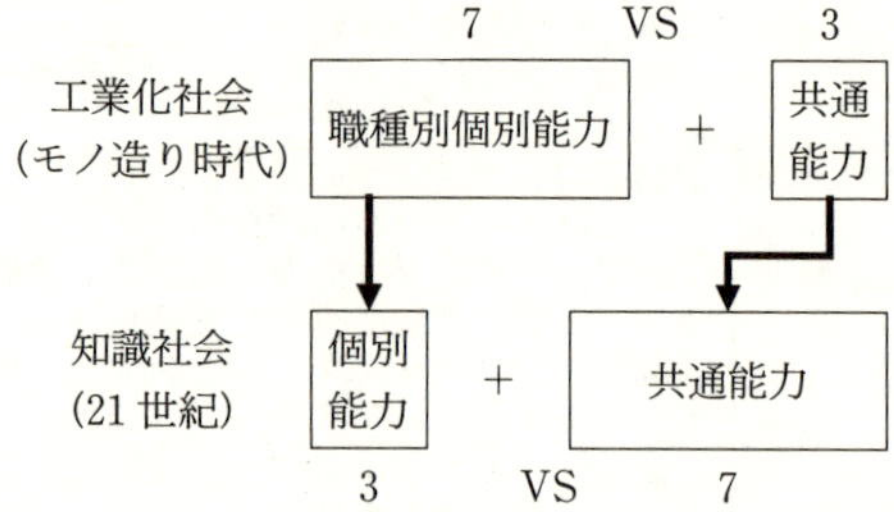

が、共通能力だということである。

しかし、テーマとして取りあげる対象については、高度の専門的能力が必要とされる。したがって、プロデューサーに必要とされる能力は上の式で表すことができる。

個別、共通の両者とも、高度の能力が必要とされる。新しいコンピューターを開発するプロジェクトでは、コンピューターについての高度の専門能力がないと絶対に成功することはない。

しかし、いくら高度の専門的能力があっても、共通能力がないと成功しないのである。数多《あまた》の異能者を集めるプロジェクトでは、彼らをいかに一つの方向へまとめてゆくかによって成否が決まるのである。

さて、プロデューサーの必要能力として示したそのパターンはまた、企画者《プランナー》の必要能力にまったく同じなのである。それら両者のほかにも、コンサルタントもそのタイプに入ってくる。

今やビジネス能力は、モノ造り時代のような職種別個別能力万能時代から共通能力プラス個別能力時代へと大きくシフトしているのである。その状況を図示してみよう。

工業化社会では、個別能力が七割に対し、共通能力は三割であった。しかるに、今日の知識社会においては、逆転して、個別能力は三割となり、共通能力が七割となっているのである。この逆転はすべての仕事においてみられるものである。

4. 企画の心構え

企画は、「企《くわだ》てを画《えが》く仕事」であるから、一般的な仕事とは異なってそれなりの心構えが必要とされる。それは第一に、仕事と趣味のいかんを問わず、生きることのすべてにおいて、よりよくしたい、よりよくなりたいといった、前向きの姿勢とあくなき向上心が大前提として存在していることである。よりよくしたいという向上心がない人にまともな企画のできるはずがないからである。なぜならば問題を感知することさえ難しいからである。問題は、あるべき姿と現状との間に感じる違和感やギャップだからである。理想や期待、目標や希望など前向きの「あるべき姿」を物差しにしてあるがままの現実をみるとき、「これは酷《ひど》い、なんとかしなければ」という違和感やズレが生じてくるのである。そして、そのズレが企画のエネルギーへと転化してゆくのである。

第二は、あまり構えず、リラックスして身近かで単純なことから始めることだ。緊張しすぎると見えるものもみえなくなるからである。

常に、すなおに、平常心で企画することが肝要である。

第三は、現場、現物、現実の三現主義をモットーにして、実感をつかむことである。

第四は、できるだけ多くの人の意見を聞き、多くの人たちと議論を重ねることである。かくして企画は納まる所に納まってゆくことになる。

第五は、三分で理解してもらえる筋書きをつくることだ。とにかく、短時間で理解してもらえる企画をつくる心構えが必要なのである。A４判一枚にまとめるつもりで考える。

第六は、クライマックスをつくることだ。どんな企画にも必ず山場《やまば》がある。それを効果的に活用するのである。

第七は、アイデア倒れにならないよう十分注意することである。アイデア発想力と論理化能力と実践能力とは異なものであることを知ってうまく手を打つことだ。弱いところは他人の協力を得ればよい。

第八は、実施の結果がでるまでを自分の責任であると思い、結果を常に予測しながら企画を進めることである。

第九は、始めから終わりまで、理性（論理性）と感性（気配り、気働きなど）のバランスを最適化させることである。人は感性八分、理性二分で動くものだからである。

第十は、企画を日常茶飯事化することである。

仕事も私生活も、そして人生そのものが企画である。幸せを創り出すのが企画なのである。

5. 企画能力開発法

企画能力の開発法については、主要能力の多くが共通職業能力であることから、その開発の方法についても、共通的なものであり、それらをまとめて、第三章として掲載することにした。

目的発想で創造性と論理性を高め、心形発想で行動力を身につける。目的発想と心形発想で企画能力は飛躍的に向上するのである。

6. 優れた企画者はここが違う

優れた企画は、優れた企画者ないし企画チームによってつくられる。以下には、組織のなかにおける優れた企画者の条件を述べる。

第一は、組織体質をよく理解していることである。たとえば、ホンダとトヨタ、ソニーと日立を較べてみるがよい。

第二は、あるべき姿と現状のギャップから、常に、企画対象、つまり、企画の対象とするテーマを発見、構築できることである。

己の役割だけをみても、あるべき姿と現実のギャップは常にあり、そこには、企画テーマはいくらでもある。

第三は、アイデアや発想力に卓越していることである（創造能力）。

第四は、種々のアイデアや考えを具体的な企画案、ないしは企画書といったみえる形にまとめあげてゆく能力である（論理的思考力）。

第五は、企画実現能力である。企画を実現するためには、関係者の理解、支持、協力が必須なのである。

第2章

企画の基本ステップ――巧

第一章では、企画とは何か、といった企画の本質について述べた。企画は、人事や経理といった職能別の機能ではなく、すべての業務に横断的に存在する問題解決の有力な方法論の一種であることがわかった。

さて、本質の次は巧である。企画の心をいかにつくり、その心をいかなる形にしてゆくか、その心と形の両者に優れたわざを提供するプロセス・ステップが巧なのである。

心をつくるわざ、形をつくるわざ、そして、さらに、心と形を結ぶわざ、それが巧の領域なのである。

一　企画の基本ステップ13

1．狭義の企画と広義の企画

企画も実務においては、基本的なステップに従って行われる。本書ではそのステップを13に分けているが、企画という言葉を使う場合、常に13のすべてが含まれているというわけではない。すなわち、企画という言葉は広義と狭義の二つに使いわけされている。広義の方は13のすべてを含んだ意味であり、狭義の方は、1から12までを含むものである。論述を進めてゆくなかで特に区別が必要な場合は、狭義の場合のみ、企画（狭）と表示し、それ以外はすべて広義とする。

2．基本ステップの分け方

基本ステップの分け方については、テーマの大小・性格や企画者により、実にさまざまである。しかし、どんなテーマ、どんなやり方をしようと、これだけは欠かせないといったベーシックなステップがある。それらをどうしても使わなければならないというわけではないが、多くの場合、活用すると、よりよい企画が行えるのである。

(1) 分け方の代表例

それでは本書の考え方を述べる前に諸先輩たちの代表的な分け方をタイトルのみご紹介させていただく。

企画立案の基本プロセス

1 オリエンテーション
2 情報の収集と分析
3 コンセプトワーク
4 企画の構想
5 企画書の作成
6 プレゼンテーション
7 企画の実施

出所） 小泉俊一『よい企画ができる事典』西東社

企画の手順

1 着想
2 連想
3 企画の原点を定める
4 企画の芯の設定
5 企画の構図を考える
6 企画の体系化

出所） 中野昭夫『企画と企画書の技術』同文舘 p. 38

革新企画実践サイクル

1 課題認識
2 課題設定
3 問題形成
4 企画構想
5 計画化・組織化
6 徹底実践

出所） 鈴木剛一郎『革新企画実践力』プレジデント社 p. 42

企画作業の流れ

手順1 企画テーマ
〃 2 テーマに関する資料の収集
〃 3 テーマに関する調査の実施
〃 4 テーマに関する文献収集
〃 5 マクロ分析
〃 6 課題抽出
〃 7 課題の特質
〃 8 課題の整理
〃 9 テーマの方向性の決定
〃 10 機会創造の構図づくり
〃 11 コンセプトの創造
〃 12 具体的提案
〃 13 企画書の完成

出所） 生田哲雄『上級企画術』日本能率協会マネジメントセンター p. 37

企画づくりはこのステップで

1 オリエンテーション
　課題の発生
2 テーマの明確化
　課題の絞り込み
3 情報収集と分析
　課題の分析
4 コンセプトの立案
　解決目標の設定
5 全体構想の構築
　解決の全体像の構想
6 具体計画の立案
　解決の具体策の作成
7 企画書の作成
　企画全体をまとめる
8 プレゼンテーション
　企画全体を提案する
9 企画の実行・評価
　企画を実施し、評価する

出所） 高橋誠『企画書の書き方が面白いほどわかる本』中経出版 p. 27

(2) 本書の基本ステップ13

本書では企画を推進するに当たって、次のような13のステップを活用する。

企画の基本ステップ—13

企画の基本プロセス—13のステップ

13のステップ	内容説明
1．評価基準《あるべき姿など》の保持	•問題感知をよりよくするためのあるべき姿など、評価の物差しを持っておく
2．問題の感知	•評価基準をもって、思考し、五感で感覚すると問題を感じ知ることができる
3．オリエンテーション	•こんなことを企画してほしい、と意図を正しく伝える説明
4．課題《テーマ》の認知	•依頼者と企画者その他関係者が何のために何をするかを共通認識する
5．現状の把握	•テーマについての状況や実態について徹底的に分析し、真実をつかむ
6．問題点の明確化	•多くの問題の中から真の問題、解決すべき問題点を絞り込む
7．原因分析	•問題には必ず原因がある。解決できるレベルまで何回も原因を掘り下げる
8．コンセプトの設定	•9以降のステップに対して方向性を与える基本的な考え方を決める
9．企画構想	•問題点を解決するための目標、方策、道筋などを体系的に示す
10．実施計画	•決まった解決策、方策について、6W3Hをもってスケジュール化する
11．企画書作成	•伝達、報告、承認などコミュニケーションを成立、向上させるため、書き物などの媒体にまとめる
12．プレゼンテーション	•関係者とりわけ、決定権者に対して企画書その他の媒体を使って説明する
13．実施・評価	•実施し、結果を評価し、反省すべきところは次回に生かす

＊問題解決とは期待と現実とのGAP、ズレを埋めること。

3. 基本ステップ13の活用例

基本ステップの名称だけを急に述べても、とっさには理解しがたいと思われる。そこで次には基本ステップに馴染んでいただくとともに「ああこんなものか」といったフィーリングをつかんでいただくため、その初歩的な活用例をご紹介する。

テーマはコンビニ既存店の売上回復企画である。

A社は広島県を本拠地として、近県も含めて80店の直営店をもつコンビニ店である。これまでは新規出店に支えられ、順調に業績を伸ばしてきた。しかし、全体では伸びているものの、個々の店でみると、六割の店が徐々に年々、下降線をたどっている。

物語はここから始まる。

(1) あるべき姿の保持

創業者である木村社長の夢は、ローカルのコンビニ店を全国規模《ナショナル》に育て、セブン‐イレブンやローソンに伍してゆけるブランドにしたいというものである。そのためには、新規出店に力を入れるのは当然ながら、その原資を稼ぐためにも、既存店の売上げと利益を着実に増やしてゆくべきであると考えている。

(2) 問題の感知

既存店の売上げと利益の右肩上りの成長をあるべき姿として強く保持している社長が、ある日、各店からあがってくる業績数値をみていて、何か違和感を感じたのである。それは、時系列的にみると、売上げや利益が年を追うごとに低下傾向を示している店が増加しているのではないか、というものである。

まさに、問題の感知である。このあと、すぐに経理部長に過去五年間の各店ごとの業績推移表を作らせ、違和感が間違いでないことを確認する。

(3) オリエンテーション――上司から部下へ

社長の行動は速い。直ちに、販売促進部長を呼びつけ、「どうなっているんだ。六割ほどの店の業績が低下しているではないか。一カ月以内に各店の売上げ回復企画を作成せよ」との命令である。これは、社内における上司から部下へのオリエンテーションであるが、下が上に対して、「これこれの企画をいたしたい」といったオリエンテーションもある。また、本例を社外の企画会社に発注（依頼）する場合もある。一般的にオリエンテーションといえば社外へ依頼する場合に使われることが多い。

(4) 課題《テーマ》の認知

さて、小林部長は、課題をどのように認識したのか。部長も業績低下の店が増えていることはわかっており、なんとかしなければとの思いももってはいた。しかし、何分、新規出店に追われ、気になりながらも手を着けられなかったのである。「遂に来るものが来たか」というのが実感であった。

全国展開のためには、視野を広げ、真に自社に役立つ企画案をつくりたい。場合によっては、スクラップ&ビルドも考えたい。それにしても、一カ月の期限はしんどい。

彼は自分が解決すべき課題として、「既存店の業績を回復させるための販促企画」を認知したのである。問題の認知については社長との間に、ズレはない。

(5) 現状の把握

課題《テーマ》が決まれば、その課題解決案の作成に役立つあらゆる情報を効率的に収集しなければならない。

まずは部下を集めて、情報収集チームを立ち上げる。そこでは、「情報収集・分析・活用計画」を六W三Hで作成する。その際、大切なことは、収集された情報の活用の仕方までを視野に入れた計画の作成である。

収集すべき情報にはたとえば、①店別の詳細な時系列の実績――品目別・時間帯別など、②販促策と売上げの因果分析、②立地・商圏の推移、③競合店の状況と推移、④品揃え方針の推移、⑤価格政策の推移、⑥仕入政策の推移、⑦従業員のモラール・意欲・能力、⑧マネジメントの仕方、⑨経営者・管理者、⑩社風・企業文化、⑪お客様や仕入れ先の声・意見……等々である。

情報収集に際しては、客観的なものを中心にするのは、当然ながら、定性的・暗黙的な情報にも十分、耳を傾けるべきである。

(6) 問題点の明確化

ここは、認知した課題の解決策を立案するに当たっての対象となる問題を絞り込んで明確にしてゆくステップである。業績低下の実態が客観的に把握できると、真の問題点がみえてくる。本件では、真の問題点は、「商品構成が徐々に顧客のニーズから離れていった」ことにあった。

一般的には、真の問題点を解決すれば、課題の大半は解決できるのである。

(7)　原因の究明

問題点はもちろん、一つとは限らない。複数の場合は、解決策として取り上げる問題点を決める。問題点とは数多くの良悪双方の結果のなかから、解決すべきものとしてクローズアップされたものであり、それは悪い結果である。

悪い結果には必ず悪い原因がある。したがって、問題点を解決するには、悪い原因を除去しなければならない。そのためには原因の徹底的な究明が必要である。

本例では、〝既存店の売上げ低下〟が悪い結果すなわち現状であるが、その問題点として絞り込んだのが、「商品構成の顧客ニーズとの乖離」である。

そこで、この乖離の原因について究明してゆくのである。たとえば、①顧客ニーズの変化を知る仕組み、情報が不十分である。②POSなど不十分ながら情報はあるが、分析・活用しようとしなかった、などである。

原因はさらに、第二、第三、第四といった具合に、解決策がみつかるレベルまで掘り下げてゆく。原因究明の出来栄えで解決策が決まるといっても過言ではない。

(8)　コンセプトの設定

原因究明の技法には、「因果系統図」の作成がある。この手法を使うと、原因の階層《レベル》と数は通常、おびただしいものとなる。解決策はそれらのすべてについて考えるべきであるが、現実的にそれは難しい。総花的にもなり、経営資源が分散されるなどメリハリが効かなくなる可能性もある。

そこで、解決策を考えるに当たっては、テーマである、「既存店の業績を回復させるための販促企画」を立案・実行するに当たっての基本的な考え方を決めておくのである。コンセプトとは、その企画によって実現しようとする基本的な価値である。

本例では、たとえば、「顧客ニーズを知り尽くせ、創造せよ！」である。テーマ実現による価値は最終目的が既存不振店の蘇生であり、そのためには、「顧客ニーズに合わせた品揃え」が必須条件となることから決定したのである。

コンセプトは、偉大な力を発揮する。

これ以降の作業はこのコンセプトの実現に焦点を合わせて進めることになる。

(9) 企画構想

以上では問題点を明確化し、原因を究明し、コンセプトを決めてきた。解決策を発想する舞台はすべて出揃ったわけである。具体的には因果系統図（問題点系統図）の原因ごとに、その原因を取り除くアイデアをたくさん出し、評価し、選択する。

ここでは、オリエンテーションと課題《テーマ》の認知で明確になった目的を達成するに足る解決策になっているかの確認が必要となる。

さて、本例での解決策（企画構想）はどうなったか。

現状把握で既存店の販売不振が客観的にも証明され、問題点も「ニーズの乖離」と決め、原因もA1サイズ一杯になるまで下位に展開した。そこで、いよいよ解決策の立案となるが、それは原則的に、「因果系統図」のすべての原因に対応させて行われる。悪い原因を取り除くのが問題解決だからである。

本例では、第一原因として述べた、ニーズ情報の不十分さと既存情報の未活用に対して、解決策を考える。

そこでの解決策は、次のようになる。

それは、「顧客のニーズを速く正確に知るための情報収集、分析、活用の仕組みを確立する」こと、と「既存情報の分析・活用」の二つとなる。

もちろん、これらは、抽象的である。したがって、因果系統図に対応させて、動作、挙動など微動作レベルまで下位に展開してゆくのである。

⑽　**実施計画**

⑼で企画構想された解決策を具体的に実践するための計画を六W三Hその他を入れて作成するステップである。これは解決策が本当に実現できるのかどうかを確認する作業でもある。制約条件の克服策も検討しなければならない。

⑾　**企画書作成**

以上⑴から⑽までをわかりやすくまとめる作業である。社長を頭に置いてまとめること。

⑿　**プレゼンテーション**

基本的には社長に対し、企画書を中心に、必要なツールを用いて行われる。

⒀　**実施・評価**

具体的に実践するのは、全従業員であるが、企画責任者である部長は十分なフォローが必要である。

以上は、内部における企画であり、通常の問題解決とほとんど同じであるが、それでも、しっかりとしたステップで展開することから、メリハリも効き、成果も大きくなるのである。

本例を問題の三タイプに当てはめれば、向上型と維持型が混合したものといえよう。

4. 本書基本ステップの特徴

本書における基本ステップは、諸先輩方のそれに較べると下記の特徴がある。

第一は、最初に、(1)評価基準（あるべき姿）の保持、をもってきたことである。これは企画のスタートをいずこにするか、ということであるが、筆者はその出発点を一歩先行させ、前倒ししたのである。

問題を解決するには、問題を感知しなければならないが、そのためには、己の仕事やその他すべての物事について、目的や目標、希望や理想などの評価基準を四六時中、保持しておくことが必要である。評価基準をもっていないと、何を見ても、何を聞いても、違和感やギャップを感じることはないからである。

第二は、(1)に引き続き、(2)問題の感知、を入れたことである。評価基準と問題の感知とは一体であり、この段階で企画の成果は50％は決まるといっても過言ではないのである。

第三は、ほとんどの方々が採用している、情報の収集・分析、を外《はず》したことである。もちろん、情報がきわめて重要であることは百も承知しているが、ステップの一つにするには、どこかに違和感があることがその理由なのである。情報というものは、その強弱はあるが、企画の全13ステップに関係するものであるにもかかわらず、一つのステップに括ってしまうことから、違和感が発生してくるのではないだろうか？

情報は、企画の全プロセスとりわけ、現状の把握において、企画の成否、出来栄えに多大の影響を与えるものであり、常にあらゆる方面に向けて鋭いアンテナを立てておくことが必要なのである。

第四は、(6)問題点の明確化、を入れていることである。種々雑多な問題のなかから、真に解決すべきものに絞ってゆくプロセスが必要となるからである。

第五は、(7)原因分析、を入れたことである。問題とは悪い結果であり、悪い結果には必ず悪い原因が存在する。その原因を取り除く方策を考えるのが企画構想なのである。原因は過去だけではなく、未来にも存在するのである。

以上には、ステップの項目についての違いについて述べたが、最後に、全体としての考え方についても一言しておきたい。

ステップを考えるに当たってのコンセプトは、企画というものを、広義でいう問題解決の一つの領域すなわち、創造的な領域としていることである。要するに、企画とは、創造的問題解決なのである。

したがって、ステップづくりに際しては、創造的な問題解決がうまく進捗するように考えたものである。特に力を入れたところは、ステップを着実に追ってゆけば、すばらしい企画ができあがるようにストーリー化していることである。13のステップは、問題解決の優れた型なのであり、型にはまり、型を駆使してゆく内におのずとすばらしい成果がでてくるというわけなのである。

全体はプラン・ドゥ・シーのＰＤＳでまとめている。

以下には、13のステップにつき、順次その要点を述べてゆく。

二　評価基準の保持――ステップ1

企画の基本ステップ13のスタートが、評価基準の保持である。いかなるものに、いかほどの評価基準をもつかによって、その後のステップは多大の影響を受ける。

1．評価基準とは何か

評価基準とは、「物事の善悪・成否・美醜などを考え、価値を定める際に、それら判断の依り所となるもの」である。人は一般的にいって、自分が出合う物事、出合う人びと、みえ、聞こえ、味わえるなど五感で感覚できるものについては、自分なりに判断して価値を定めたがるという本性をもっている。

そして、なんらかの対象を判断するためには必ずなんらかの判断基準を用いている。基準《モノサシ》がなければ、判断を下すことはできないからである。たとえば、〝A嬢は美人だ〟と決めるのは、己の美についての判断基準があり、それをモノサシにして測定したところ、美人基準に合致したということなのである。

もう一つ例をあげてみよう。

B君の本年度の販売目標は一億円である。三月決算が近づいた十二月末になっても、達成率は50％の五千万円である。彼は驚愕した。なぜならば、彼の評価基準は目標必達だからである。他方にC君がいる。彼の実績もA君と同じであるが、彼の心は微動だにしない。

なぜならば、彼の考えが、「目標など守らんでいい」というものだからである。したがって、彼にとって、目標は評価基準とはならないのである。したがって、問題を感じることもない。

評価基準はまた、日々刻々にもしっかりと機能している。人間は日々刻々に行動を選択する存在だからである。いかにささいなことでも、判断し選択しているのである。そこには必ずその人なりの、そのときなりの評価基準が存在しているのである。

朝の挨拶を受ける。ぞんざいな奴だと評価する。その裏には、挨拶についての評価基準が存在しているのである。

2. 評価基準の効用

評価基準には次のごとき効用がある。

第一は、物事について思考をめぐらすとき、思考のプロセスやその結果に影響を与えることである。たとえば、来期の販売目標を設定するに当たって、あれこれ考えるとき、「売上げは毎年アップするのが当然である」との評価基準をもっている人は、今期比で10％アップの目標とする。他方で、「不況のとき無理して伸ばすことはない。むしろ売上げは押えて、利益を重視すべきだ」という評価基準をもっている人は、今期比で10％ダウンの目標を設定する。

ここに出てきた評価基準は、数字や物《ブツ》といった形の明確なものではなく、物事に取り組むときの姿勢であり、性格における積極性、慎重性といったものである。さらにその奥には、人生観や価値観が存在する。

要は、何事であれ、思考するときに、評価基準は、大きな影響を与えるのである。

第二は、われわれが、物事を五感で感覚するときの感覚力に多大の影響を与えることである。たとえば、コスト意識が高く、それが評価基準になっている人にとっては、床にクリップが一つ落ちていても目に飛び込んでくる。物事に対して、興味・関心・好奇心・意識・価値などをもち、それらが評価基準となれば、五感は全開し、百花繚乱となる。

第三は、違和感・ズレ・ギャップを発生させる効用である。違和感やズレの感覚は、何かと何かを対比させないと発生しない。評価基準はその何かの役割をもち、ズレを発生させるのである。このズレこそが、問題の感知なのである。始業時間は絶対に厳守すべきだとの評価基準をもっている課長が、毎日のごとく、平気で遅刻してくる部下をみてズレを感じるのである。「こりゃーいかん。なんとかしなければ」と。

パソコンは仕事に活用すべきだとの評価基準をもつA君にとって、隣席のB君がいつも映画や株式相場をみているのをみると、ギャップを感じるのである。

3. 違和感・ズレのタイプ

違和感やズレにはいくつかのタイプがある。

一つは、マイナスのズレである。これは、現状と評価基準を対比したとき、現状より評価基準の方が高い場合である。利益計画目標百億円（評価基準）、実績七十億円（現状）の場合のマイナス三十億円がマイナスのズレである。定量化できないことでもマイナスのズレはある。たとえば、組織は常に活性化しているべき（評価基準）だのに、みんな死んだふりをしている（現状）と感じる違和感もマイナスのズレなのである。

以上の大半が、維持回復型の問題感知・問題発見へとつながってゆくことになる。

二つは、プラスのズレである。これは先とはちょうど、反対で、評価基準の方が現状より低い場合に感じるタイプである。たとえば、利益目標百億円に対して、実績が百二十億円になった場合のプラス二十億円のズレである。子会社の社長に就任した森氏、組織風土は本社並みにしなくてはと思い、各職場を隈《くま》なく回ってみたが、その結果は本社をはるかに凌ぐものであった。この場合、本社を凌ぐ部分がプラスのズレである。

さて、このタイプでのズレの感じ方には特徴がある。それは、評価基準と現状についてのその比較対象の求め方にある。目を全開し、社外に、世界に、へと広げてゆくことが必要になってくる。たとえば、各種の目標と実績を対比する場合、社内だけに目を向けると、「できるような目標を立て、目標に合わせるように行動する」ことから、プラスマイナスともに大きなズレが発生することは少ない。しかし、同業他社や世界に目を広げると、同一の規模でありながら、当社の倍以上の目標を立て、達成している会社が存在しているのである。

そこには、多大のプラスのズレを感じずにはいられないのである。

このプラス型の多くは、向上発展型の問題解決へと進んでゆく。

最後は、感性型の違和感である。以上に述べた、マイナス型、プラス型ともに、強いて分ければ、理性派といえる。これに対して、もう一つ、感性型といわれる分野がある。

この型《タイプ》の評価基準は、感性であることから、たとえば販売目標などのごとく、数値化できるものではなく、何かを五感で感覚することによって直観的に閃く、という場合が多い。そこで感じるプラス・マイナスは、感性であることから、美しい・優しい・感動的……等々といったことがプラスの違和感となり、醜い・汚い・荒々しい・無感動……等々といったことがマイナスの違和感となる。

以上は、主として、芸術の世界の話となるが、いわゆる通常のビジネスにあってもこのタイプが増えている。経営・仕事はアートなりといわれることもあるが、今日では、あらゆる面において、感覚《センス》を磨いておくことは必須である。

感性は、創造革新型の問題解決へと発展してゆく場合が多い。

4. 評価基準の代表例――あるべき姿

評価基準としての役割・機能をみごとに果たしてくれるものに、「あるべき姿」がある。

(1) あるべき姿の意義と役割

「あるべき姿」とは、「個人または集団にとっての望ましい状態であり、それは通常、心・巧・形に大別することができる」。

以下にポイントを述べる。

①明確性

あるべき姿の明確性については、商品見本や書かれたマニュアルなどその形・内容がきわめて明確なものから、こうしたい、あのようになりたい、など情緒的、願望的で明確な形をもたないものまで、その幅は実に広い。

②現実性

現実性については、あるべき姿について人びとが抱くイメージに較べるとより日常的、具体的なものが入ってくる。それはあるべき姿を違和感・ズレを感じさせる仕掛けとして考えているからである。

たとえば、日々行われている仕事も作業手順書や検査基準書といった〝あるべき姿〟を活用しているのであり、きわめて現実的なのである。

では現実性の対極である夢や空想のほうはいかに。結論的にいって、夢や空想は、あるべき姿からは除外する。堅実で問題感知に結びつくようなズレ・ギャップを感じさせる可能性が小さいからである。

③体系化・構造化

あるべき姿もよくできているものは、たとえば、目的手段などで体系化されていることが望ましいが、違和感発生装置としての機能からすれば、断片的・思いつき的なものでもよい。

④感性・理性

あるべき姿のイメージは、一般的にいえば、知性的・理性的・道徳的・理想的である。しかし、本書では、感性的・意欲的・情緒的なものもあるべき姿に含めている。違和感の感受に効果的だからである。

⑤個人・集団

あるべき姿には、個人としてもつものと、組織人としてもつものとの二つがある。いわば前者は本音であり、後者は建前であるが、問題感知への機能としては個人が本音で抱くあるべき姿の効果が大きい。

⑥質

仕事や日常生活は各人がもつあるべき姿に導かれ、めざして遂行されてゆく。したがって、仕事や生活の成果、出来栄えは、あるべき姿の質、出来栄えによって多大の影響を受けることになる。

あるべき姿の質が高ければ高いほど、問題の発生する余地が少ない、といえるのである。

⑦存在形態

あるべき姿はいずこに存在するのか。それは通常、心・巧・形の三つである。

まずは心であるが、これも二つに分けられる。第一が潜在意識であり、第二が顕在意識である。あるべき姿の機能からすると、潜在化しているほうの力が大きいのである。

人間の意識はその95%が潜在しているといわれるが、それらのあるべき姿にいかに火をつけるかでズレ、違和感の質量が決まってくるのである。

次は巧であるが、これは各人が身につけているものと、己以外の人や組織あるいはその国や社会がもっているものなどがある。

最後は、形として存在するものであり、主要な形としては以下がある。

一つは、書かれたものであり、法令・規程・マニュアル・社訓・設計図……等々がある。

二つは、口頭で述べられたものである。

三つは、モノであり、各種の商品などである。

(2) あるべき姿の効用

以上には、あるべき姿についての特徴について述べたが、次は効用面である。

①違和感を発生させるしかけ

第一の効用は、現状と対比させることによってズレ・違和感を発生させるしかけとなることである。

たとえば、工場は常に六Sを徹底しておくべしとのあるべき姿をもっている人にとっては、工具やゴミが散乱しているのをみると我慢ならないのである。

②日々刻々の行動を導き方向づける

日々刻々の動作・挙動・所作などの微動作については、そのほとんどは意識されないで行われている。それら無意識的行為を目的や目標などに向けて導き、方向づけてくれるのが、あるべき姿なのである。

たとえば、各種の業務計画には六W三Hで大骨は記載されるが、中骨や小骨は書かれない。それら書かれない詳細の作業については、大骨の計画書が方向を示し、導いてくれるのである。

(3) あるべき姿の種類

いかなる対象に、いかなるあるべき姿を、いかなる深さや質でもつか、で問題感知の半分以上が決まるといっても過言ではない。

以下には、あるべき姿の種類について例示する。

あるべき姿の例示1―①

形	巧
①商品見本・限度見本・サンプルなど。 ②優れた商品・芸術品・作品・製作物など。 ③明文化された各種の法令・規程・通達・ルール・規則・基準・標準・マニュアル・業務手順書・ノウハウ集・成功事例集など。 ④利益計画・業務計画・予算・戦略など。 ⑤会社の社訓・社是、会社や上司からの方針・指示・命令・指導など。 ⑥優れた状況・環境――六Sが徹底された工場、活気溢れる売場、美しい自然の景観、美的センスのある社屋や諸施設など。	⑦優れた発見・発明・技術・術・ノウハウ・コツなど。 ⑧公理・法則・公式・原理など。 ⑨高度の専門的能力（科学技術・法律など）。 ⑩業務知識・経験・職業人としての常識など。

あるべき姿の例示１ー②

心
⑪各人の人生観・価値観・世界観・自然観・仕事観・職業観・使命観・社会観・死生観など。 ⑫各人の希望・期待・理想・目的・目標など。 ⑬各人の要求水準・自己イメージ・興味・関心・欲求など。 ⑭職業人の20大意識――目的意識・役割意識・顧客意識・利益意識・原価意識・品質意識・効率（合理化）意識・改善意識・革新意識・創造意識・時間意識・空間（代表）意識・協調（協力）意識・安全意識・危機意識・共生意識・環境意識・向上意識・真善美愛の意識・奉仕意識など。 ⑮社会や国、企業や団体の組織風土・文化水準・慣習・道徳・倫理など。 ⑯目的手段（機能）の体系など。 ⑰企業・部課・各種プロジェクト……等における最上位目的など。

(4) あるべき姿のつくり方

問題感知の一方の旗頭である、あるべき姿は以上であるが、ではいかにすれば、それらを多くかつ高質にもつことができるのか。結論的にいえば、「形より入りて心に入り……」の「形入法」と目的手段で発想する、「目的発想法」を軸にすると抜群の効果がある。

詳細は第三章で述べる。

三　問題の感知――ステップ2

1．問題とは何か

(1)　定義と要点

企画は問題解決のうち、創造的な領域を担当する。仕事も私生活もそして人生そのものが問題解決であり、日々刻々におけるわれわれの行動はそのすべてがなんらかの形で問題解決にかかわっているのである。それでは、問題とは何か。

問題とは、「あるべき姿と現状（結果）との間に生じたギャップでその解決が要請されることおよび、未来のあるべき姿と今との間に予想されるギャップでその解決が要請されること」である。

以下、ポイントを説明する。

第一は、あるべき姿であるが、その意味・内容については、先の二で詳述したとおりであり、評価基準となるものであれば、すべてがあるべき姿である。

第二は、あるべき姿は、過去・現在・未来の三時制を含むことである。このことは、問題の感知・発見・形成……等々において大変、重要な意味を持つことになる。後で詳述する。

第三は、結果についても、やはり、過去・現在・未来の三時制を考える必要がある。ここでも、現在が気になるが、物理的にではなく、常識的、現実的に考えたい。現実的な感覚としては、〝現在〟という時間は認識されている。それは時の流れに一定の期間を設定するという知恵によってである。日、週、月、年といった区切りである。

「今日の売上げはいくらだ」

「先月の受注はいくらになった」などである。

問題の解決を視野に入れるとき、最も大切なことは、最も早く、結果を知ること、予測することである。月次計画の達成に責任をもつ者が、月末に結果を知っても手の打ちようがない。

問題とは、過去・現在・未来のあるべき姿とそれぞれに対する結果とのズレであるが、問題解決行動そのものは、すべて未来に行われるのである。

そこで大切なことは、物理的な意味での未来を現実的に考え、どれほどの期間を現在と見做すかを意識しながら仕事をすることである。ちなみにわが国には、今日・今週・今月・今年・今期……等々といった便利な言葉が存在している。

第四に、ズレ、ギャップである。問題の感知はズレ、ギャップ、違和感といったものを感じるところからスタートする。それらは、売上げ数字のように明確なものもあるが、なんとなくといった曖昧なものも多い。しかし、ここで、何を、どの程度に感じるかは、問題解決の成果を決めることにもなるのである。

第五に、問題は、ズレやギャップを感じたものすべてではない。それらのなかで周囲の状況から解決が要請されているものだけである。

第六に、問題は結果の出ていない未来の物事についても発生する。二年後に新商品の発売という目標を立て、明日からスタートする。この場合のギャップは、二年後の新商品の発売というあるべき姿と〝今〟のゼロ状態との差である。ということは、明日からの二年間の全活動がギャップとなるのである。具体的には、新商品発売という目標（あるべき姿）達成のために、何を、いかになすべきか、ということであり、これこそは未来型の問題解決なのである。

(2) 問題と過去・現在・未来

本書では問題を「あるべき姿と現状との間に生ずるギャップ」と定義しているが、それらは、過去・現在・未来といかなるかかわりをもつのであろうか。この点を明確化することで、問題の本質や性格について真の理解を得ることができる。また、維持型、向上型、革新型といったタイプ分けに対してもその理解を容易にしてくれる。

①現在の幅・期間《スパン》をどうみるか

〃現在〃を物理的に捉えることができたとしても問題解決といった面からみればまったく意味がない。なぜならば、われわれの〃現在感覚〃は、それぞれの分野においてそれぞれ一定の長さをもつ区切り期間であると認識されているからである。

それでは、ギャップの発生と現在という時制とはいかなる関係をもつのか。結論的にいえば、現在を強く意識することなくしては、ズレやギャップを感じることはできないということである。現在を意識するということは、当然のこととして、一定の期間《スパン》を意識するということである。今日中とか今年末までなどである。

例をあげてみよう。

森君は、現在を一日24時間と考え、私生活も仕事も一日単位でスケジュール化している。明日は未知の未来であり、何が起こるかわからない。ゆえに、今日なすべきことは、明日へ延ばすことはしない。彼にはなすべきことすなわち、あるべき姿がいっぱいあり、現状(結果)との間にズレやギャップが多く発生する。

他方の林君は、現在など考えたこともない。成り行きと明日は明日の風が吹く、でのんびりとやっている。どうしても今日中に、今月中に、といった期限もないことから、ズレやギャップ、違和感の生じる余地はない。

さて、現在をいかに考えるかについては、さまざまな考え方がある。しかし、ここでは問題解決についての現在ということで考えてみたい。そこでの現在とは、「それぞれの分野において意識的に設定された一定の長さを持つ持続的期間であり、多くは締めやまとめの対象となる期間」である。決算期がその典型である。

一般的には、今日・今週・今月・今年・今期……等々といった一定の日時の長さであり、他方ではテーマごとに設定された期間である。たとえば、各種のプロジェクト、建物の竣工期間、企画の完了までの期間……等々である。

しかし、以上は、それら締め切りの期間が終了してから評価・反省し、ズレ・ギャップを感じればよいというのではない。それでは遅すぎて手の打ちようがないのである。基本ステップ5の現状の把握は、日々刻々に行わなければならないのである。

先に述べたごとく、現在を一定の期間《スパン》としてみることの狙いは、ゴールに到達するまでに生じるあらゆる問題を解決しながら進み、有終の美を飾ることである。すなわち、問題解決の機会を与えるためである。

現在の概念が以上のごとくに決まると、過去も未来もほぼ自動的に決まってくる。

②過去とは何か

それでは過去とは何か。過去とは、「現在というひと区切りの期間が終わったときから」である。たとえば、企業でいえば、第五期の途中は現在であり、第五期が終了して、第六期が始まったときからが過去となるのである。

したがって、過去は一律ではなく、現在の決め方によって実に多種多様となる。

③未来とは

未来についても、現在を先に決めてしまったことから、自動的に決まってくる。すなわち、「現在の一定期間が終了(過去)して、次の新しい現在が始まる」とまた、現在となるため、未来とは、「次の現在が予定されている未来でまだ未着手の空間」である。

端的にいえば、古い現在が過去であり、新しい現在の予定が未来である。

未来	新しい現在の未着手状態	何かに着手したらそれは現在になるから、未来はあくまで白紙の状態だ。
現在	現在の進行形（一定の期間）	厳密にいえば、現在のなかには、過去と未来が包含されている。
過去	現在の過去形	現在が終わると過去になる。実際には、現在は刻々に過去に移転している。

以上からもわかるとおり、未来についても現在や過去と同じく、一定の期間《スパン》を想定して考えるとわかりやすい。たとえば、明日、来週、来月、来年、来期、工場建設平成十五年四月一日から十七年三月三十一日まで、などである。未来にはこのように、将来の一定期間すなわち、予定された現在ともいえるもので、まったくの白紙状態のものと、現在のなかに取り込まれた未来、たとえば、今月中の月末までの残り日数などがある。

したがって、未来についての考え方は、未来をどのように活用したいのか、といった内容によって決まってくるのである。将来設計や未来計画を立て空間を充実させようとする人たちにとっての未来は光り輝くものとなり、成り行きで仕方なく生きている人たちにとっては未来はまったく意味のないものとなる。

未来には、純粋な白紙のものと、期間を定めた現在の未経過部分に該当するものがあり、しかも、それらが複雑に交錯しているのである。

(3) 問題解決のタイプ

以上に述べた時制から、われわれは問題解決のタイプを次の三つに絞ることができる。

①維持向上型

仕事を行うに際して、通常、われわれは、六W三Hで計画を立て、目標の達成に向けた努力を続ける。製造現場などのルーチンでは多くの場合、敷かれた軌道の上を走ることになる。

ところが、物事は順調にゆくとは限らない。落石があったり、機械が止まったりなどの阻害事項が発生する。当然、それら阻害事項はすみやかに除去することになる。原因を究明して解決策を考え原状を回復するのである。

製造業の減少や変化スピードの高速化などから、決まったとおりの作業手順やマニュアルどおりにやればよい作業は減少の一途を辿っている。しかし、今なお、問題解決の大きな部分を占めているのも事実なのである。

②向上発展型

経営環境の激変や顧客ニーズの多様化……等々から、いったん決めた目標や方法についても常に見直しをして改善・向上してゆかなければならない。

たとえば、売上目標であるが、期初に立てた目標と方策は環境変化に合わせて、次々と見直し、改善してゆくことが必要なのである。

市況が当初予想よりも好転してくれれば、目標をアップし、新たな方策を考える。逆に予想外の競争激化が生ずれば、知恵を絞った販促企画が必要となる。

売上目標のフォローについては、維持型なのか、向上型なのかの境界が明確とはいえない。そこで一応の基準を示しておく。

維持型とは、環境変化は予想通りであり、目標や方策もまず問題はなく、決まった通りにやってゆけば目標達成は可能、といった状態にありながら、ミスや不正、無気力や無責任などから、うまく進捗していない状態に対して行う、原状回復型の改善策をいう。

このタイプにおける問題解決の大半は、企画というよりは、日常の作業管理の分野であり、企画となるのは、解決策の創造性が高く、影響力の大きいもののみに限られる。

次は向上型であるが、基本的には、当初の目標や方策など重要事項についての変更を要するレベルの問題解決である。

さて、以上は二つともに、現在を舞台とした企画であるが、向上型の企画にはもう一つの重要な分野がある。それは、今までやったことのない領域の企画であり、したがって、未来を舞台にした未来型の企画である。たとえばまったく経験のない人材育成手法の導入企画やはじめての販促コンテスト企画などである。

要はその企業にとって新しい企画であれば向上型に入れることができる。

向上型企画の要諦は、維持型が原因の究明であったのに対して、情報と発想の豊かさが成果を決めることである。

③革新創造型

企画にはさらに、大物の革新創造型がある。これは先に示した時制でいえば、未来型であり、その企業にとってはこれまでに経験したことのない革新的・創造的・戦略的な企画である。たとえば、物流全般のアウトソーシング企画・不採算部門買却企画・成果主義導入企画……等々である。

この企画成功の要諦こそは、主導力と方法論である。

(4)　どこでズレを感じるのか

それでは次に、三つのタイプにつき、何と何の間にズレ・ギャップを感じればよいのか、についてふれておきたい。

①維持型

維持型のズレは、あるべき姿と現状（結果）との間に感じるのである。あるべき姿については、すでに述べた多くのなか、六W三Hの計画や作業手順書など日常のルール的なものが中心となる。

それではそれらのあるべき姿を何と対比するのか。それこそは、それぞれの仕事の現状である。それでは現状とは何か。それは、「現に在る状態」であり、「今、この時の在るがままの姿」である。それはまた、最も新しい《レイテイスト》結果である。現状は物理的には刻々に変化しているが、変化の態様は物事によって実に多様である。自然物のごとく、不変のごとくにみえるものもあり、交通機関のごとくに、刻々の変化がみえるものもある。また、その間にはあらゆる形の変化がある。

それら刻々の結果をいかにつかむか。そのつかみ方によって、ズレ・ギャップの質量が違ってくるのである。そこには、重大な研究領域があるが、ビジネスレベルでいえば、個別の仕事ごとにその重大性やコストなどを勘案して、計画時点でどのタイミングで何を、どの程度、把握するかを決めておくことが賢明な方法である。

②向上型

向上型のあるべき姿は、維持型に較べるとはるかにおおまか、かつ感性的・目的的・理念的・理想的である。たとえば、親が子に対しては、「心身ともに健康に育ってほしい」、企業経営者であれば、「お客様に喜ばれる商品を提供し、経営も安定させ、社員の能力が存分に発揮できる環境を整えたい」……等々である。管理職であれば、「自分の担当部署の業績を上げたい。部下を育成したい。明るく、常に前向きに挑戦し、自己実現できる職場風土にしたい」……等々である。

では、他方の現状（結果）の方はどうか。ここでも、その特徴は、維持型に較べて、おおまかで感性的、情緒的な把握になる場合が多い。もちろん、きわめて小さな現状変化に大事件の予兆をみることなどは当然であり、これこそは研ぎすまされた感性によるものである。

ここにはもう一つ、特徴的なことがある。それは、把握する現状の対象範囲が、自分の仕事、社内の仕事を超えて、他人、他部署、他社、世界へと拡がることである。他人の、他課の、他社の、他国の、やり方、実績、結果など、さらには、社会や経済・文化や政治などのあらゆる環境変化に視野を拡げるのである。

たとえば、同業のA社は当社と同規模なのに、百億の利益を出し、当社は百億の赤字を出しているといった現状の把握である。

③革新型

革新型のあるべき姿は、向上型に較べて、また、はるかに、理念的、理想的、感性的、価値的である。たとえば、「自社の優れた商品を提供し続けるためには、自社を永遠に存続させねばならない」、「職場は我慢の場ではなく、全社員が喜々として能力を全開させ自己実現している場にしたい」……等々である。

一般的にいえば、経営層やゼネラルスタッフなど組織の全般を担当する人たちがもつ場合が多いが、平社員レベルでももっている人は多い。トロイを発掘したシュリーマンのように少年時代に夢を描いたからこそ、成功したのである。

さて、次は現状であるが、これも向上型のそれと較べると、より大きく、かつ感性的、抽象的、情緒的な捉え方となる。

たとえば、多種少量生産のB社では、八割方の商品がじり貧状態にあり、二割が着実に成長していた。この数字をみた社長は、「このままゆけば、あと五年で赤字になる」という違和感とズレを感じたのである。彼の社長としてのあるべき姿は、「自分の在任中は絶対に赤字にしてはならない」ということであった。

ここでも、現状の把握対象は、向上型に較べてさらに広範になる。極論すれば、己の仕事・経営・生き方……等々に、直接、間接に多少ともかかわるものは、すべてその対象となる。

また、現状も過去の結果よりも、未来への見通しや予測が多く含まれるものとなる。

情報も社内よりは社外から、国内よりは海外から、実務的・現実的なことよりも、哲学的、価値論、理念的なものへ、と拡大する。

2. 問題のサイズ・レベル

企画を進めてゆくに当たって、最もむずかしいことの一つが、問題をいかなる大きさ《サイズ》で感知し、形成してゆくべきかということである。

大きすぎれば、収拾がつかず着地がむずかしい。

小さすぎれば、挑戦のしがいがない、……等々。

実際にも企画力開発セミナーで企画テーマを出してもらうとそのサイズの幅があまりに広い。中堅社員に「何でもよいから」という条件付きで出てきたものをいくつか紹介すると以下のとおりとなる。

利益を増やす・赤字解消・原価低減・新商品開発・組織の活性化・販売力の強化・ストックオプションの導入・新事業の開発・アウトソーシングの拡大・子会社化……等々である。

これらはほんの一例であるが、ほとんどが経営者レベルのテーマである。

それでは最適サイズの企画テーマをみつけるにはどうすればよいか。

第一は、提案する相手にとって魅力がありかつ、成果を出すまでのプロセスがわかりやすく述べられるサイズであること。

第二は、自分の力で完結できる見通しの立てられるテーマを選ぶことである。もちろん、すべてを自分一人でやるということではない。多種多様な人たちにいろいろと仕事を依頼しても、要は一つの完成品として、全体をコントロールし、まとめきれるサイズのテーマを選ぶことが必要なのである。

第三は、わかりやすいサイズのテーマである。これは、クライアントや上司・プロジェクトを推進する人たちにとって、わかりやすいサイズを選ぶということである。たとえば、「組織文化革新企画」などでは、内容がまったく伝わらない。逆に、「実験テストコードの改善企画」などでは細かすぎて実感が湧かない。

第四は、基本的には、自分の職務分掌内の役割に限ることである。組織は目的手段の階層であることから、己の範囲内であれば、トラブルことも少なく、かつ、わかりやすいのである。

3. 問題の感知とは何か

企画は問題を感知するところから始まる。仕事も、私生活も、そして人生そのものが、問題解決であり、その出発点は、問題の感知である。

> 問題解決が仕事である
> 問題解決が人生である

> 仕事とは問題解決である
> 人生とは問題解決である

そして、実際の日常生活や職場における会話や行動をみても、それらの90％以上が問題解決に関連している。例をあげてみよう。

- 今日は冷えますネ！——近所の人から
- 売上げが伸びないなあ！——営業部内で
- A君はよく遅刻するなあ！——人事課で
- 景気が一向によくならないネ——経営者が

・子どもがテレビゲームにばかり夢中になって——お母さんが
・A子、彼氏と別れたんだって！——友人間で

以上はいずれも、企画基本ステップ13の第五番目である、「現状の把握」について、の会話である。いずれも、「悪い結果の状況」である。そして、これら、悪い現状および将来の悪くなりそうな予測はすべて問題なのである。

さて、本題の、問題感知の意味であるが、それは、「三つのタイプの問題を感じあるいは知ることであり、その三つとは、①あるべき姿と現状の間に生ずるズレ、②あるべき姿を超えねばとの思い、③使命観や理想など本源的なものから生じてくる挑戦的課題」、である。

これらのズレや向上への思いなどは、それぞれの項目について、各人なりのあるべき姿、理想、信念といったものが、物差し、評価基準となっており、それとの比較において、生じてくるものなのである。

第一に、基準に達していない場合に、なんらかのズレ、違和感、ギャップを感じるのである。それらはいわば不足、マイナスのズレといえる。

次は第二のタイプであり、それは、プラスの方向に向けてズレを感じるタイプである。たとえば、当初計画した販売目標は順調に進捗している。そこにマイナスの問題感知は生じてこない。しかし、販売課長は順調に達成されている販売目標そのものに問題を感知したのである。そこで彼は販売目標の20％アップを決意した。彼は考えた。「市場の予想以上の好転により同業他社が目標を大幅に増額した。他社がそれを達成すれば、結果的に当社のシェアが低下することになる。これは実に由々しき問題である。これまでと同じシェアを維持するためには20％の増額が必要だ」と。

これすなわち、プラスのズレ、プラスの問題感知なのである。そこでは、現実（結果）が、あるべき姿の販売目標を軽く超えそうになりそうなことから、あるべき姿の意味が消失したばかりでなく害をもたらすことになってきたのである。そこで20％アップという新しい目標を決意したのである。

タイプ / 切り口	マイナス型	プラス型	革新・創造型
主な推進者	平社員 管理・監督者 ラインスタッフ	管理者 ゼネラルスタッフ 企画専門家	経営者 企画専門家 ゼネラルスタッフ
困難度	小	中	大
創造力・独創力	小	中	大
論理的思考力	小	中	大
リーダーシップ	小	中	大
意欲	小	中	大
問題のタイプ	維持・回復型	向上・発展型	革新・創造型

問題の感知にはさらに、第三のタイプがある。それは、販売目標や資格などのごとく、明確なあるべき姿、物差しがあるわけではないが、人が潜在的にもっている使命感や地位に伴う責任感などにより、革新的・創造的なテーマをみずからが感じ取るタイプである。このタイプにおいても、現状の感知がきっかけになる場合が多い。

以上のごとく、問題のタイプには三つがある。すなわち、①あるべき姿マイナス型、②あるべき姿プラス型、③革新・創造型である。

以上の三タイプを表にまとめてみよう。

4. 違和感(ズレ)の発生

問題感知の前提には、違和感がある。問題解決や企画のなかでは、珍しい発想なのでいささかの説明をしておきたい。

(1) 違和感(ズレ)とは何か

違和感とは「他のモノゴトと調和がとれていない、とれないであろう、といううちぐはぐな感じ」をいう。それは「違いを感じる」ことである。それはまた、ある種の感動でもある。

これを平たくいえば、何かヘンダゾ、何かアヤシイゾ、何かオカシイゾ、何かクサイゾ、何かアカルイゾ、何かワクワクスルゾ、何かキボウガミエルゾ、などといったマイナスとプラス、すなわち明暗の双方についての〝ゆらぎ〟である。感動とはいうまでもなく、感情がゆれ動くことをいう。

このような「ちぐはぐな感情」はそのままでズレにつながる。いかなる問題発見もいかなる行動も、それらのすべては、このような違和感（不協和感）からスタートするのである。違和感なくしては何事も始まらないのである。

違和感にはプラスのものを含めるのが、ストーリー式の特徴である。プラスの違和感という概念がなければ、向上型や革新型を説明することがむずかしいからである。

マイナスのズレは、ナントカシナケレバとか、コノママニハ放置デキナイ、といった気持に導き、プラスのズレは、サラニ上ヲメザソウ、コレナラ新シイコトモデキルゾといった前向きの気持に導いてくれる。プラスのズレは人間精神の進歩を示す証である。

まったく同じ徴候に接しても、ある人はズレを感じ、ある人は感じない。また同じ感じる人たちの間にも、その強弱や内容には相当の差異がある。その違いは一体どこからくるのであろうか。それは感じる人たちが、感じない人たちがもっていない何かをもっているからである。われわれは本節において、その何かを明らかにし、さらにその何かを獲得するノウハウを述べてゆく。

その何かとは、その人が森羅万象に対してもつ「あるべき姿」の質量と徴候や現象を感じとる感覚力の質量である。これらの二つが対比されるときにはじめて違和感が発生するのである。

問題意識の高い人、問題発見能力の高い人とは、すなわち、違和感をより多くより鋭く感じる人のことである。

人はまず、自分が取り組むに値すると思う問題をみつけだすことに努力する。そこにはすでに価値観や人生観、夢や希望が顔をのぞかせている。違和感とは、こうした問題発見を誘導してゆく思考の脈絡なのである。問題意識の実態は違和感そのものである。

問題とは「あるべき姿と現状のズレ」であるから、問題意識とはズレ意識すなわち違和感である。そのズレを明確にするには、「あるべき姿」を明確にすること、「あるがままの姿」を正確に把握すること、さらにはそれら両者の目盛(次元)を一致させることが必要である。

(2)　違和感の基本ステップ上における位置

モノゴトを認識するプロセスは、形の感覚↓巧による論理的な分析↓本質への到達、へと求心的に進行する。すなわち、形↓巧↓心へと進むのである。そして、ここでいう違和感は、形を感覚することによって発生する。それは疑うべくもなく感性の世界なのである。問題解決という言葉からは、いかにも理性的なイメージを彷彿《ほうふつ》させるが、その出発点は紛れもなく感性の世界から出発するのである。

感性はしばしば理性を凌駕する。このステップの出来栄えは、その後におけるストーリーの展開を事実上決定するほどに重要である。

それは第一に、このステップが、問題とする対象の範囲を決定してしまうからである。この段階で違和感が生じないものは、まずはその後における選択の対象からはずされる。この段階で違和感を感じなければ幕があかないのである。客観的にみれば、いかに業績のよい企業でも、無限に近い問題を抱えている。そのなかでどれを選ぶかをきめるのが、このステップなのである。

生きることも、仕事をすることも、それは何をなすべきかを選択するプロセスの連続にほかならない。しかも、客観的にみれば、その選択対象は無限にある。そのなかのいずれに心をひかれるのか。そのなかのいずれに違和感を感じるのか。それは人格の出来具合による。

それは第二に、違和感は人格と深い関係をもつからである。形を感覚し違和感を感じる能力、すなわち、違和感感知能力はもはや単なるテクニックではなく、全人格そのものなのである。彼がそれまでに蓄積してきた心の「ありよう」が何を感覚し、何を感じ、どんなズレをもたらすかをきめてしまうのである。その心とは、意欲・価値観・人生観・職業観・使命観・興味・関心・欲求・好奇心・要求水準・自己イメージ・好悪の感情・真善美……等々である。

飽食・皆無の時代には、みずから進んで形を感覚しようとする人は少ない。また、感覚したとしても違和感を感じる人はさらに少ない。問題解決をよくするにはここに鋭いメスを入れなければならないのである。

5. 違和感発生のノウハウ

さて、問題感知のスタートは違和感、ズレ、ギャップをもつことであった。では、どうすれば、より多く、より鋭く感じることができるのか。基本的には、「あるべき姿を多くもって、より多くより深く現状を感知・認知すること」に尽きるのである。そのためには、動きまわる、走りまわる、人に会い、会話することである。

ここでは、以上の内、最も基本となる、あるべき姿の明確化に絞って述べておきたい。

(1) あるべき姿の明確化

違和感やズレは、あるべき姿の評価基準と五感での感受との間に生じるものであった。そして、片方のあるべき姿は、応々にして、曖昧かつ漠然としたものが多い。そこで、違和感を少しでも多く感じられるようにするには、その曖昧なあるべき姿を、できるかぎり、明確化することが肝要である。他方の五感による感覚は、顕在的、潜在的なあるべき姿を引き出す、きっかけづくりの役目を担ってもらえばよいのである。

あるべき姿にはすでに述べたごとく、明確で具体的なものからきわめて漠然としたものまで、その幅は限りなく広い。

しかし、何かを五感で感覚して、なんらかの違和感を感じたということは、その背後には必ずあるべき姿をもっていたということである。あるべき姿がなければ、何をみても違和感を感じることはないからである。

あるべき姿は、実際にも実にあいまいな場合が多い。特に革新型が曖昧である。しかし、是が非でもはっきりさせなければならないというものでもない。なぜならば違和感を感じるさせることが、あるべき姿の最大の役割だからである。もちろん、明確化したほうがよいものについてはそうすべきである。

三つのタイプについてそのくだりをみてみよう。

①維持型のあるべき姿

維持型のあるべき姿にも、大別すると二つのものがある。その一つは、あるべき姿が明確化されている場合である。それらには各種の規則やルールがある。しかし、これらについてもすべてを正確に記憶している場合はむしろ少ない。……だろう、……だったはずだ、など、なんとなくといった場合が多いのである。

規則やルールが明確化されているといっても、以上のように記憶そのものは、あいまいな場合が多い。しかし、それでも違和感を引き出すには十分な力を発揮する。このような場合、違和感を覚えれば直ちに確認すればよい。

次に、あるべき姿が明確でない場合であるが、実務上ではむしろこのほうが多い。これらにもその大小において実にさまざまなものがある。たとえば、大きい例でいえば、利益は伸ばさなければならない、コストは下げなければならない、などなど、である。また小さいほうの例でいえば、報告文章は簡潔に要領よく書くべし、名前を呼ばれたら大きな声でハイというべし、などなど、がある。

すでに述べたように、あるべき姿は最上位から最下位までが体系化されており、ピラミッドの形をなしている。そして、そのすべてを明確に表現することは現実的にみても不可能である。あるべき姿には、さらに質というものがある。ハードなブツについては比較的明確に表現できるが、ソフトな分野、たとえば、人間行動や個人の価値観が表出されるような場合は、なかなか明確化することがむずかしい。

すべての仕事には七つの品質がある。それは、目的への適合性（機能）、タイミング、正確性、わかりやすさ、経済性、やさしさ、そして美しさ、である。これらについては、個人差が実に大きい。自他を問わず、仕事の進め方やアウトプットをみて違和感を感じるのは、知覚された形（現状）と内面化された心（あるべき姿）との間にズレが生ずるからである。このあたりになってくると、価値観や美意識、欲求や能力などを含めたきわめて広範なものになってくる。

しかし、あるべき姿はできるかぎり明確化すべきである。ここのところがおろそかになっているから、問題解決もリーダーシップもうまくゆかないのである。

部下がもってきた企画書をみる。気にいらない。部下を呼ぶが返事をしない。腹がたつ。会議がダラダラしてウンザリする。朝礼で発言する声が小さい。イライラする。これらはいずれも違和感である。

なぜ腹がたつのか、なぜイライラするのか、その理由を明確にしてみるのである。そして、それが正当なあるべき姿であれば、明確化して示すべきである。確かに美意識などになってくると明確に表現することはむずかしいかもしれない。しかし、けっして不可能ではないのである。

②向上型のあるべき姿

向上型のあるべき姿は、維持型のそれに比べるとはるかにあいまいで、漠然としたものが多い。これではいかん、なんとかしなければ、といった違和感から始まることが多い。しかし、その背後には必ずあるべき姿が存在するのである。ただ顕在化していないだけである。

われわれは、これらについても極力、明確化する努力を惜しんではならない。漠然とした違和感であるだけに、その違和感をかもし出した張本人である「あるべき姿」の正体を明らかにしておくことは十分に意味があるのである。

企業内において向上型の問題解決があまり行われない最大の原因は、ともすれば消え去りそうなほどかすかな違和感を導き出したあるべき姿を明らかにしないままに放置しているからである。さらには、あるべき姿そのものの数が少なく、質が低く、全体的にも力が弱いからである。

③革新型のあるべき姿

革新型の違和感はきわめて高い次元で発生する。しかし、そのきっかけは、他と同様に現状を形として感覚するところから始まる。もちろん、その背後には、あるべき姿が鎮座しているのはいうまでもない。

革新型のあるべき姿は、深遠かつ雄大であるが、また、かなり観念的でもある。さらに、人生観や価値観・信念や理想……等々個人的なものも多い。

このタイプの明確化は最もむずかしい。しかし、あるべき姿が高度性、重大性、抽象性を有するからこそ、明確化が必要なのである。

(2)　あるべき姿明確化のノウハウ

違和感やズレをより多くかつより鋭く感じるためには、あるべき姿を多方面に広く多くかつ鮮明にもち、それらを物差しにして、現状を広く鋭く感覚し、また、比較思考することである。では、そのあるべき姿を明確化、鮮明化するにはどうすればよいか。

①維持型

このタイプのあるべき姿は、その多くが法令、ルール、設計図、基準、業務目標、手順書、モデル……等々、書き物や商品など明確に認識できるようになっている。そこで、なんらかの違和感を感じたときには、該当しそうな文章やサンプルなどを確認すればよい。

次は、明確なものはないが、「このやり方はおかしいんじゃないか」「ここはもっと速くできるかも」など、なんとなく作業中に感じる違和感を導くあるべき姿の明確化である。この場合は、できるだけ、そのルーツとかそう感じることの根拠についての思いを馳せてみるのである。その多くは、目的と手段の適切さで明らかとなる。

なぜならば、マンネリ化や惰性、長い間のまちがったやり方の習慣化などによって、正しいやり方（あるべき姿）を見失ってしまっているかもしれないからである。または、新しい改善アイデアの予兆かもしれないのだ。

維持型にはさらに、「なんとなく」感じる違和感がある。たとえば、職場の空気や社風といったものであるが、それらの背景には、企業理念や社是、行動指針などから徐々に形成された〃あるべき姿〃が存在しているのである。それらについては、その理念などを確認してみることである。

人によっては、仕事に取り組む姿勢として、副詞や形容詞などの修飾語をつけた仕事をするよう心がけている。その修飾語にはたとえば、早く、タイムリーに、安く、正確に、高質に、楽に、楽しく、快適に、容易に、美しく、などがあるが、この場合は、それらすべてを、そのままあるべき姿にすることができる。

②向上型

この型《タイプ》の違和感は、「その目標は少し低いんじゃないの？」「その制度は時代遅れのように感じるな」といったものである。

ここでも、あるべき姿は二つに大別できる。

一つは、目標や制度・規程など形が明確なものである。さて、その明確化の仕方であるが、この場合は、存在そのものを確認するだけではなく、その存在価値や妥当性などを検討することが必要になる。そして、さらには新しいあるべき姿を構想することになる。

二つは、あるべき姿が明確でない場合である。「これではいかんな」「なんとかしなければ」といったものである。このタイプのあるべき姿は、種々のものから、長時間かけて形成されてきたものであろうが、可能な限り、明らかにしたいものである。そこでは、普段、気付くことのない、人生観や価値観など、己の本質を発見するかもしれないのである。

③革新型

革新とは、新しくつくり直すことであるが、このタイプもまた違和感から始まる。創造とは、新しく創ることであるが、ここにも違和感がある。それは当然ながら、あるべき姿があるから発生するのである。

それでは、革新・創造型のあるべき姿とは一体、何なのか。それらの特徴は、理念的、概念的、抽象的、価値的なところである。また、あるべき姿の内容は、以下のものが、単独あるいは、複合して存在している。たとえば、役割・使命・志・希望・理想・夢・理念・社訓・信条・目的・目標・方針・人間観・世界観・自然観・倫理観・道徳観……等々である。

「赤字が増々拡大している。なんとかしなければ」

「富士山のゴミの山、河川の汚染、このままでは放っておけないな」

「社員がみんな死んだふりをしているな」

などなど違和感が次々と生じてくるのである。

そこで、それが社長であれば、何故にそのような違和感を感じたかについて、そのルーツとなっていると思われる、あるべき姿をさぐってゆくのである。

自分は社長として、「長期安定的に適正利益を確保することが役割・使命であるにもかかわらず、五期連続で赤字を出している。これは大問題だ」といったふうにである。

かくして、曖昧模糊とした問題の感知が徐々に問題として認知されるようになってくるというわけである。

そこで、本人が企画者となる場合は上司に、部下に命じる場合は部下に、社外に依頼する場合は社外に、説明するステップに進む。それが、ステップ3のオリエンテーションなのである。

四　オリエンテーション——ステップ3

1. オリエンテーションとは何か

オリエンテーションとは、企画をするに当たっての方向づけを行うことである。多くは、具体的に企画を依頼される場合、企画の依頼者が企画者に対して、企画の前提条件や内容について伝える場である。また、自発的な企画者が、根回しや受注促進として「これこれの企画をしていますよ」と説明することもある。

2. オリエンテーションの意味・狙い・効果

オリエンテーションの目的は、何を依頼したいかについて依頼者と企画者の双方が正しく理解することである。しかし、実務上ではしばしば食い違いが起こる。これはともに不幸なことである。原因にはたとえば以下がある。

一つは、他人が決めたテーマでは、依頼者がそのテーマにいかなる言外の思い入れをもっているかがわからないことである。

二つは、企画の依頼者が必ずしも、自分の思いのすべを正確に伝達できる能力をもっていないことである。

三つは、依頼者自身が何を企画してほしいのか、よくわかっていないことである。

3. オリエンテーションを行う者

ステップ3のオリエンテーションは、社外からの依頼者《クライアント》、社内依頼者、上司などの指示・命令権者等の依頼者側、自分で自発的に企画する企画者のいずれにとっても不可欠のステップである。依頼者サイドにとっても適切な問題認知から形成された優れた課題《テーマ》を依頼することが己の役割を全うすることに大きく貢献する。

自発的企画者にとっては、まさに本番の始まりである。

このオリエンテーションは、主に依頼者側によって行われるものであるが、場合によっては、自発型においても、行うことがある。その場合には二つがある。

一つは、自社内の上司や関係者などに説明する場合であり、二つは社外に対して、売り込みを行う場合である。この場合はまだ受注レベルではなく、「こんな企画をやっておりますので、できましたらどうかご検討ください」といった受注促進レベルである。

4. オリエンテーションをうまく活かす法

企画を成功させるには、オリエンテーションの機会を最大限に活用することである。

一つ、「口ではいい表せないが、企画してほしい企画案」のイメージをできるかぎりつかみとること。

二つ、「口ではうまくいえないが、だいたいのところをくんで、うまくやってほしい」という依頼者には、できるだけ具体的な説明を求める。例や比喩でもよい。

三つ、聞き方は六W三Hで。メモを正確にとる。

四つ、聞くポイントは次の五つである。

第一は相手であり、企画の決定者は誰かを把握し、決定者の真の意図をつかむ。説明者と決定者が異なるのは常である。

第二は、意図であり、相手の真の狙いをよく聞き、明確に知ることである。

第三は、相手があなたに何を期待しているかの本音をつかむことである。

第四は、基本計画までか、具体策までか、など企画の範囲を押さえることである。

第五は、予算を明確にしておくことである。

五つ、相手の説明はオリエンテーション・シート（記入フォーマット）を用意し漏れを防ぐこと。

六つ、前提条件は疑ってみよ。企画の盲点が潜んでいる。

七つ、オリエンテーションは、絶好の取材の場、情報収集の場であることを十分認識してフルに利用することである。

八つ、必要なデータの不足があれば、請求する。その場にない場合は入手時期を確認する。

九つ、十分な説明が得られない場合は、質問リストを作成し、後日もう一度、機会をつくってもらうよう依頼する。
十、礼を守ったうえで、よりよく理解するために必要なことは十分に質問する。
十一、自分なりに十分な理解を得ること。
企画を解く重要な鍵は、すでにオリエンテーションのなかにあるのだ。

5. 受け手＝依頼者を知る

社外から依頼される企画、上司から指示される企画については、彼らの承認を得ることが必須条件である。そこでまずは依頼者について下記を知るのである。

- 決定権をもつ人は誰なのか
- 決定権者に対して大きな影響力をもっている人は誰なのか
- 企画推進の全プロセスにおいて実質的な交渉相手、相談相手となる窓口は誰か
- 依頼者は今、何に問題を感じているのか
- 依頼者は、この企画を誰に提案したいと思っているのか
- 依頼者はあなたに何を、どんな能力を期待しているのか
- 依頼者の地位・立場・知識レベル・人物・意欲・姿勢……等々について
- 依頼者のあなたに対する評価はどうか
- 依頼者の性格、クセ、経歴など

五　課題《テーマ》の認知――ステップ4

問題を感知したクライアントや上司が依頼のためのオリエンテーションを行う場合、企画者は課題《テーマ》についての正しい理解・認識を得るよう努めなければならない。

しかし、実務上ではオリエンテーター自身の不理解や説明不足、企画書の早とちりや思い込みなどからくる誤解などによって、トラブルが多発している。

そこで、オリエンテーションを受けたあと、〝真の課題とは何なのか〟についてしっかりと考察するステップが必要になるのである。

1. 課題《テーマ》の認知とは何か

課題《テーマ》の認知とは、「己が企画によって解決すべき問題を明確に把握すること」である。

上司やクライアントから依頼される企画については、事実上、オリエンテーションから始まる。しかし、そのオリエンテーションたるや、かなりいいかげんなものである。いわば、「企画テーマのヒント、きっかけを与えてくれた」ぐらいに考え、真の理解に向けて必要な情報を集めるなどして詰めてゆくのである。

2．13 ステップへの位置づけ

社外からの依頼者《クライアント》、社内での依頼者や指示者は、当然に、ステップ2の「問題の感知・形成」をしてゆくなかで、テーマを絞り込んでゆき、他人に依頼できるレベルに達したときにオリエンテーションが行われることになる。

しかし、現場・現実の世界ではそのようにうまく運ぶことは少ない。多くは、「君《きみ》ー、売上げがパッとしないんだ。何か販促を考えてよ」「最近、社員に元気がないなー。何か活性化策を考えてよ」といった具合が大半なのである。

これらも、わが国の組織では、上司から部下へのオリエンテーションなのだ。

社外からもまた、「今度《このたび》、売り出す新商品の導入企画について考えてみてよ」「他社《よそ》がやっている成果主義とかいうの、ちょっと考えてみてよ」といった具合である。

これでオリエンテーションといえるか？

結論的にいえば、オリエンテーションの目的に合っていれば、その形式は問うところにあらず、といえるのではないか。依頼者と企画者との間で課題・問題点についての共通認識があり、「じゃー、やってみようか」となり、「解決策がみえてきたらまた聞かせてよ。正式な発注はそこらあたりで決めたいんだ」。

これが現実である。わが国の場合は、特に企業内に企画力をもった社員が少ないこともあって、企画業務を社外に丸投げ的にまかせる傾向がある。特にスタッフが少ない中小企業や、専門性の高い広告宣伝などの分野では社外にまかせる場合がほとんどである。

発注者は、企画進行の要所要所において、説明を受け、意見を述べ、議論をしながら進めてゆく。

社内においても大同小異であり、上司から「あれはどこまで進んでいるかね」「こんなテーマで進めています」「そうか、じゃー、それで進めてくれ」といったやり方が多い。

要は内外ともに、走りながら企画を進めているということである。

以上には、プレゼンテーションを中心に、テーマの決まり方の曖昧さを述べてきた。いかなる決まり方であれ、テーマについての共通認識は企画にとっては不可欠の要点である。

3. 課題《テーマ》認知の重要性

企画は、新しい企てであることから、テーマがなくては一歩も前へは進まない。まさに、テーマは企画にとっての生命《いのち》であり、曖昧なままで作業を進めてはならない。

テーマの認知は企画にとって以下のごとき理由によってきわめて重要である。

第一は、成果はテーマによって決まるからである。企画はテーマについて行われる。当然ながら、テーマ以上の成果が出ることはない。

第二は、経営資源が当該テーマに固定され、他への活用が制約され、機会損失を発生させることである。仕事と人生は文字通り問題だらけである。それら幾多の問題のなかから、何を解決すべきものとしてテーマに選ぶか、を決めるのがテーマの認識なのである。

第三に、資源の固定化や機会損失といった反面で、企画のテーマ次第では、それらの制約を破って、無限の可能性を切り拓くことができるからである。たとえば、確実に売れる新商品のアイデアを得た人は、商品化・生産・販売・サービス……等々のすべてをアウトソーシングする企画をたてることで、資源の制約を超越できるのである。

さらには、先に述べた新商品のアイデアでさえ、自分で考えなくとも、企画のテーマにすることが可能なのである。

企画テーマを何にするかということは、組織全体からみれば、結局のところ、わが社にはいかなる問題があるのか、そのうちからいずれを優先して解決してゆくのか、それらの内、新しい企てを必要とする問題はどれか、を決めるのが、テーマの決定・認知なのである。これら決められたテーマの集合が、経営の成果になるわけである。

4. 企画テーマの抽象性と大きさ《サイズ》

実際に企画を行うとき、最もむずかしいのが企画テーマの大小《サイズ》をどの程度に設定するかということである。実際に実務で企画の仕事をやっていて一番むずかしいのが、この問題である。その理由には次の三つがある。

一つは、ビジネスで行うすべての物事は目的手段の階層をなし、最高目的から最末端の微動作までが、体系化されているべきであるが実務上では体系化の能力に欠けるため、テーマが目的手段連鎖のなかに正しく位置付けできず、幽霊のごとく、フラフラとして、その位置が定まらないことである。すなわち、目的手段の階層化・連鎖化による体系化ができないことから、目的手段体系と連鎖のなかに正しく位置づけることができず、常に階層の上下をフラフラし、テーマが大きすぎたり、小さすぎたりするのである。

上位目的・大きすぎ	利益増進企画 販売拡大企画 売上げ回復企画 商品ライン強化企画 販売戦略企画　他
適度	A商品開発企画
下位手段・小さすぎ	• 市場調査企画 • テストマーケティング企画 • アンケート用紙作成企画 • 設計図作成企画 • スケジュール企画 • テストコード作成企画 • クジラ実施企画　他

たとえば、Aという新商品の開発企画について考えてみよう。この場合では、「A商品開発企画」というテーマが適切と思われる。なぜならば、そのテーマを中心にして、上位目的と下位手段への連結が比較的容易にできそうだからである。

それに対して企画に慣れていない人は前ページの表にあるようなテーマにする人が出てくるのである。

上位目的の大きすぎるテーマを設定するとスケジュールレベルの具体的なアクションまではなかなか届かないのである。息切れがして、足もとまでの着地がむずかしいのである。

目的手段階層の全体を展望し、上下、横を最適にまとめられ、説明できる位置をみつけることが必要なのである。

企画の出来栄えは、テーマの位置決めの巧拙によってその半分が決まるといっても過言ではない。

二つは、機能で表現するか、具体的な実施項目《ホワット》で表現するか、ということのむずかしさである。一般的にいえば、機能的な表現は抽象的になるがわかりやすい面もある。原価を下げる、売上げを増やす、販売を促進する……等々である。テーマに表現すると、「原価低減企画」となり恰好が良い。しかし、大きすぎる。

一方の実施項目レベルになると、革新性、創造性に欠け、改善レベルのテーマになりがちだ。たとえば、新聞折込み企画といったテーマだと、企画なのかルーティンなのか、の判別に迷いそうである。結局は内容の革新性や創造性が決め手となろう。

最終的には、テーマはなんのためにつけるのか、というテーマの設定目的から判断して最適の表現を考えるしか方法はない。

三つは、企画者の立場・役割によるむずかしさである。たとえば、ルーティン業務の担当者とゼネラルスタッフとでは、テーマの大きさが違ってくる。テーマサイズは前者が小さく、後者が大きいのが一般的である。

四つは、指示者や依頼者がある場合のむずかしさである。相手の希望、立場……等々を十分、配慮しなければならないからである。

最後は、テーマ自身のサイズの問題と企画による成果の大小を混同することによるむずかしさである。金銭的効果が大きいから、テーマの目的手段階層もより上位にしなければ、と考える必要はない。両者はまったく別のことなのである。

たとえば、あるアイデアで大きな原価低減の成果がでそうな場合、効果が大きいのにつられて、「利益倍増企画」とするなどである。この場合はたとえば、「○○による原価低減企画」とすればよいのである。

実務において、このテーマ設定がうまくゆくようになれば一人前である。それは物事を上下左右斜めに切り刻め、かつ、位置付けできることを示すからである。企画者の能力を知るには、テーマをつけさせてみればよくわかる。

5. よいテーマとは何か

それでは、よいテーマとは何か。

第一は、問題解決手段としてその効果が大きいことである。もちろん、テーマの段階で正確な効果を知ることはできないが、大体の予想はつくものである。たとえば、新商品の開発企画と帳票の改善企画を較べてみるとよくわかるであろう。企画において何よりも重要なのが効果であり、それはテーマで決まるのである。

第二は、実現可能性である。これも正確にはわからないが、おおよその予想はできるものである。たとえば、現在、シェアが5％のメーカーが、「三年後シェア50％を必達！」というテーマを掲げたら、これは不可能である。

第三は、わかりやすく、乗りやすく、前向きで楽しく、明るいテーマである。暗いものはダメだ。

最後は、成功を予感できるテーマである。テーマを知っただけで、「いけるな」といったものを感じられないものは、失敗の確率が高い。

6．テーマ認知のノウハウ

問題なのは、依頼者側において、テーマがなかなか決まらなかったり、一応決まってからもふらふらゆれ動いている場合である。このような場合には、当方でいくつかの案を理由、解説付きでつくり反応をみることである。

ひどいのになると、「何か販促の企画やってよ」といった、テーマまでまかされた依頼もある。かような場合は、いろいろな角度から、案を考えて、小出しにしながら、反応をみる。そして、固まってきたところで、しっかりしたものにして合意を形成する。

引き受けた限りは、成功させなければ意味はないのであるから、依頼者を上手くリードしてゆく姿勢が大切である。

なお、自分で提案する場合は、決定権者の意向や問題意識に合致したテーマにすることが得策である。

全体として注意すべきことは、度々述べた、目的手段の階層《レベル》を正しくつかむことと、前提条件をしっかり確認しておくことである。

7．どのあたりまで認知するか

企画の成否は出発時点で決まることがある。そのためにテーマについて骨格となる項目を確認しておくことである。

その項目に六W三Hが有効である。

これらの項目のなかで確定した項目と未確定の項目を明確にしておくのである。また、どうしても確認すべきことは、そのテーマをとりあげる目的と前提条件の二つである。この二つは、企画業務の全プロセスに対してテーマミュージッ

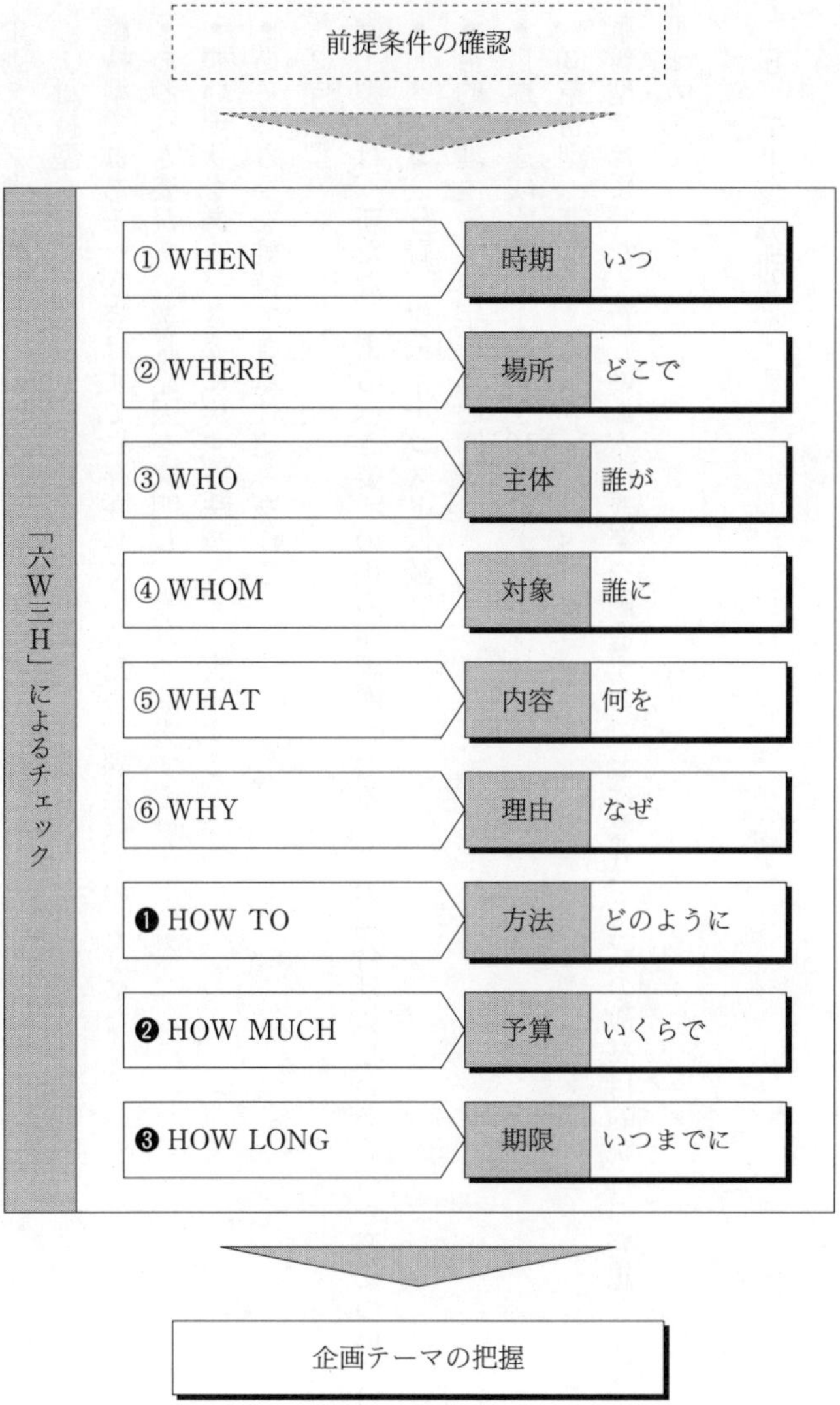
前提条件の確認
「六W三H」によるチェック
① WHEN
時期
いつ
② WHERE
場所
どこで
③ WHO
主体
誰が
④ WHOM
対象
誰に
⑤ WHAT
内容
何を
⑥ WHY
理由
なぜ
❶ HOW TO
方法
どのように
❷ HOW MUCH
予算
いくらで
❸ HOW LONG
期限
いつまでに
企画テーマの把握

クのごとき役割を果たすことになる。

企画タイプ別に課題設定の仕方をみてみよう。

①維持型

維持型ではあるべき姿はすでに存在しているため、課題は次のようになる。

- あるべき姿からの逸脱原因を究明し、それを除去する。
- 悪い現状をあるべき姿に戻す方法を考え、実施する。
- あるべき姿を維持できる仕組みを作る。

②向上型

向上型では、新たな「あるべき姿」の創造が課題となる。この場合は新しいあるべき姿について以下を明確にする。

- ドメイン、分野、対象——コスト低減
- 目的、理由——赤字転落の回避
- 目標・達成水準——5%を10%にアップ

③革新型

革新型ではまったく新しいあるべき姿を創造することになり、企業の最高目的からの発想となる。一般的には戦略的企画となる。

8. テーマの別

それではテーマ認知のステップを終えるに当たって、実際に企画されたテーマについていくつかの例をあげておきた

経営	①業務提携企画（書） ②子会社設立企画（書） ③100年史刊行企画（書） ④ストックオプション導入企画（書） ⑤TQC導入企画（書） ⑥執行役員制度導入企画（書） ⑦自社株購入の企画（書）

営業	①新商品開発企画（書） ②パイロットショップ出店企画（書） ③展示会出展企画（書） ④小売店統合企画（書） ⑤商品説明会の企画（書） ⑥社内紹介制度の制定企画（書） ⑦全社員オールセールスマン制度導入企画（書）

人事	①人事評価制度の改訂企画（書） ②管理職研修企画（書） ③フレックスタイム導入企画（書） ④早期退職制度導入企画（書）

開発	①新製品開発企画（書） ②CAD導入企画（書） ③設計標準改定企画（書） ④品質基準制定企画（書）

総務	①社用車のリース化企画（書） ②文書管理規程の制定企画（書） ③遊休不動産活用企画（書） ④創立50周年記念行事企画（書）

生産	①生産管理のシステム化企画（書） ②生産設備購入企画（書） ③生産合理化企画（書） ④小集団活動活性化企画（書）

い。

9. 作業計画

テーマが決まるといよいよ本格的な企画作業に入ってゆくが、それは高質が要求される膨大な作業となる。大きなテーマでは一大プロジェクトを組むこともあり、納期通りに、期待に応えられる成果を出すためには、企画のやり方・進め方そのものを〝よく企画し、効果的に実施〟しなければならない。それらは通常、次の方法で行う。

(1) 実施計画をつくる

六W三Hをすべて盛り込んだ詳細な計画をつくるが、その前提として、作業のすべてをピックアップし、それらの段取り、手順を決める。

(2) プロポーザルを作成する

プロポーザルとは、企画の作業計画を文書化《フォーマット》したもので、企画作業の設計図といえる。これにより、作業内容とイメージが明確になる。

プロポーザルは、企画関係者の全員を共通の理解に導くがとりわけ、依頼者の理解と承認を取りつける道具として重要である。フォーマットには、件名・企画テーマ・企画内容・アウトプット・作業期間・作業体制・作業費用・作業スケジュール等が記載される。

六　現状の把握――ステップ5

1. 現状の把握とは何か

先の課題《テーマ》の認知によって、何について解決すべきかがわかってきた。しかし、この段階でのテーマは多くの場合、なお、かなり抽象的で、情報も少なく、課題についての実態も未知な部分が多い。

そこで、課題《テーマ》の解決について関係のあることはすべて徹底して知ることが必要になる。

それでは、現状を知るとはどういうことか。それは課題《テーマ》の対象（原価低減等）と課題《テーマ》そのもの（海外調達等）についての真実を知ることである。病気の場合、医者が最適の治療法を得るためには、単に患者の症状を知るだけでなく、体質、病歴、生活環境……等々を知らなければならないのと同様である。

具体例をあげてみよう。ある地方スーパーの社長から、「売上げが落ち込んでいるので販促企画を立ててくれ！」との指示があった。このケースでは何がわかれば現状を知ったことになるのか。

一つは販売実績の詳細である。時系列、品目別、地域別、顧客別、曜日別、イベント別……等々である。これらを目標と対比してその差を知るのである（自社情報）。

二つは、競争相手に関する情報である。売上げ推移、販促策、品揃え、価格、立地、店員の質、戦略、顧客の評判、店のブランドイメージ、経営能力、社風……等々である（競合相手情報）。

三つは、業界情報であり、小売業の業態別売上げ高の推移、規則緩和や中国製品の情報などである（業界情報）。

四つは、産業界全体、国の政治・経済・金融等々、自社の売上げや経営に影響を与える各種の情報である（経済・政治情報）。

五つは、ファッションや生活スタイルの変化などの生活情報である（社会情報）。

六つは、顧客や消費者のニーズ変化である。

七つは、商圏内外の人口動態の推移である。特に年齢構成などは重要である。

八つは、仕入れ情報であり、原価やオーバーヘッドなど各種の経営情報である。

九つは、人事情報である。経営者・管理者・社員の能力・意欲・企業文化等々である。

十は、系列関係や取引銀行などである。

まだまだあるが、要は、テーマである、「売上回復、販促のための企画」を行うに当たってまずは、対象である「売上低迷」の現状を徹底的に知ることが必要である。その際、売上げに直接、関係する情報ではなくとも、必要なものはすべて収集する。

現状を正確に把握することとは、現実的にはかなりむずかしいことが多い。それはそのほとんどの事実が過去のことだからである。また、現状を客観的に正しく知るとはいっても、現状の現をいかなるスパンでみるかということもむずかしくしている。

さらに、現状とは最も新しい《レイティスト》結果であるが、その最新の結果だけを知っても、対象の正しい姿を知ることにはならないのである。少なくとも、主要な原因ややり方・方法についても知ることが必要なのである。

最後には、未来についての予測が必要であり、現状を知るとはいっても、過去・現在・未来を知らなければ、対象を正しくは把握できないのである。

2. 情報の収集・分析

テーマが関係者にしっかりと認知・共有されると次のステップは、そのテーマをうまくやり遂げるという目的のために役立つ情報を集め、分析するステップに入る。

(1) 情報の収集・分析の重要性

情報の収集・分析は後に続く原因分析、コンセプトの設定、企画の構想といった、企画内容の出来栄えに多大の影響を与える重要な仕事である。

企画の成否は情報の質で決まるといっても過言ではない。実感を得るため、例をあげる。

人口七万人の地方都市へのコンビニ店新規出店企画である。いかなる情報があれば企画がたてられるのか。

①出店の目的――企画依頼者の真意を知る。
②前提条件――投資額・開店年月・年商……等
③市場情報――人口・購買力・商圏・年齢別人口等
④競合情報――既存ライバル店情報・将来新規出店情報等
⑤立地情報――場所・交通・周辺の詳細地図等
⑥人材情報――店長や従業員に適材を得られるか等

⑦経営情報——経営者の能力・資産・信用・意欲・人格等
⑧仕入れ情報——有力な仕入れ先を確保できるか等

(2) 情報収集・分析の目的

情報収集・分析の目的は、テーマによって多少の違いがあるものの、その本質的なところは同様である。しかし、現実は具体的、個別的なレベルになると、目的を忘れてしまい、ただなんとなく、かき集めるといった場合が多い。

では、その目的とは何か。

第一は、テーマについての真実・本質を正しく認識するためである。テーマとはこれから立ち向かうべき難攻不落の城である。敵を知り己を知れば百戦危うからず、といわれるが、先ずは敵（テーマ）について何もかも知り尽くすことが肝要である。敵を知ることなくしては近づくことさえできないのであり、ましてや、勝つことなどは夢のまた夢である。

例1　新規出店企画——現今の時勢において、新しく店を出すとはどういう意味なのか、可能性は本当にあるのか、を確認できる情報を集めるのである。

例2　管理職研修企画——管理職とは一体、何者なのか、どんな仕事をしているのか、実際には管理職としての仕事は何もしていないのではないか、それはなぜか、……等々、管理職の本質に迫る問いに答えられる情報の収集である。

企画の現場で最も欠けているのがこれらの情報である。敵《テーマ》のなんたるかを知らないで、解決策がポンと出てくるのだ。たとえば、S大のやっている管理者訓練コースはどうか、とか、たるんでいるのが多いから、地獄の訓練コースへでも叩き込んでしまえ!……等々となってしまうのである。

第二の目的は、依頼者や企画の実施者について十分知るためである。己の担当業務について自分で企画し自分で実施まで行う場合は上司や関係者について知るための情報でありそれほどの問題はない。だが、上司の指示や社外のクライアントからの依頼では、彼らについて十分、知ることが必要である。たとえばそれらには、依頼の真の狙い・企画の評価能力・実施能力・経営能力……等々である。

(3) 必要情報の種類

①主要なステップ上の情報

必要情報の種類については、テーマによって区々《まちまち》であるが、しかし、それらを子細にみるとそこには共通した重要項目のあることがわかる。そこで、一四〇から一四二ページにかけては、「主要なステップ上の情報」を記載する。

②一般の十大情報源——媒体

必要な情報は、その人の職位、仕事の種類、活用目的……等々により、多種多様であることから、ここではそのすべてを述べることはできないが、万人に共通的な情報源についての紹介は可能である。

一般的・共通的で誰もが平等に得られるから価値が低いというのではなく、かえって、それらの情報によって、個々の仕事も大きな影響を受けているのである。

それらの情報は以下の十種に分類できる。

十大情報源—媒体

①新聞——一般紙、業界紙、地方紙など
②雑誌——一般紙、専門紙など多種多様
③書籍——小説、専門書・論文などその幅は広い
④テレビ・ラジオ——現実の生々しさがある
⑤白書・報告書——官報もここに入れる
⑥会員制の情報サービス——株や専門技術など
⑦直接見聞——セミナー・講演(聞く)、フェア・展示会(見る)
⑧口コミ——雑誌情報や専門家情報など
⑨インターネット、パソコン通信のネットワーク
⑩パッケージ情報——CD・ROMに入っている

主要なステップ上の情報2—①

種別	①テーマの意味・本質・真実を知るための情報	②依頼者側についての情報
意味・コメント他	主としてテーマに含まれる言葉についての真の理解を得るための情報。 たとえば、活性化企画、研修企画、販促企画等々では活性化などの意味は明確でない場合が多い。 関係者間で明確な定義が必要。そのための情報である。	依頼者側の真の狙い、評価能力、実践能力、マネージメントのレベル……等々を知るための情報。
具体的な内容項目	•依頼会社・依頼者が考えている定義・意味 •企画の目的 •前提条件・制約条件 •同一・類似テーマでの過去の経験・現在の状況	•企画のホンネ •企画の理解力 •企画の評価力 •企画の実践力 •企業トータルとしての経営力、管理力 •人物・人格
入手法・情報源	•依頼会社に聞く、各種資料を入手 •依頼者から入手 •依頼者から入手 •依頼者から入手 その他各種の辞書や著作。	•依頼者などから •進捗の各ステップごとにぶっつけてみる •言動などの観察 •財務諸表など •関係者から入手

主要なステップ上の情報2―②

④企画構想を具体的に進めてゆくための情報	③テ ー マ対象の全体を正しく知るための情報（企画）
③で企画対象の全貌がわかり、位置付けができ、問題点も体系化できた。次はいよいよ、企画目的を最適かつ極大に達成できるよう心（アイデア、知恵、意欲など）と巧（技術、ノウハウなど）と形（制度、仕組みなど）を融合させる。	たとえば、活性化企画といった場合、必ず対象がある。全社か、部長クラスか、中堅社員か、女子社員か……等々である。いずれにするかが決まれば、その決定された対象についてその全貌を明らかにするのである。ほとんどの企画マンはこのあたりから情報収集だと思っている。しかし、それは違うのだ。
・企画対象についての目的手段系統図 ・問題点系統図と照合し問題点の明確化 ・階層ごとに実施項目のアイデア ・評価基準の作成 ・実施項目の決定	・自社の過去の実績 ・他社の過去の実績 ・自社の現状 ・他社の現状 ・自社の未来予測 ・他社の未来予測 ・自社の過去原因 ・他社の過去原因 ・自社の未来原因予測 ・他社の未来原因予測 ・企画対象を時間と空間と質《レベル》のなかに位置付け（課内、部内、業界内、自国内・世界内など） ・問題点系統図（因果系統図） ・強みと弱味 ・他社事例……など
・自分たちで作成 ・自分たちで作成 ・自分たちでアイデア ・自分たちで ・企画リーダーで	・社内等 ・業界団体等 ・社内、依頼者等 ・業界団体や仕入先 ・データから予測 ・業界紙など ・自社の因果系統図 ・他社の因果系統図 ・データで予測 ・業界団体などから ・目的手段系統図作成 ・自分たちで作成 ・自分たちで作成 ・新聞情報など

主要なステップ上の情報２—③

⑤実施計画から実施後の評価までに必要な情報

　実施項目が決まれば、次はその実現にむけて六W三Hで実施計画をたてる。そのあと、企画書にまとめるが、そのほとんどは、実施計画までのプロセスで準備は整っており、文章化の技術が試される。企画書ができればプレゼンテーションである。ここで承認されれば実施活動になり、これは一般のプラン・ドゥ・シーのPDSサイクルに入る。

•実施項目それ自身の目的手段系統図の作成	•自分たちで
•制約条件、前提条件の確認	•依頼者などに
•活用可能経営資源の確認	•依頼者などに
•六W三Hで実施計画書作成	•自分たちで
•企画書作成	•自分たちで
•プレゼンテーション	•決定権者
•承認	•決定権者
•実施についての打合わせ	•依頼者側と
•実施	•依頼者側の意向
•実施の進捗状況報告	•実施者より
•問題点の解決	•実施者
•最終評価	•自分たちと依頼者で

情報はその気になれば、いくらでも収集できる。問題は真に必要な情報の選択能力とそこから何を読み取るかの感性である。

③四大情報源——形態

情報源の種類をその存在する形態で大別すると四つになる。

一つは、人情報であるが、生の声が聞かれることから、新しさや独占性などで優れている。情報の質量は信頼関係で決まる。主観的情報であるため、うのみにするのは危険である。

二つは、街情報であるが、受け身ではなく、能動的、積極的に収集することが大切である。店舗やファッションの変化などをみていれば最新の生きた情報を得ることができる。ただし、収集者の能力と先入観に左右されやすい。

三つは、媒体情報であるが、すべてが公開情報なので、個々の情報価値は高くない。ただし、収集が容易で扱いやすいため、情報を編集加工して価値を高めることが可能である。

四つは、蓄積情報であるが、網羅性、迅速性、検索性に優れているうえ、公開情報をさかのぼって入手することができる。ただし、データベースの使用料は高いので的を絞ることも必要である。それらには、図書館やデータベース、企業の資料室などがある。

(4) 情報収集のノウハウ

それでは以下に情報収集のノウハウをいくつか述べておく。

第一は、広い範囲の物事に興味・関心・好奇心・問題意識を強くもつことである。そうすれば、必要情報は向こうからどんどん飛び込んでくる。

第二に、情報収集は、内部資料から外部情報源へと進めることである。内部にもけっこうよい情報があるものだ。

第三に、収集した情報を活用することである。興味や好奇心は増々、高まり、より深い情報がさらに多く入ってくる。

第四は、動きまくることである。動きまわり、あらゆる物事を五感で感覚・感知する。

第五は、人に会うことである。人は暗黙情報の宝庫である。日常より多種多彩なネットワークを構築しておくことが必要。ただ、ここで大切なことは、相手から得られる情報の質は己の能力、人格のレベルを超えないこと、である。下手な質問には下手な答えしか返ってこないのだ。

第六に、情報は、ギブ・ギブ・ギブで収集することである。与えることによって与えられるからである。

最後は、人・街・媒体・蓄積の四大情報をうまく組み合わせて活用することでより高質化してゆくことである。

3. 調査

内外情報の収集だけでは、現状分析や企画を立案するに際して不十分な場合がある。かかる場合には、より確かなデータを求めて、企画テーマに基づいて調査を実施することになる。

(1) 調査のポイント

調査の効果をあげるには以下に留意する。

一つは、調査の目的を明確にして行うことである。

二つは、企画テーマに直結した最新の情報が得られるように調査方法を設計することである。

三つは、大がかりな調査や特別なノウハウを必要とする調査は専門機関にまかせるほうが無難である。

四つは、調査の目的は、仮説の検証、事実の確認、企画の手がかり……などにおくことである。

五つは、調査に当たっては、調査対象と手法の選択に万全を期すことである。サンプルが少なければ信頼性を欠き、多ければ時間と費用がかかる。

六つは、調査期間の短縮がデータの誤差を少なくすることから、スピードとタイミングに十分配慮することである。

最後は、調査データは、グラフなどで視覚化することである。

(2) 調査の手順と方法

標準的な調査の手順は以下の通りである。

①調査目的を明確化する。何のために、何を調べるのかを明らかにする。
②既存の資料、情報を分析する。
③仮説を構築する。
④調査対象を抽出する。サンプルの抽出。
⑤調査手法を決定する。
⑥調査内容を決定する。調査項目の決定。
⑦調査を準備する。張票や調査員。
⑧調査を実施する。計画を作成し、リハーサルを行ったうえで実施。
⑨調査結果を分析する。結論を出す。
⑩調査報告書を作成する。

次に代表的な調査方法につき三つを紹介する。
第一は、インタビューであり、対象者から直接、意見を聞く方法である。
第二は、アンケートであり、多くの人に同じ質問をして答えを得る方法である。
第三は、ウォッチングであり、観察によって調査を行う方法である。

4. 問題タイプ別の現状把握法

(1) 維持型

現状を把握するコツの第一は、現状を正確に把握することである。以下にはそのポイントを述べてみる。

イ．事実をつかむこと→現場現物主義

自分の足と目で事実を確認しておくことが第一である。最低六Ｗ三Ｈで事実が述べられるようにしておくべきである。新聞の報道記事は、六Ｗ三Ｈで要領よく述べられている。

ロ．できるだけ詳しくつかんでおくこと。

ハ．原因を事実（現状）といっしょくたに述べてはいけない。

事実と原因は明確に区別することが肝要である。

ニ．事実とそこから発生するかもしれない問題をごちゃまぜにしてはいけない。

すなわち、問題と現状をごちゃまぜにしてはいけない。

ホ．できるだけ証拠を集めておくこと。

品揃えが悪い、社員の質が低い、といった抽象的な把握ではいけない。次に証拠の挙げ方を述べてみよう。

たとえば、スーツの五月販売目標六億円が五億円に終わったという場合、次のような証拠が必要である。すなわち、

- 時系列別（日・週・月）
- 顧客別
- 地域別
- セールスマン別
- 商品グレード別
- サイズ別
- 色別
- 素材別

●デザイン別

●価格ライン別

等々である。基本的には、販売計画をたてたときに使ったセグメント要素どおりに、それがどのような結果になったのかについて証拠をあげることが必要である。

これらは一見すると、売上げ未達の原因のごとくにもみえるが、けっして原因ではない。あくまで現状（結果・事実）の証拠であり、内容であり、属性なのである。

ここで大切なことは、目標は細かく設定すればするほどよい、というわけではないことである。それはあくまでも、全体目標を達成するために管理する価値があるものだけでよいのだ。細分化することが目的なのではないからである。重要な特性から徐々に設定してゆけばよい。

(2) 向上型

向上型の現状把握法も、基本的にはさきに述べた維持型に同じであるが、それでも次のような特徴がみられる。

すなわち、維持型があるべき姿から逸脱したときに、その逸脱状態に鋭い目を向けるのに対して、向上型では、正常？な状態に対しても疑問や不満、不安や危機感を抱くことが特徴といえる。一応うまくいっているとされていること自体のなかに「将来への期待や危機の芽」を嗅ぎとるべく現状をみつめるのである。そこには、現状=事実の把握とはいいながらも、すでに心は未来に向かっている。現状をとおして未来をみつめることができる鋭い感性がいる。ヒラメキと直感がいる。したがって、向上型の現状把握には現状（事実）を客観的かつ正確に認識する能力とともに、そこから未来を予測する能力が必要となるのである。

このままの成り行きで進めば、事態が悪化するので放置できない。なんとか予防的に、あるいは先手をとって対策を講じておかなければならない。現時点では確かに平穏無事であり、とりたてての問題はない。しかし、未来に目を向ければ、いろいろなリスクの発生が予想されてくるのである。けっして「点」でモノゴトを考えてはいけない。連続する時間のなかの現在という見方が重要なのである。要は未来と空間に視野を広げることが必要なのである。

しかし、実務ではこれがけっして容易ではない。目先の業務に振り回され、点でしかモノを考えず、やたら忙しそうに飛び回っているからである。未来の危険は、まだ起こっていないから衝撃がまったくない。しかし、今日の売上げ不足はあまりにも直接的である。ついそちらに体が動いてしまうのである。

向上型を分類している理由はここにある。日々のきまった仕事ももちろん大切であるが、常に未来への備えを忘れてはならない。工数でいえば、30%は未来への備えに使うべきである。それはひるがえって、その時々における目先きの仕事そのものを実に楽にしてくれる。

向上型の現状把握における要諦は、現在の刹那をいかに未来に伸ばし、いかに他者に拡げてモノゴトを考えるかという点にある。

⑶ 革新型

革新型における現状把握はその性格から次のような特徴をもつ。

それは一つに、把握の対象が広範なことである。革新型が組織構造の変革を狙うものであることから、その把握対象も組織構造の全般に及ぶのは当然である。組織全体を体系的、構造的にとらえてみるのである。そこでは、自社のありのままをすなおにとらえる心構えが必要となる。

二つは、すなおに把握した現在の姿をそのままで未来に引き伸ばしてみるのである。そのギャップが革新型の問題となる。

⑷ 現状把握への取り組み姿勢

企画内容に重大な影響を与えるのが現状であり、現状の扱い方で解決策の成否が決まる。なぜならば、企画者にとって、唯一の手がかりは現状しかないからである。現状こそは宝の山なのであり、企画者は現状を以下のように認識すべきである。

一つ、現状を嫌悪せず先ずは心から愛せよ！ 現状は嫌なことが多いが、それだからこそ、向上させるネタが存在するのだ。

二つ、現状には矛盾もなく、責任もなし。ただ、因果関係のみがあることを知れ！責任を転嫁するな。

三つ、企画者は喜んで現状を引き受けよ！

四つ、現状こそは企画の原動力、エネルギーであることを知れ！

5. 現状分析の進め方

情報収集と調査が終わるといよいよ現状の分析に入る。分析しないことには、現状の把握ができないからである。現状分析とは、企画テーマと企画者にかかるさまざまな環境の実態や動向を知ることである。いわばテーマと企画者についてのあらゆる角度からみての正確な位置づけと、その環境と動向を知ることである。

ここでは、企画の背景、必然性、動機、可能性などをみつけることが期待されている。

大まかな手順は以下の通りである。

①現状を段階的に仕分けする

膨大な情報をまずは、分類・整理することが必要であり、それを外部環境と内部環境に仕分ける。

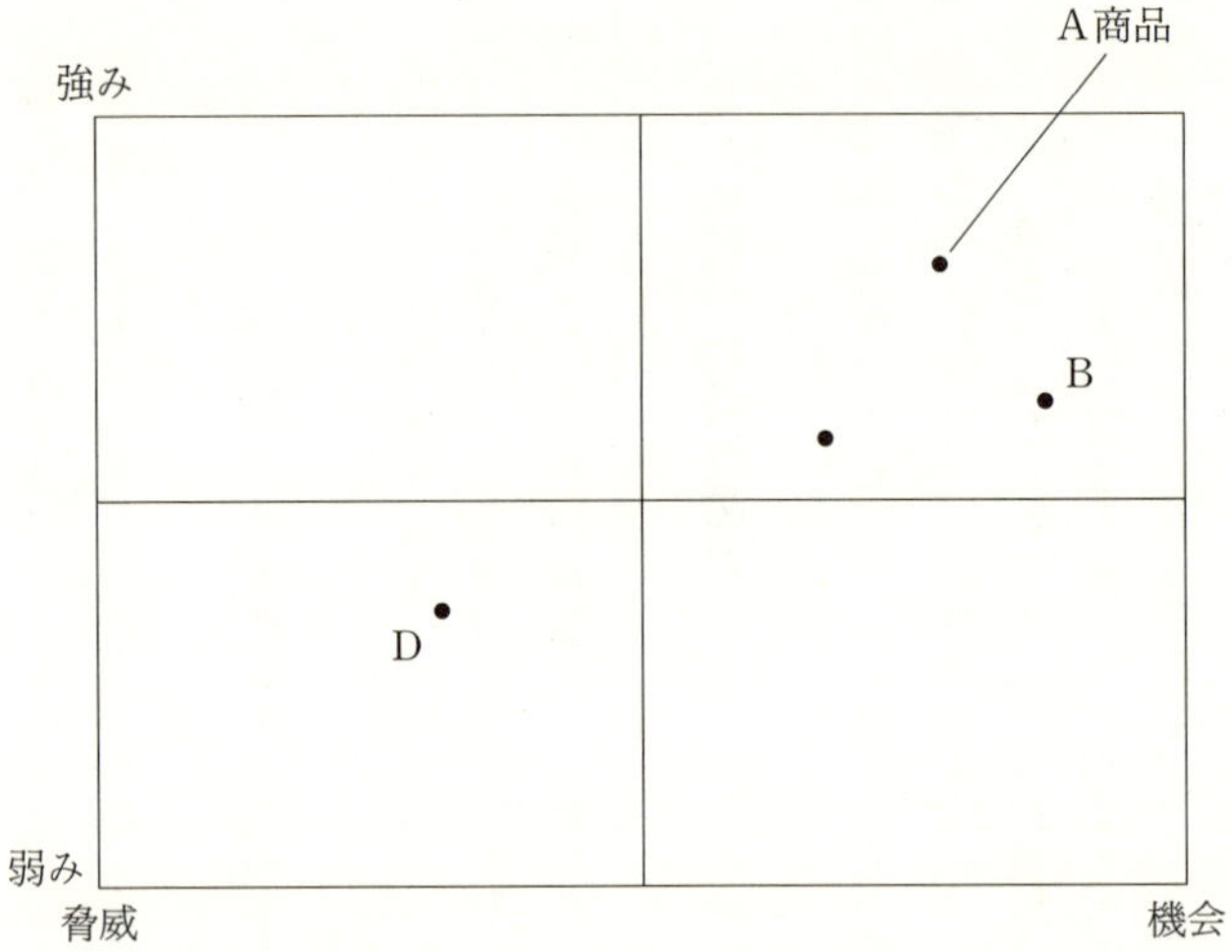

次は内外環境に大別された情報をさらにその構成要素に仕分けする。その構成要素を内外に分けて示すとたとえば次のようになる。

●販促企画の例——①外部環境では、市場動向・競合動向・商品動向・流通動向・顧客動向……等々であり、②内部環境では、商品概要・商品特徴・販売状況・価格・コスト・宣伝広告・チャンネル・販促案……等々である。

第三は、さきの構成要素から、企画にとって、マイナスに働く要素をプラスに働く要素から取り出して分類する。外部環境の構成要素はプラスを機会、マイナスを脅威に仕分けする。他方の内部環境については、プラスを強み、マイナスを弱みとして仕分けする。

それらを「十字チャート」上に表示する。

以上は、一つの例であるが、企画の手がかりが見えてくる。現状分析とは、いわば環境の仕分作業のようなものである。

②現状分析のポイント

現状分析のポイントは、あるがままを客観的に整理・分類することである。企画者が考える問題点や願望など個人的な考えや感情を混入させてはいけない。かかる危険を避けるためには、環境をできるだけ機械的作業で仕分けする。

七　問題点の明確化――ステップ6

1. 問題点の明確化とは何か

悪い原因ばかり集めて作成した失敗型（問題型）の因果系統図は、いわばそのすべてが問題の固まりであり、解決が要請されている対象である。しかし、実践の場においては、その企業がもてる諸資源の制約などから、そのすべてに対して対策を講ずることはむずかしい。

資源の制約、実現可能性、重大性、効果性、緊迫性……等々により、総合的に判断されたあとで現実的なレベルに絞られてくる。

それは別のいい方をすれば、多くの原因のなかから対策をたてるべき対象を絞り込むということである。ちょっとした問題でも、真剣に原因を究明してゆくと十や二十はすぐにでも出てくる。やや複雑なテーマになると百や二百はゆうに出てくる。しかも、そのなかには、レベルや真偽性においても実に雑多なものがある。

したがって、それら多くの原因を分類・整理して、対策をたてるべき原因を絞ってゆくステップが必要になるのである。すなわち、問題の集合体である因果系統図（失敗系統図＝問題系統図）のなかから手を打たねばならない原因を選択することが必要になってくるのである。これを本書では「問題点の明確化」という。

2. 問題点明確化の必要性

企業の資源には限りがあるから、それをいかに効率よく活用するかを考えるのは当然である。そのためには、数限りなくある原因のすべてに対して、総花的かつ分散的に資源を投入することだけは絶対に避けなければならない。このことはきわめて重要なことであるにもかかわらず、あまり実行されていないのが実状である。

多くの問題に諸資源が分散されることから、アウトプットを獲得するところまでは進捗しないのである。ほとんどの問題はその解決に至らないままに終わり、そこに残るのは挫折感と資源の浪費だけとなる。一見して解決したかにみえるものもその実は、スリ替えであったり、お茶を濁しているにすぎない場合が多い。

百のパワーが必要なのに六十のパワーしか投入しない。あるテーマでは八十の必要パワーに対して三十しか投入しないといった具合である。このような例はどの企業にも数多く存在している。仕事は失敗か成功か、ゼロか百しかないのである。

アウトプットはでてこなくとも、何かをしているから、やっている当人にとっては、遊んでいるとは思えない。多くの企業ではこのような状態が日常茶飯事になって、やることなすことの大半が空廻りしているのが実態である。

これは、組織の肥大化や無能な管理職の増大もさることながら、最大の要因はマネージメントの欠如にある。ゼネラルスタッフ部門の無能さにある。

手を打つべき課題の優先順位を明確にし、資源を投入すべきところへは集中して投入し、一つひとつの課題を確実に解決してゆくことが肝要である。これからはこれをよくする企業のみしか生き残れない。要は重点主義に徹することが必要なのである。

以上をうまくやっている企業にはホンダやロームなどがある。激動の時代における最大の課題が、重点主義のマネージメントである。

3. 明確化の方法

イ・原因を構造化する

優れた因果系統図は次のことがわかるようにできている。

一つは、因果のレベルが揃っていることである。これは最上位から最末端までが正しい因果関係で系列化されており、スキップがないということである。また、そのレベルは、職位のレベルにもピタリと対応している。

二つは、原因相互間における影響力関係が正しく表現されていることである。それぞれの原因がその上下・左右に対して与えている影響力関係が、構造的に理解できるようになっている。

三つは、形而上の原因と形而下の原因、すなわち、「考え方の間違い」と「うごき方の間違い」が明確に区別された表現がなされていることである。原因には思惟の世界とアクションの世界が存在する。これが十分理解されていないと、正しい対策案をたてることはできないのである。

ロ・原因を事実と仮説に分類する

過去型においても原因にはしばしば仮説が入ってくる。向上型や革新型における未来のリスク原因などはほとんどが仮説である。

ハ・原因を評価する

評価項目としては以下を活用するとよい。

一つは、「レベル」である。これは問題解決者の地位や権限、役割や使命、意欲や価値観等にふさわしいレベルをみつけるためのステップである。すでに再三述べたように、己にふさわしいレベルというものは必ず存在する。部長が担当者のレベルを選んではいけない。反対に担当者が部長のレベルを選んでも否である。レベルが過大であれば、結局は失敗に終り、それが過小であれば、能力や資源が未活用となり、資源の機会損失をまねくことになる。

二つは、「効果性」である。その原因を除去すれば、いかほどの効果があるか、を問うてみるのである。

三つは、「実現可能性」である。いかに効果の大きそうな原因でも、実現の可能性がないものを選択してはいけない。

四つは、「戦略性」である。

五つは、「緊急性」である。ガスが洩れていれば止めなければならない。その原因を除去することの緊急度を評価するのである。

六つは、「重大性」である。その原因を放置した場合に、その企業に与える影響の大小を評価するのである。

七つは、「時間性」である。現今のごとき激烈な競争環境のなかでは、時間という資源ほど重要なものはない。即刻対応できるのか、長時間を必要とするのか、そのタイミングでライバルに勝てるか……等々を評価するのである。

以上は、問題点明確化の方法として、因果系統図の活用法を述べたが、このほかにも、有効な方法としては、たとえば、ABC分析、問題構造分析……等々がある。

4. 明確化の例

問題点とは、あるテーマを解決するに当たって、数ある障害（問題）のなかで、これこそは真の障害であり、この障害を取り除けばテーマは解決できる、といった、問題のなかの問題、本質的な問題である。

実例をあげてみよう。

一つは、ある都市銀行の大阪市に近い小都市支店の話である。その小都市には多くの農家があり、道路建設による土地の売却によって多額の金を手にした。それらの大半はその銀行の支店に預金された。ところが三カ月ほどしてから、預金残高が月何億とみるみるうちに減少していった。

そこで原因を調査した。多数の原因が出されたが、真の原因（問題点）は、意外にも窓口女性の預金者に対する言動にあったのである。農家のお年寄はもんぺ姿など普段着のままで、顔も日焼けし、けっしてきれいとはいえない姿で窓口を訪れる。

そこで若い窓口女性は、さげすむような目付きでジロリとお客をみ、言葉もぞんざいであった。そこで、預金者たちは次々に預金を引き出していったというわけである。

対応策としては、窓口女性をすべて、大阪市内の支店に移し、人柄のよい、お年寄りに好かれるタイプの女性に変えたのである。

二つは、ある県で自社の車が急に売れなくなってきた。そこで原因を調べてみると、「ブレーキに欠陥があって危ない」という噂がまことしやかに流布していたのである。

以上はいずれも、問題が発生してその原因を究明してゆくなかでみつかったものであるが、もう一つほかのタイプがある。それは新しく企画を行う場合、目標達成を妨げると予想される問題（障害）の内で、最も重大な問題をみつけるやり方である。これは予想される原因といえなくもない。

いずれにしても、問題点の明確化は、華々しさこそないが、実に重要なステップなのである。

八　原因分析――ステップ7

問題点が明確化されると、いよいよその問題点である悪い結果の原因を究明するステップに入る。原因も問題点も、過去、現在、未来を含み、未来の原因とは、未来の結果を引き起こすと予想される、善悪双方の出来事である。

1. 原因分析とは何か

原因分析とは、先の七で明らかにされた問題点（悪い結果）を引き起こした因《もと》を知ることである。病気を考えれば、よくわかる。病気ごとに症状が出る。それは、現状であり、悪い結果であり、問題である。そして、問題のなかから問題点をみつけ、その問題点を引き起こしている原因をみつけてゆくのである。多くの場合は、病原菌に、その原因があろう。

問題点を無くする（解決する）ためには、悪い結果である問題点を引き起こしている因《もと》を根絶しなければならない。そのためには原因を正確に知らなければならないのであり、その原因究明の手続きが、原因分析なのである。

原因分析は、過去・現在・未来に及ぶのはまた、当然のことである。未来は当然、予想原因を対象とするのはいうまでもない。

2. 企画のステップになぜ原因分析なのか

企画とは創造的な企てであり、新しいモノゴトを創り出すのであるから、原因分析などといった、過去にとらわれたがごとき、ステップは不要なのでは、と思われる方がいるかもしれない。実際にも、拝見できた約二百冊の企画本のなかには、原因分析を基本ステップに入れている著書は一冊もみられなかった。

しかし、本書では、企画の基本ステップ13のなかに重要項目として入れている。卓越した企画には不可欠の重要な要素だからである。

以下に原因分析の必要性について述べたい。

(1) 維持型の企画

「A工場のコンベアはいつも故障で止まっている。稼働率をあげる企画をしてくれ」。これは工場長から生産管理スタッフへの指示である。おそらく、企画書のタイトルは、「A工場コンベア稼働率向上のための○○企画」となろうが、コンベア故障の原因分析なくして、優れた解決策を立案することはできない。

「この場合、故障を直すのはルーティン作業であり、企画なんて大げさなものではないよ」との声も聞こえてくる。しかし、原因を究明してゆくうちに、創造的な企画案が出てくるかもしれない。たとえば、工場閉鎖や社外でOEMへと発展するかもしれない。こうなると、十分、企画といえるレベルの課題《テーマ》なのである。

もう一つ、例をあげてみよう。

販促企画の会社に、あるコンビニ店の店長から、「今期の販売目標が未達に終わりそうなんだ。落ち込みを回復できるような販促企画を頼むよ」と依頼された。これも維持型の企画である。この場合でも、販売不振の原因を正しくつかまなければ、効果的な対策は打てないのである。

そして、企画の大半は、売上げやコスト低減などの目標達成に向けて行われるものであり、そこでは原因分析は不可欠なのである。

企業の内部で行われる企画の大半は、維持型であり、そこでは原因分析の良し悪しが大きな鍵を握っているのである。

(2) 向上型の企画

ここでも二つの例をあげる。

一つは、「売り上げは当初の目標通り順調なんだが、市況が当初予想より大幅に好転しているようだ。競合店も目標を上方修正していると聞く。うちも20％アップで販促を企画してくれ！」と営業部長から販促課長への指示である。

この例だと、当初の目標に対しては、順調であることから、原因なんてものは、関係ないよ、と思われるかもしれないが、それは違うのである。

このケースにおける問題点は、市場好転の好機を生かしきれず機会損失を発生させていることである。それは悪い結果であり、悪い結果には必ず悪い原因がある。たとえば、当初の景況予測のミス、第一線の営業マンにはわかっていたが、目標がアップすると楽ができないため、上司に報告しなかったことなどの原因があるのだ。

原因分析にはもう一つ重要な分野がある。それは現状の順調な実績（良い結果）についてもその原因を分析することである。それらの原因には、良いものと悪いものとの二つがある。結果（実績）が良いからといって、すべてがうまくいっているとは限らないからである。

このように良悪双方の原因をつかんでおくと、向上企画は思いのままとなる。よい原因は増々伸ばし、悪い原因は取り除けばよいからである。

もう一つ例をあげてみよう。

「今のところ、特に問題はないが、今後ますます競争が厳しくなるなかで、勝ち抜ける管理職を育成しておきたい。何か企画してくれ」。

全国チェーンをもつスーパーの社長から、能力開発会社への依頼である。

ここでも、無能な企画者は、現状や原因を調査することなく、一気に研修内容に入ってゆくのである。

期待される能力像を描き、現状とのズレを知り、その原因を明らかにしてから、研修の内容を決めてゆくのが定石なのである。過去はすべて原因であり、その結果が〝今〟だからである。

(3)　革新型の企画

革新型の企画になると、原因の出る幕などまったくない、と固く信じている方は多い。しかし、それも誤解なのである。

例をあげてみよう。

私はかつて、個人と企業双方がともに幸せになれる究極の組織として「一人会社制」を企画した。それをひとことでいえば、全従業員が個人単位でいくら儲けたかの損益計算をする制度である。この企画は一瞬の閃きによって立てられたものではない。長い前工程が存在したのである。

その一つが、組織というものの、そして組織で働く人たちにとっての、あるべき姿とは何かを構築したことである。

第二は、現状やいかに？　の調査である。

第三は、現状（結果）についての原因を究明したことである。

そしてこの原因を因果系統図で体系化、構造化して、そこからアイデアを得、論理化していったのが、「一人会社制」なのである。

次は東京ディズニーランドや大阪のＵＳＪのごとく、まったく新しい事業を企画するような場合である。かかる場合、原因の出る幕はあるのか。それがおおありなのである。企画を推進してゆくに当たって、阻害要因となりそうなものを、問題点系統図として作成し、対応策を考えるのである。

たとえば、客がこない、交通が渋滞する、優秀なスタッフが集まらない……等々である。

また、類似のものがすでに存在していれば、それの成功原因や失敗原因を調べ参考にするのである。

最後の例は、失業した人が、「自分でもできる事業を企画してほしい」と企画会社に依頼した場合である。かかる場合にも原因の概念は入ってくる。たとえば、依頼者の失業原因や企画した事業がうまくゆかないかもしれない原因である。それらを考え、十分な手を考えておかないと成功を期待することはできないのだ。

要するに、原因はなんらかの結果が出てきたところには必ず存在すること（過去形）、まだ実施はされていない未来についても、ある結果を想定するのであれば、その原因もまた、必ず想定しなければならないのである。また、原因については、悪いことばかりではなく、良い原因もあることを忘れてはならない。

(4) 現在原因・未来原因とは

本書ではこれまでに、原因を過去・現在・未来の三時制すべてにあり、との立場をとってきた。過去についてはよく理解できると思うが、現在と未来については、理解し難い面があるかと思われる。そこで以下に説明する。

まず、原因を論ずるに当たっては、その前提として必ず結果の存在を予定していることである。結果のない原因は存在しないからである。

さて、現在の原因とは、何か。それは、結果の現在という概念を認めるかということである。筆者の考え方はこうである。それは、「現《げん》・今《こん》を含めてその前後、一定の期間《スパン》を人為的に設定して、その期間、刻々に発生する継続的な結果をすべてまとめて、現在の結果と看做す」という考え方である。

われわれが日々、生活し仕事をしてゆくに当たって森羅万象を認識する場合、刻々を対象にすることは不可能である。そこで、われわれは、物事によって、それぞれが最も認識しやすい期間を定めるようになってきた。

それが、今や現を含む、一日、一週間、半月、一カ月、半年、一年、半期、一期、一生……などであり、芸術品や建造物などでは、完成するまでの期間である。要するに、区切りである。

具体的な活用法としては、まず、今から原因分析の対象にしようとしている結果を含む〝現在の期間〟をいかように設定するかを決めることである。たとえば、売上不振についての原因について究明しようとするとき、その結果をみる期間を一カ月とするのか、一年とするのか、ということである。

次は、たとえば、一年とした場合、その間、刻々と累積してゆく、販売額はすべて結果となり、原因もまた、刻々に追及が可能なのである。

現在原因は、維持型、向上型の双方に対して多くの課題《テーマ》を提供するが、それはまた、真の意味において、仕事の管理がなされていることでもあるのだ。

真に良い企画テーマは、目標や目的に対しての結果と原因に、現在という期間を定めて間に合うタイミングで、原因を究明することによって得られるのである。

次は、未来原因であるが、これは、結果、原因ともに未来に想定されるため少し、わかりにくい。

たとえば、来期の売上目標を百億円に設定したとする。百億円は想定未来結果であり、その良い結果を得るために、目的手段や目標方策といった良い原因となるようにしたい手段・方法が設定されている。

要するに、未来に達成をめざす、目標、目的、計画……等々は望ましい未来の結果であり、また、それらを達成するためには、良い原因となるべき、良い手段・方策が立てられているのである。

未来の目的手段・目標方策とは、それが実施されたあと、良い原因に名称が変更されることが期待されているものなのである。

さて、ではその具体的な活用法や如何？

私は、未来の良い原因としたい目的手段が将来、全面的に悪い原因に転化するかもしれないと予想して活用するやり方をしている。

具体的には、未来の業務計画や企画を立てる際、テーマを決めて、その達成方法を目的と手段、目標と方策で体系化する。たとえば、売上を10％アップとするならば、品揃えをどうする、価格をどうする、販促をどうする……等々である。

次にそれらのすべてを否定形に表現しなおすのである。品揃えは間に合わないよ……などである。そして、なぜそれができなくなるかを想定し、対策を盛り込み、当初の目的手段系統図を修正してゆくのである。

3．維持型における原因究明のノウハウ

原因究明にはさきに述べたごとく、数々の困難がある。以下にはそれらをカバーしてゆく方法を三つのタイプに分けて述べてみたい。ただし、因果系統図など三タイプに共通するものも多いので、それらは維持型のところでまとめて述べることにする。

(1) 維持型原因究明の特徴

維持型における原因究明の特徴は、過ぎ去った過去について過去原因をさぐることである。それは過去形であるから、応々にしてその完全な究明には困難が伴う。それゆえに、原因の多くは仮定である場合が多い。仮定は、したがってできる限り実験等で確かめることが必要となる。

維持型は別名を原因指向型といわれるほどその決め手は原因分析の良し悪しにかかっている。

しかし、下記のごとき理由でそれはかなり困難である。

それは一つに、事実の把握と仮説の検証が、多くの障害に阻《はば》まれていることである。それは、人・物・金のすべてに及ぶ。人の面では、原因を究明する人の意欲やわざもさることながら、人が原因の対象となった場合におけるむずかしさである。人はいくらでもウソがいえるからである。

次は物についてであるが、多くの場合、すでに形のないものについてその証拠をあげることはきわめて困難だからである。さらに、金の面では、調査や検証に多額の金を必要とすることになるのである。

それは二つに、真の原因は応々にして個人の心の奥にしまわれがちとなっていることである。真の原因を追及してゆくと、しばしば個人の人間性そのものにまで突き進むことになる。

それは三つに、原因と結果を正しく連鎖させることが困難なことである。さらに、その連鎖のいかなるレベルを「現状」とするかの判断には、かなりの能力が必要である。

それは四つに、原因分析には論理性を必要とするが、泥くさい人間の組織ではなかなかそのとおりにはゆかないことである。

(2) ノウハウ

原因究明の第一ステップは「きっかけ」をつかむことである。ただ漠然と原因を究明するということはない。

次に原因は、過去の出来事であるから、それらのすべてを完全に復元することはできない場合が多い。それゆえ、論理による復元が必要となるが、その成否のいかんは、問題解決の出来栄えそのものを決定的にする。われわれはこれを称して「原因の論理的推論」という。

最後は、事実の確認もしくは仮説の検証というステップに入る。われわれはこれを「証明」という。

原因究明の段階には以上のような三つのステップがある。最初の「きっかけ」については、あるべき姿と現状のギャップである問題がそれになるのはいうまでもない。ただし、ここでひとこと強調しておきたいことは、原因究明を始める「きっかけ」は現状からではなく問題からであるということだ。例をあげてみよう。

五月の車両販売目標は五台であったが三台に終わった。この場合のあるべき姿は五台であり、現状（悪い結果）は三台である。さて問題はというと、未達分の二台である。さて、ここで問題は明確となったので、次は原因究明のステップに入ってゆく。

この場合には二つの入り方がある。その一つは現状側（結果）から入る場合であり、その表現方法は「三台に終わった原因は何か」、「三台しか達成できなかった原因は何か」といったいい方である。その二つは、問題側から入る場合であり、その表現方法は「マイナス二台となった原因は何か」、「未達二台の原因は何か」といったいい方である。

では両者の違いは一体なんであろうか。その違いは、前者が現状（結果）だけをただ単独に他と対比することなく捉えたものであるのに対して、後者がその現状（結果）をあるべき姿との対比で捉えたところにある。

原因究明はあくまで問題から始めるのが筋道である。

なぜならば、原因の究明は問題があるから、その問題に対してなされるべきものだからである。

図表—8　原因究明の引き金

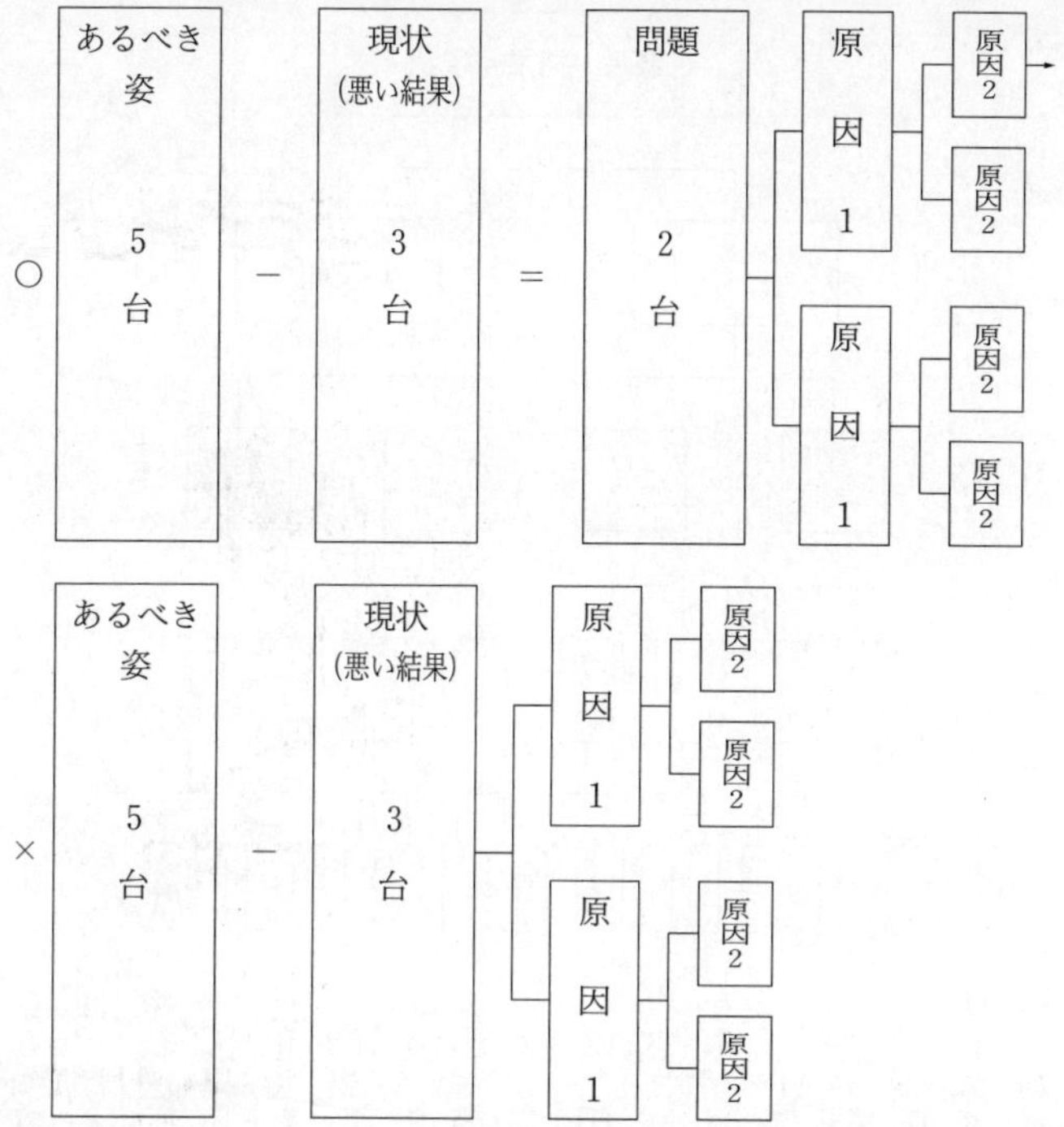

以上を図示すると図表—8のようになる。

次に最後の「証明」は、論理的思考の領域というよりはむしろ、事実行為の分野に属すべきものである。

さて、そこで残ったものが「原因の論理的推論」の領域である。以下には論理的推論のわざとして「因果系統図」のつくり方の要点をご紹介したい。これらは三タイプに共通したノウハウとなるので、独立させて述べることとする。

4．因果系統図のつくり方
——共通ノウハウとして

(1) 因果系統図とは何か

世の中の出来事は当然、因果の法則に従っている。原因なくして結果なく、結果には必ず原因がある。しかも両者は構造化された体系をもっている。

これが俗にいう「因果関係」といわれるも

図表―9　因果系統図のイメージ

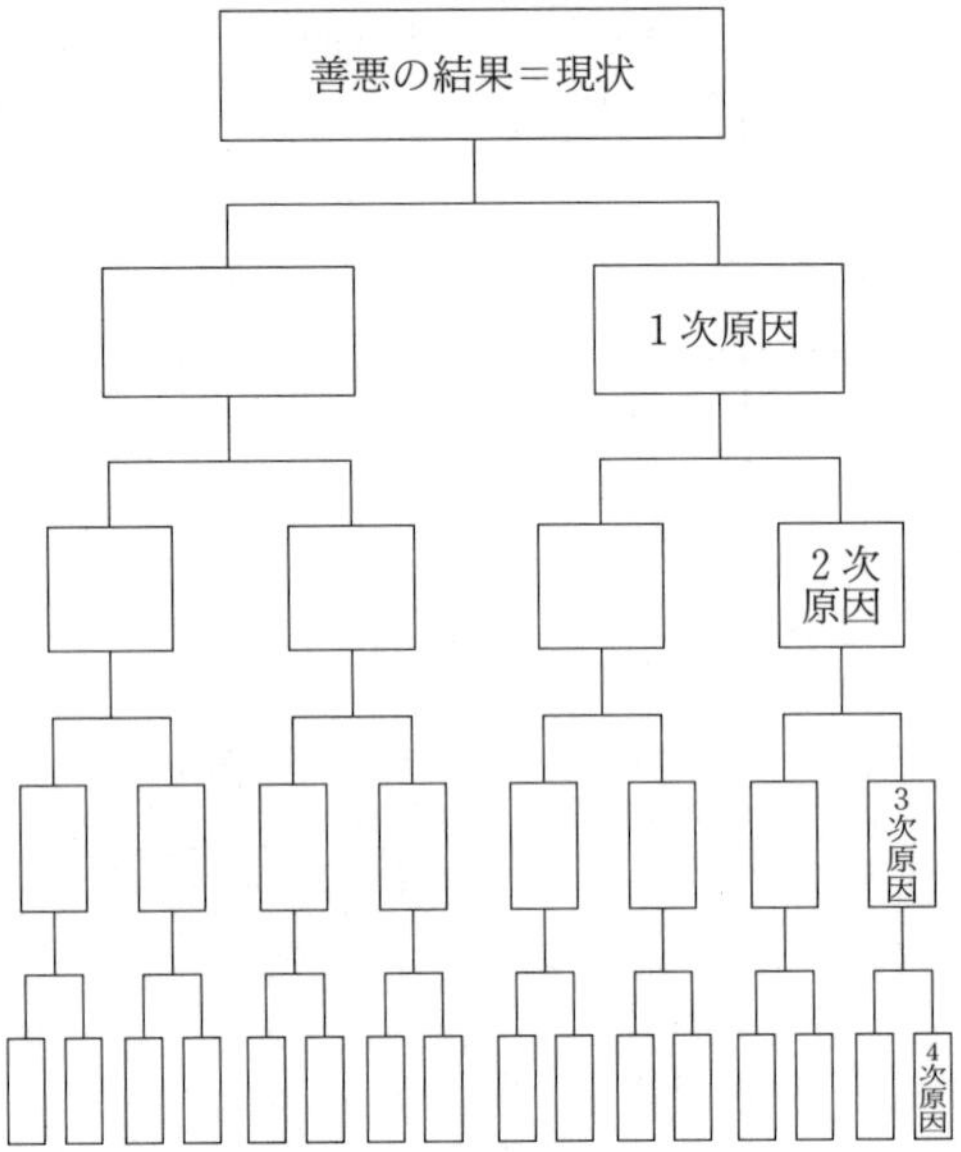

のであるが、この因果関係はある程度の蓋然性（必然性）をもっており、知識や経験、ノウハウやコツを活用すれば、ほとんどのことは推論が可能である。まずは「因果系統図」のイメージ図を示しておく（図表―9）。

因果系統図とは原因と結果を時間と空間で階層化・構造化したものである。

因果系統図に似たものに、特性要因図（別名、魚の骨）がある。これは広義での因果系統図の一つであるが、比較的、簡便に作成することができる。

(2)　因果系統図の種類

さて、因果系統図をその内容で分類すると次の三つになる。

①問題型因果系統図

その一つは「問題型因果系統図」であるが、これには悪い原因と悪い結果のみが含まれている。いわばそれは、悪の体系、失敗の連鎖といえるものである。それはまた、われわれが解決しなければならない問題の体系でもある。原因究明でとりあげるのはこのタイプが中心となる。これは主として維持型に対応する。また別名を「問題系統図」または「失敗系統図」ともいう。

②あるべき姿型因果系統図

二つは、「あるべき姿型因果系統図」であるが、これには良い原因と良い結果のみが含まれている。それはいわば、望ましい結果と望ましい原因の体系であり、一般的には未来型である場合が多い。したがって、この系統図どおりにやっておれば、問題は起きなかったはずである。われわれは何かをやってゆく場合「こうこうすれば、こうなる」という目的と手段（目標と方策）を考えたうえで実践に入ってゆく。そのとおり実践すれば成功するというシナリオをつくる。

したがって、われわれは失敗した原因を究明してゆく場合も、その拠り所はこの「あるべき姿型因果系統図」である。したがって、悪い結果に終わったのは、実践の前に考えた目的と手段（目標と方策）どおりにやらなかったか、あるいは、その目標・方策自体が間違っていたかのいずれかである。

このタイプは目的手段系統図にほとんど同じである。

③混合型因果系統図

三つは、「混合型因果系統図」である。モノゴトには成功と失敗の基準があいまいなものも多いし、結果は失敗に終わった場合でも、多くの原因（手段）のなかにはうまくいったものもある。ある一つの結果をもたらした原因について、良い原因と悪い原因の双方を混合して作成した系統図を「混合型」という。このタイプはさらに以下の四つに分類できる。

イは、結果的には失敗に終わったが、多くの下位原因（手段）のなかには十分機能したものがあったタイプである。

ロは、結果的には成功したが、多くの下位原因（手段）のなかには十分機能しないものがあったタイプである。

ハは、結果的には失敗に終わったが、多くの下位原因（手段）はすべてその機能を発揮した場合である。これは結果設定と原因（手段）設定のいずれか、もしくは双方に誤りがあった場合である。

ニは、結果的には成功したが原因（手段）は機能しなかった場合である。これはフォローの風が吹いてなんの努力もしないうちに目標が達成されたような場合である。

④未来型・現在型・過去型

因果系統図には、以上に述べた内容による分類法のほかにも、いくつかの分類法がある。

その一つが時間軸による分け方であり、それには、過去型・現在型・未来型の三つがある。過去型とは、すでにおこってしまった結果についての因果関係を明らかにしてゆくタイプであり、未来型とは、未来における望ましい結果と望ましい原因行動を体系的に示すタイプである。この未来型になってくると、あるべき姿の体系である目的手段系統図とほとんど同じものになる。また、現在型とは、未来型と過去型両者の一部を含むものである。

その二つは、事実か推定による分類法であるが、それには、事実型と推定型の二つがある。

(3) 因果系統図の役割

以上は種類について述べたものであるが、ここではそれらが原因究明上に果たす役割についてふれてみたい。

一つは、原因を洩らさないためのパラダイム（思考枠・関係枠）としての役割である。原因の究明はどうしても断片的になりがちだ。そこでは、洩れを防ぐための枠組みの役割を果たしてくれるツールが必要なのである。

二つは、原因を構造化する機能である。原因のなかには、きわめて複雑な構造をもつものがある。このような場合、糸のもつれを一本一本ときほぐすように、原因相互間の関係をときほぐしてゆかなければならないが、因果系統図はそれをきわめて容易にしてくれる。

三つは、因果系統図がいずれのタイプであろうとも、「良い結果」を得るための良い原因（手段）の体系と道筋を示してくれることである。悪い結果と悪い原因の系統図も、それを反転すれば、良い結果と良い原因の系統図に様変りするため、反面教師として立派に活用できるのである。また良いものは、そのままで立派な目的手段の体系になっているのである。よくできた系統図は、アイデアの宝庫となり、解決策はできたも同然である。

(4) 因果系統図のつくり方

因果系統図を作成するということは、心を形にすることに同じである。内面に存在する原因と結果の関係引き出して、目にみえる形にする作業である。

しかし、また一方で系統図の作成は、形が心をつくることにも同じなのである。系統図という形を作成してゆく過程そのものが、真実の因果関係を引き出してくれるからである。

「形より入りて心に入り、心より入りて形に入る」ことでもあるのだ。

まずは紙とペンを用意してほしい。形から入って心を引き出そうではないか。

さて、因果系統図には、さきに述べたごとく数多くの種類があるが、つくり方そのものは共通するところが多い。以下にはいくつかのノウハウを述べておきたい。

①帰納法——主として維持型用

帰納法とは、実際に発生した事実を整理・分類して、構造化・体系化してゆく方法である。また、下から上に登ってゆく方法でもある。

A. テーマの大きさ《サイズ》、レベルを決める

系統図を作成するに当たっては、まず、適切な大きさとレベルのテーマを設定するところから始めなければならない。

図表—10からもわかるように、系統図のテーマをきめるためには、二つの重要な条件がある。その一つが、作成し、活用する人の地位や立場である。単なる事務の補助者である人が、経常利益未達原因についての系統図をつくる必要は

図表―10　問題・時間・空間・職位、四者の関係

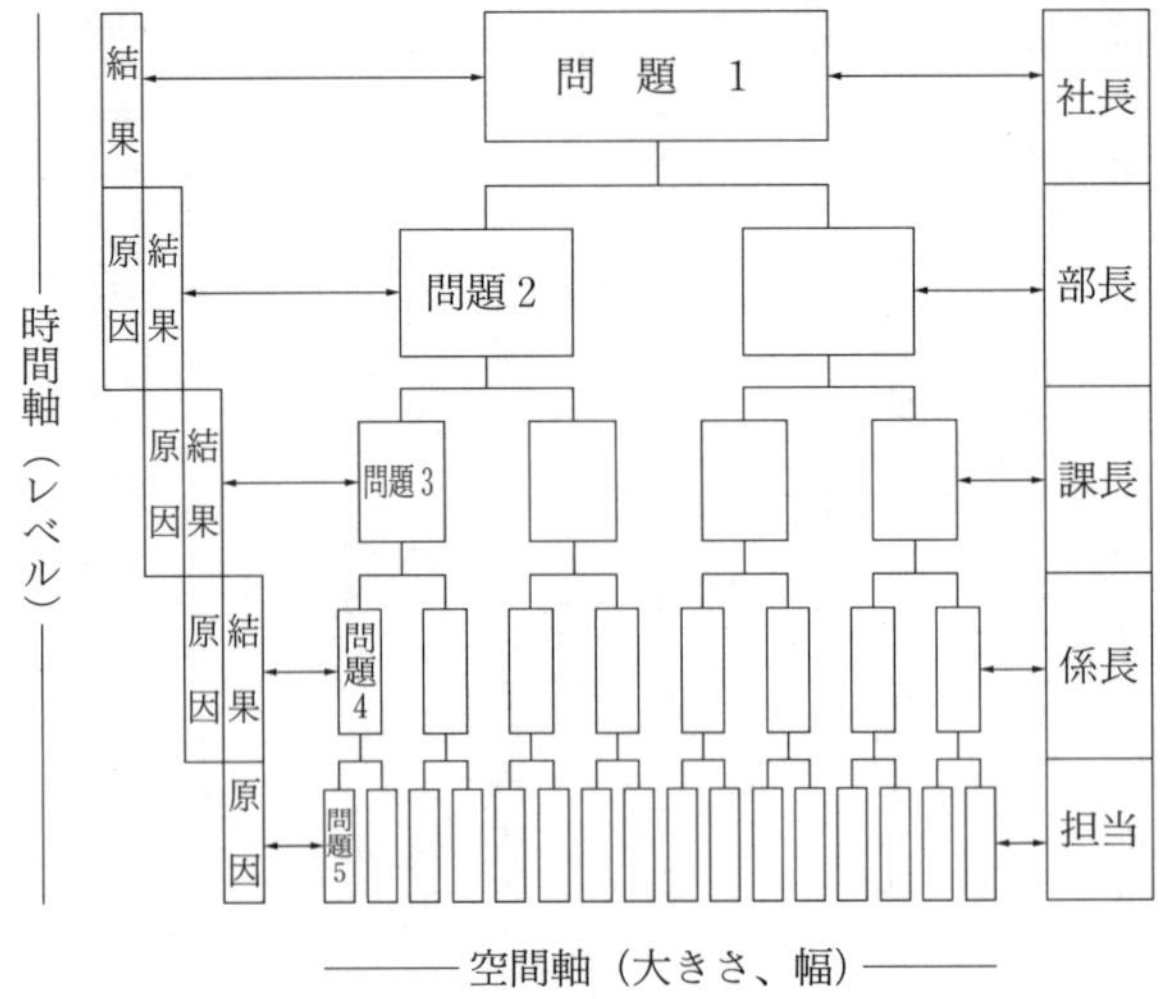

ない。もちろん、社長がゼネラルスタッフである社長室の担当者に作成を命じた場合は、社長の立場に立って作成するのは当然である。

地位・役割からのアプローチは、半《なか》ば必然的にテーマの大きさとレベルをきめることになる。地位があがればあがるほどテーマは大きくなり、レベルもあがってゆくのは当然である。

その二つは、とりあげる時制に関するものである。すなわち、過去の問題に目を向けるのか、未来の問題に目を向けるか、ということである。これも地位との相関は高い。地位が上昇するに従って未来に目を向けることが強く要請されてくるからである。

以上を具体例で示すと図表―11のようになる。

B・きめたレベルの問題点を明確に把握する

テーマのレベルがきまれば次はその問題点を明確化するステップに入る。ここのところをしっかり押えておかないと、上下左右への振れが大きくなり、優れた系統図ができない。

問題点を明確化するには、現状とあるべき姿を明確化する必要があることはすでに述べたとおりである。ここでのポイントは、あくまで問題点だけをつかむことに努めることであり、け

図表―11　職位と目標の大小

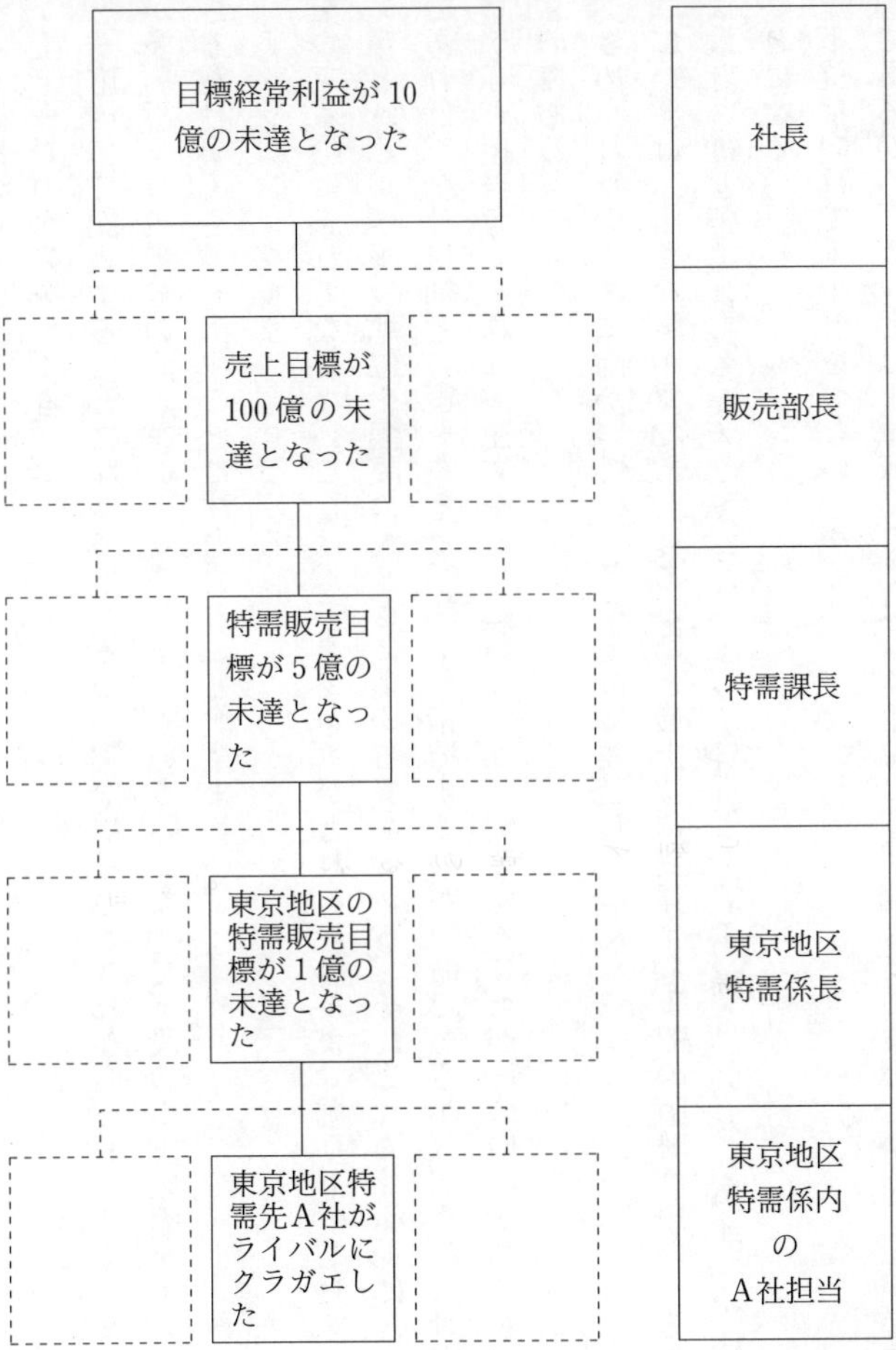
目標経常利益が10億の未達となった
売上目標が100億の未達となった
特需販売目標が5億の未達となった
東京地区の特需販売目標が1億の未達となった
東京地区特需先A社がライバルにクラガエした
社長
販売部長
特需課長
東京地区特需係長
東京地区特需係内のA社担当

っして原因に入っていってはならない。

C．事実の原因のみをカードに記入する

もちろん、作為と不作為とを問わない。何もしないことも一つの選択に変わりはないからである。

記入の要領は、一般のカード法とあまり変わるところはない。すなわち、一枚には一つの原因のみを記入すること。その際できるだけ、その原因から生ずる結果についても記入しておくと後で便利である。

ここで大切なことは、

できるだけ多くの原因を書き出すことであるから、あまりルールにとらわれないほうがいい。リラックスできる場所で楽しくやると効率がいい。

D．上下一対のペアをつくる

Cでも一応ペアで記入することになってはいるが、実際には記入されないことも多く、また記入されていても不正確なものが多い。またペアでの記入をあまりやかましくいうとかえって下段の事実原因が十分でてこないことになる。Cではできるだけ事実を多く出すことに注力することが望ましい。

E．アクションレベルまで掘り下げる

ペアをつくる際に忘れてならないことは、アクションがとれるレベルまで掘り下げておくことである。もちろん、アクションがとれるレベルは地位や権限の大きさによって異なるから、それぞれのレベルに合わすのは当然である。社長であれば、全社目標と方策を決定し、部下を指揮するのが使命であるから、それに対応したアクションレベルがある。しかし、担当者であれば、注文をとりにいったり、配達することがその使命であるから、そのレベルまで掘り下げておくのである。

F．きめられたテーマに向かってカードを上位に連結してゆく

一般的にいえば、小さなテーマであればあるほど最上位に到達するまでの距離は短い。それとは反対に、テーマが大きければ大きいほど距離は長くなる。大きなテーマではほとんどの場合、かなりの部分が抽象（形而上）の世界に入ってゆくことになる。

G．下位に向けてカードをつないでゆく

系統図であるから、カードは上位ばかりではなく下位にも展開してつないでゆくことが必要である。図表—12を例にあげれば、最下位の「生ビールの欠品状態が五日間続いた」ことの原因を究明して、下位に続けるのである。それがで

図表―12　事実を上位にのばす例

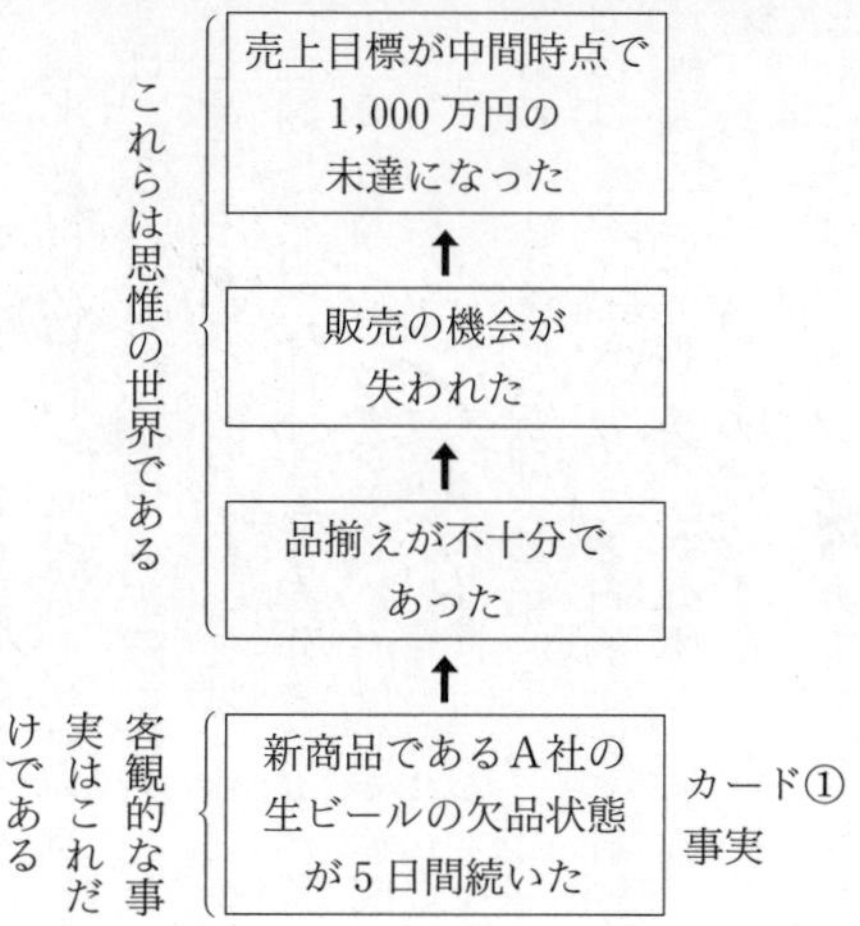
売上目標が中間時点で
1,000 万円の
未達になった
販売の機会が
失われた
品揃えが不十分で
あった
新商品であるA社の
生ビールの欠品状態
が5日間続いた
カード①
事実
これらは思惟の世界である
客観的な事実はこれだけである

きれば、さらに下位に展開してゆく。

H・上下左右のバランスをとりながらまとめてゆく

因果系統図はそれが問題型、すなわち、悪い結果と悪い原因だけで構成されたものであれば、目標と方策、目的と手段で精緻につくられた業務計画を否定型にしたものとほとんど同じになる。よくできた実行計画書は、目的と手段あるいは目標と方策の体系であるから、そのとおり実行すればうまくいったはずだからである。

しかし、結果がよくなかったということは、計画に盛られた目的・手段どおりにはコトが運ばなかったということである。このように因果系統図と目的手段系統図はその根本は同一なのである。したがって、系統図のできあがりの形も両者はほとんど同じであり、それはピラミッド型になる。

Fで上位につないでゆくと、どうしても横並びがアンバランスになる。そこで次に横のレベルを揃えてゆくというわけである。

I・できあがった図に示されたすべての原因がそれぞれの上位結果に対して原因としての相当因果関係をもっているか否かを検討する

因果系統図をつくる最大の目的は因果関係を明らかにして、今後の解決策を考えるに当たっての重要な情報を得ることである。したがって、そこには、「こうこうしなかったら、そうはならなかった、あるいは、ならないであろう」という必然性が必要になってくる。

次に、では、その必然性にはどの程度の厳密さが要求されるのであろうか。それに対しては相当因果関係があればよいのである。

一般に因果関係とは、一定の先行事実と一定の後行事実との間の必然的関係、つまり、もし前者がなかったならば後者が生じなかったであろう、という関係である。相当因果関係とは、このような自然的な因果関係のある場合でも、われわれの経験的知識からみて、さような事実があればさような結果を生ずることが常識的である、と考えられる範囲に絞った関係をいうのである。

「店員がやめたら本当に販売力の低下になるのだろうか」と問うてみるのである。なかには、やめてもらってもいっこうに困らない人もいるから、常に同じ答がでてくるとは限らない。しかし、そこは常識的に判断すればよい。

J・最上位結果に対して原因のそれぞれがどれほどの悪さかげんとなっているかを記入する

たとえば、売上目標が一億円の未達に終わった。この金額に対して、それぞれの原因がどれほどマイナス面に貢献しているかを見積もるのである。たとえば、店員の退職では百万円の売上げ減、などである。

因果系統図は以上で完成するが、作ることが目的なのではない。あくまで問題を解決するための解決策を引出すことが目的なのである。したがって、その目的を達成するためには、いかなる因果系統図にすればよいかを考えることが肝心である。

②演繹法――主として向上型用

この方法は、あるべき姿である目的手段系統図を作成したあと、その内容を全面的に否定型にしてみるのである。目的手段系統図は元来があるべき姿の体系であるから、それを反転させると「悪い行動の体系」ができあがる、というわけである。

これをもとにして、一つひとつのアクションをチェックしてみるのである。してはならないことをしていたり、しなければならないことをしていなかったり、次々に原因がみつかるはずである。

演繹法は向上型に使われることが多いが、もちろん、革新型や維持型にも十分活用できる。

③類推法――維持型・向上型・革新型

因果系統図は、さらに類推法によっても作成することが可能である。

類推法とは、他にすでに、ある結果と原因との関係が存在する場合、それを比較して類似性がある場合にそれを利用する方法である。

この方法は、使い方によっては実に効率がよく実際的である。その際、使えるものは成功事例と失敗事例の双方であることはいうまでもない。いくつかの例をあげてみよう。

まずは成功事例を活用する例である。

車のディーラーであるA社の販売増が著しいので、その原因を調べてみると、次のとおりであった。その主要な原因は、趣向をこらした大イベントの開催と、大卒女子を店頭販売員として大量に採用したことであった。これにより、自社販売不振の原因をイベントのまずさと店頭販売力の非力とするのであった。

次は失敗事例を活用する例である。

最近、同業者であるスーパーB社の女子社員が続々と退職している。この原因を調べてみると、労働基準法がほとんど守られていないことにあった。当社でも女子の退職率が高いが、労働基準法を十分守っているとはいえないので、B社の原因をそのままいただいたのである。

以上の類推法は、俗にいわれている、他山の石にせよ！、反面教師にしろ！、人のふりみてわがふり直せ！　といったことと同じである。

この方法は、また、向上型の問題解決で未来に対する予防対策を講ずるような場合、他社の失敗や成功の事例を参考にすると効率がいい。

類推法は以上のようになかなか実用的な方法であるが、これには一つの条件がある。

参考にしようとする他社と自社とは、その歴史・風土・状況等、すべての面において同じものは何一つない、ということを十分認識しておく必要があるということである。せいぜい業種が同じくらいで、その他はすべて違うぐらいの気持で利用する心構えが必要である。

この方法も、三つのタイプのすべてに活用することができるのはいうまでもない。

(5) 原因究明の共通ポイント

原因の究明に当たっては、いくつかの重要なポイントがある。これらも原則として三タイプに共通である。

①仮説と事実は明確に区別する。
②原因の主役はあくまで事実である。
③原因の意味は立場によって異なる。

たとえば、大工仕事をしているときに、釘が折れたからといって、折れた原因を探求する必要はない。しかし、釘メーカーにとっては重大な問題である。

④原因には抽象の世界と事実(経験)の世界がある。
⑤原因は構造的に捉えなければならない。因果系統図は、その好例である。
⑥常に階層《レベル》を意識しながら進める。
⑦原因究明より先に手を打たねばならないことがある。火が出ておれば消さねばならない。
⑧原因究明は己の役割に対応した現状(結果)をまず捉え、それを中心にして下位におろしてゆく。これはどこか

ら手をつけてゆけばよいかという問題である。

⑨対策案から逆に原因を創ってはならない。経験の豊富な人ほどこれをよくやる。

⑩原因は自分が解決できるレベルまで掘り下げる。問題解決者の地位・権限・能力等によって掘り下げる程度が異なる。一般的にいえば、地位があがるほど原因も上位レベルでよいことになる。

⑪容易に制約条件をおかない。

原因究明中に、予算がない、工数が足りない……などと逃げてしまうことが多い。なぜ予算がとれなかったのかについての原因究明が必要なのである。

⑫己自身がもつ原因を究明する。

原因の多くは自分自身の内面にある。自分は常に正しく、悪いのは他人や環境なのだと思ってしまう。自分自身がもつ内面の弱点をさらけだすことが、真の原因を知る最大のきめ手である。気の弱さ、能力不足、行動力不足……などである。

5. 向上型における原因究明のノウハウ

(1) 向上型の原因分析とは何か

向上型の企画では、たとえば、クライアントから、「売り上げ30%アップ、なんとか考えてよ」といった依頼がある。ここでほとんどの企画者は、原因云々のことは、忘れてしまう。「当初目標は一応順調に推移していることだし、別に問題はないので原因など調べる必要はない。それよりも、30%アップのアイデアだ！」となる。

しかし、原因分析をスキップしては、30%アップの企画はできないのである。なぜか？

販売目標は、未来の一定時点における結果であり、その結果を得るため、まず当該期間の売上げに影響を与えるあらゆる物事についての変化を予測し、達成手段(原因)を決める。要するに、販売の目標と方策は、未来の結果と原因を前もって予想したものなのである。

A社でも、半期が経過した。実績数値は計画通りである。営業部員は祝杯をあげた。しかし、山本部長は酔うどころか、むしろ、暗澹たる気持になったのである。

それもそのはずである。市場環境が予測をはるかに超えて好転したため、数々の方策(原因)は何一つ実施しないままで目標が達成されていたからである。もし、それらの諸方策がすべて実施されていたならば、30%アップも可能になっていたかもしれないのである。いわば、部長として多大の機会損失を生じさせたことになるのである。

問題なのは、ライバルは着実に売上げを伸ばしシェアを5%もアップしたことである。後期もこのままでゆけば、シェアダウンは進み、取り返しのつかない事態が予想される。

そこで部長は、原因分析の意味を真に理解しているA社に企画を依頼したのである。以上の例で、原因分析のステップを飛ばして、はたして、30%アップの企画は可能だろうか。

以上は一例であるが、既存の目標などを見直したり、レベルアップする向上型の企画においては、既存目標の実績(結果)と方策(原因)を徹底究明しなければならないのである。

(2) 向上型の原因には二つがある

原因究明などというコトバを聞くと、たいがいの人は、実際に何か悪いことが起こった場合にやればいいさ、ぐらいにしか思っていない。

しかし、われわれの立場は違うのである。世の中の出来事は当然、原因と結果の関係で成り立っている。このことについては、過去も未来もまったく同じなのである。過去も未来も原因と結果の連鎖であることに違いは無い。過去は済んでしまった原因と結果であり、未来はこれから始まろうとする原因と結果なのである。未来にも立派な原因と結果の体系がある。人はそれを目的と手段の体系であるといい、あるいは目標と方策の連鎖であるというだけである。未来に向かってたてた原因と結果の連鎖が、実施されることによって次々と過去に押し流されてゆくのである。すなわち、未来の原因と結果は、あるべき姿の一つなのである。未来は「こうすればこうなる」という原因行動とその結果の予想なのである。

未来にはさらにもう一つ別の原因がある。以上に述べたそれは、あるべき姿である望ましい結果と望ましい手段としての原因であったが、ここでいう原因は普通の意味における原因である。

たとえば、五年後に利益を倍増させるとしたら、いかなるリスクや克服すべき課題が予想されるだろうか。また、それにはどのような原因が考えられるであろうか、といった場合における原因である。これはリスクを引き起こす原因となるものであるから、いわば悪い原因といえるものである。

利益率が低下してゆくというリスクがある。これには、他社の参入による競争の激化という原因がある。さらにはコストアップという原因がある。その他無数の原因がある。それらにはさらに原因があることはいうまでもない。その原因をとり除くのがリスク対策である。

以上を整理してみると、次のようになる。すなわち、「あることをなそうとした場合に予想されるリスクや障害を明らかにして、そのような結果を引き起こす原因を予想する」のが、ここにいう未来原因である。

この種の原因はすべてが未来であり、したがってすべてが仮定である。もちろん、その原因を探求する方法はいろいろある。過去の類似する原因を参考にすることも可能である。しかし、そのすべてが未来にあることだけは確実なのである。

(3) 維持型原因と向上型原因の相違点

このへんで維持型の原因と向上型の原因について、その相違点を整理しておきたい。

①原因の明確度

まずは維持型の場合であるが、維持型の場合はあるべき姿が手順書などの形で与えられている場合が多い。また、手順書のような書き物がなくとも、どうやればよいかについては周知のことが多い。すなわち、「こうすればこうなる」「こうなるためにはこうすればよい」といったことは、わかっているのが普通である。

したがって、維持型における失敗原因は多くの場合、「きまったやり方」どおりにしなかったことにある。

これに対して向上型のそれでは、あるべき姿自体がそれほど明確でないことが多いことから、原因についても明確でない場合が多い。

②原因の対象

次は原因になることができる素材についての切り口である。原因となる可能性があるのは人間行動や自然までも含めた森羅万象のすべてである。この点においては、維持型と向上型との間に顕著な差はみられない。

③時間

第三は、時間という切り口である。

原因という概念には、過去・現在・未来という三つの時制が含まれる。原因という概念は、結果という概念を前提としており、結果は何も過去だけについて語られるものではない。未来のある時点までにこういう結果を出したい、というのがむしろ自然である。

すなわち、結果には「こういう結果になった」という過去形と「こういう結果を得たい」という未来形の二つがある。

したがって、原因にもそれぞれの結果に対応して二つのタイプに分けることができる。

われわれが仕事をしてゆくに当たっては、まず目的なり目標なりをきめてから、それを達成するための手段や方策を考えてこれを実行してゆく。そこでは目的や目標が望ましい結果であり、手段や方策が望ましい原因となる。

われわれは、常に望ましい結果と望ましい原因を未来に予定しながら仕事を進めてゆくのである。時間の切り軸においては、維持型が過去原因に、向上型と革新型が未来原因に指向するところが特徴である。

④因果系列における精密性

その四つは、因果系列における精密性という切り口である。

さきに述べたように、仕事とは、未来に望ましい結果を得るためにそれを達成してゆくための原因行動を予定することからスタートする。それは目的手段系列を設定することに同じであった。

この切り口における維持型と向上型の違いは、かなり顕著である。維持型は概して因果の連鎖が緻密である。詳細な作業手順書を思い浮かべていただきたい。

一方の向上型では概して因果の連鎖は大まかで緻密さに欠ける。ポイントだけをきめておいて、詳細は試行錯誤でやってゆくといった場合が多い。組織の活性化や販促の大イベントをはじめて行う場合などがその例である。

概して向上型は、組織や営業など人間を相手にすることが多く、また内外の環境にも左右されることが多いため、詳細な手順をきめておくことはむずかしい。未経験のことが多いからである。

⑤成功と失敗

その五つは、成功・失敗という切り口である。

仕事・応急処置・問題解決、等々、どのようないい方をしようとも、それら行動のすべては未来に行われる。「ああしたい、こうしたい」というあるべき姿の連鎖があって、はじめて幕があくのである。そして、それらの未来における行動計画が良いものであればあるほど、成功の確率は高いはずである。

行動計画とは、望ましい結果と望ましい原因の体系であり、目的と手段、目標と方策の体系だからである。未来における行動計画を一般には、「望ましい結果と望ましい原因の体系」だとはいわない。何々計画とか、スケジュール等と呼ばれるのが普通である。そして、その計画が実施されて過去形となったとき、原因という言葉が使われる。しかも、その場合でも、成功した場合はほとんど話題にのぼらない。「六月の売上げ目標が達成できた原因を徹底して分析せよ」とはいわない。ほとんどの場合が、失敗したときに話題にのぼる。「未達原因を徹底して究明せよ！」などといきりたつのである。

そして、その原因の大半は、計画自体すなわち、未来に向けて設定された結果と原因の出来栄えがよくなかったか、あるいは、計画はよかったがそのとおりに実行されなかったか、のいずれかである。

この切り口でも維持型と向上型の間にはかなりの違いがある。ラフないい方をすれば、やはり維持型のほうが成功の確率は高いといえよう。

それは、維持型が概して即物的で、堅実な業務、すなわち定型的な業務が大半を占めているからである。これに対して向上型は、かなり渾沌とした対象を扱うことが多いことから、成功の確率は維持型にくらべるとかなり見劣りするというわけである。

向上型問題解決の特徴はその新規性にある。すなわち、過去とは違った新しさにある。したがって、維持型のようにあるべき姿が手順化されていて、そこから逸脱した場合にその原因を探索するというわけにはゆかない。そうではなくて、新しいあるべき姿を目的と手段、目標と方策で創造してゆくことこそがその本質である。しかし、それがいったんできあがれば維持型に移ってしまうのである。

向上型の問題解決は、これから何か新しいことをやってゆこうとするタイプであるから、原因は維持型ほど明確な形では出てこない。そこでは次に述べるような二つの形で現れてくる。

一つは、テーマをきめ、それを達成するための手段（方策）をきめるための参考として、そのテーマに関係した現状（結果）の原因をさぐってみる場合である。たとえば、人材育成というテーマに対する具体的な方策を考えてゆこうとする場合に、人質《じんしつ》の現状（結果）とそのような結果をもたらした原因を探索して、手段（方策）を考えるに当たってのヒントにするのである。

これまで、人質向上について明確な目標を設定し、それを達成するための方策を体系化したことはない。そこで、それをしようとすると、現状とその原因を明確にすることから入ると、効率がいいというわけである。

さらに例をあげてみると、利益対策の一つとして間接経費を20％節減することがきまった。ここでもオーソドックスな入り方としては、間接経費の現状と、なぜそんなに経費がかかっているかの原因をさぐることから始めるのである。

二つは、このようにしてできた目標と方策の体系をいざ実行してゆこうとなると、種々なリスクや克服すべき課題がうかんでくるが、それらの原因を予測する場合である。それは、未来のリスクに対する予防策をたてておくためである。

これについても例をあげてみよう。

たとえば、コスト対策としてある商社が輸入の大幅拡大（三倍増）を打ち出した。もちろん、販売先も考えてゆかねばならない。そして、その手段として販売会社を新設することにした。しかし、これには大きなリスクが伴う。しかし、それには原因があるはずだ。

輸入品はまったく売れない、というリスクがあるかもしれない。そう考えるにはそれなりに原因がある。たとえば、優秀な営業マンが採用できないことがその原因になるかもしれない。強力な競争相手の参入があるかもしれない、のである。

以上から、向上型の原因には二種類あることがわかる。一つは、維持型のそれとほとんど同性質のもので、過去に目を向ける場合であり、二つは、未来のリスクを発生させると思われる原因である。

真に優れた目標と方策は、以上に述べた二種類の原因に対しても、十分な対策が盛り込まれていなければならない。向上型の原因究明には、したがって、目的手段系統図を活用するのが効果的である。

6. 革新型における原因究明のノウハウ

先に述べた、向上型の原因分析に比して、さらにわかりにくいのが、革新型の原因分析である。「革新型はゼロから新しいものを創り出すはずなのに、原因や結果は関係ないでしょう」と考える人たちが多いからである。

しかし、四つの分野において強い関係をもつ。

第一は、既存のものを革新する場合、まったく新しいものだとはいいながら、やはり、旧の良い原因、悪い原因をしっかり分析して、革新案に生かすことが効果的なのである。たとえば、ピラミッド型組織をフラット型組織へ、機能別組織を事業部制組織へ、改革する場合などである。

第二は、当社ではははじめてであるが、他社に実例がある場合、その他社の成功原因・失敗原因を分析して、自社の企画に生かす方法である。たとえば、ロシアへの工場進出、ストックオプションの導入などである。

第三は、当社にも他社にもまったく例がない場合の原因分析である。この場合は、まったく新しいとはいっても、ビジネスの世界で人間がやることだ、どこかに、何か、似たところのあるものをみつけ出し、その成功原因、失敗原因を利用するのである。世界に目を転ずればよい。

エジソンやニュートンなど、世界的な大発明、大発見ならいざ知らず、ビジネスレベルの革新・創造では、その元になる知識・経験が必ず存在するのであり、類似品は必ずみつかるものである。

以上には、三つの場合を述べたが、維持型、向上型そして革新型のすべてにおいて、企画は、未来に予定された結果と原因であることを深く認識する必要がある。

なぜならば、先の向上型で例をあげたように、目標と方策といった形で計画を立てると目標と方策の適合性についての認識が薄れてしまうからである。

未来の結果と未来の原因といった考え方を徹底させるだけでも、企画の質は飛躍的に向上するのである。

九　コンセプト――ステップ8

ステップ1から7までで、解決すべき問題すなわち、課題《テーマ》についての大筋が概ねみえてきた。次はいよいよ解決策の立案に進むのであるが、その前にどうしてもやっておかなければならない大仕事がある。それが、コンセプトの設定なのである。

1．コンセプトとは何か

それでは、コンセプトとは一体、何なのか。
本書の定義を述べる前に、まずは諸先輩たちのそれをいくつかご紹介させていただく。

(1)　諸先輩たちの定義

イ・「コンセプトとは、企画に新しい価値をもたらす手がかりである」（『ビジネス企画書の作成技法』日本経済新聞社、和田創51ページ）。

和田氏は、この定義に続けて、時代が求める価値観をふまえたうえで、具体施策の基本となる考えを端的に表現しなければならない、と述べている。

この定義では、〝価値〟という視点が特徴である。

和田氏は、さらに切り口を変えた定義をされている。

「コンセプトとは、企画の方針を定位するものである」とされ、コンセプトは、企画の方針を定めて、具体施策の方向性を規定するといわれる。

彼によれば、コンセプトとは目標を実現するための「方法」を生み出す「基本となる考え」をまとめたものとなるわけである。

さらに彼は、「コンセプトの樹立」の役割として、以下の三つを述べている。

「コンセプトとは、企画の理想像である」。

「コンセプトは、具体施策を一色に染めあげる」。

「コンセプトとは、企画の殺し文句である」。

（『企画の立て方・企画書の書き方』日本能率協会マネジメントセンター、海田夏生・青山昌平　130ページ）。

ロ・「コンセプトとは、現状分析を通じて明らかになった課題解決の方法を具体的にひとことで示したものです」

本定義の特徴は、〝方法〟としての視点をとっていることである。

ハ・「コンセプトとは、収集した情報から企画の目的・内容・効果まで、そのすべてが凝縮されたエッセンスでなくてはいけないのです」（『企画書の立て方・書き方がわかる事典』西東社、小泉俊一　38ページ）。

これは、定義そのものではないが、コンセプトのあるべき姿を述べており、その特徴は〝エッセンス〟の視点である。

ニ・「コンセプトは、企画案を承認する人、かかわる人への訴求ポイントですから、魅力やなるほどと思わせるものです。したがって、企画案の「意味」であり「特徴」であり、どんなものかを表現したものです。また、企画を成り立たせ、一貫性をもたせるためのコア（核）でもあります」（『思考技術としての企画力』海文堂出版、中村芳樹142ページ）。

この定義には、コンセプトの機能や質などにもふれているが、その特徴は、〃一貫性のコア〃にある。

ホ・「コンセプトとは、企画の基本的な考え方・方向性であり、〃企画の顔〃でもある」(『企画書入門講座』ぱる出版、平井俊哉82ページ)。

本定義の特徴は、〃基本的〃なところである。

ヘ・「コンセプトとは、ユーザーや顧客が、商品を購入し、また利用する時点の状況を、最大限描いているものといえる」(『企画力』実務教育出版、高橋憲行179ページ)。

本定義の特徴は、〃顧客〃志向である。

以上には、六つの定義を紹介したが、このほかにも、「コンセプトとは、具体施策の基本となる考えである」とか、「コンセプトとは、企画の理想像である」など、文字通り、各人各様である。

以下は本書の定義である。

(2) 本書の定義

コンセプトとは、「企画の基本ステップである、企画構想、企画書作成、プレゼン、企画実施などの全後工程《あと》とその成果に対して、一貫的・統合的に効果を高めることに役立つ、基本的な価値の考えとその表明」である。それはまた、テーマを推進するに当たっての最も大切なこと、力を入れたいこと、に同じである。

以下に、ポイントを述べておく。

①基本ステップ上の位置

コンセプトは、あくまで、企画全体を13のステップに分けたなかの第八番目であり、定義においても、その位置を視野に入れたものでなければならない。そこで、ステップ9の企画構想以下ステップ13の実施・評価までの後工程の価値を高めるものであるとした。

②どんなところに効くのか

コンセプトは、企画構想以下の各ステップで行われる全作業、全思考、全行為に効くのである。たとえば、新しいラーメンの開発企画のコンセプトが、〝高品質〟であれば、企画構想以下の思考と行動はすべて高品質に向かうことになる。

③効果は一貫性と統合性

企画のプロセスは、足が長い。発想や理論、説得や行動など性質の異なる仕事の集合体である。そこで、全体を一貫・統合させる価値が必要になってくるのである。バラバラ、フラフラ、コマギレはダメなのである。

④いかなるレベルから高めるのか

効果を高めるというが、それはどこからか。それは、コンセプトがない場合に較べてである。

⑤価値とは何か

さて、コンセプトについては、少々、ややこしい問題がある。それは、コンセプトの価値とはいかなる価値なのか、ということである。例をあげてみよう。新車を開発することになった。自動車企画部長は、「他社の車を十分調査して他社の車に負けないものを作れ」という指示を出した。結果は、良いとこ取りで、目立つ箇所はことごとく、最先端をゆくが、全体としての統一性に欠けるチグハグな車となった。結果はいうまでもない。

この場合、車としての機能は十分にある。しかし、コンセプトがあるとはいえないのだ。なぜならば、「他社に負けない車」だけでは、車造りに携わる多数の人たちの意識や行為に一貫的・統合的な効果を与えることはできないからである。もちろん、顧客にとっても価値を知るまでには至らない。

以上に対して、「環境に優しい車」「お年寄りに優しい車」「安全性第一主義」……などならばコンセプトといえるのである。

以上から、一つの結論を得ることができる。

すなわち、今までと同じやり方や本来機能を達成することは、コンセプトにならないのである。逆にいえば、コンセプトであるためには、新しい方法や本来機能に新たな価値を付与するものでなければならないのである。

⑥コンセプトの目的

コンセプトを設定する目的は、企画ステップの後工程のすべての価値を高めることである。

⑦コンセプトと目的・目標とは異なる

コンセプトは、目的・目標とは違う。その目的や目標に付加させるべきある種の価値なのである。たとえば、新商品の開発企画における目的は、企画したとおりの新商品を上市することである。しかし、新商品もただ出せばよいというものではない。そこで出てくるのが、買ってもらえるためには、いかなる価値を付加すればよいのか、ということである。

商品の成否はコンセプトの良し悪しで決まることが多いのであるが、そのことを真に理解している人はまだ少ないのが現状である。付加価値はハード商品だけでなく、サービスや知識価値の分野においても同様に必要である。むしろ、ハード商品よりも、コンセプトの必要性が高い。

たとえば、各種の販促企画、イベント企画、研修企画などを考えるとよくわかる。これらコト・ソフトの分野ではハード商品のように明確な形がないだけに、とりわけ、付加価値の意味が大きいのである。

コンセプトとは、各工程あるいは成果に付加されるべきソフト・ハードの価値なのである。

⑧コンセプトは方向づけである

コンセプトとは、テーマが持つ一つ上の目的を達成させるに際しての、方針、方向づけ、重点の置き方、それゆえに、制約でもある。その際の一つ上の目的はテーマのなかに明示されている場合とそうでない場合がある。たとえば前者だと、「利益増進のための販促企画」や「販促のための展示会企画」などがあり、後者では、「商品在庫半減企画」や「管理者研修企画」といったものがある。この後者の場合には、目的が明記されていないことから、それを確認するところから始める。コンセプトとは、「特定の顧客集団」にとっての、「他のものによっては得られない」、「特別の価値」である。その一例が、ホンダの「子どもと一緒にどこいこう」である。このコンセプトにより、車の設計・造り方・販売の仕方……等々が当然に変わってくるのである。コンセプトは、方向づけだからである。

2. コンセプトの企画ステップ上の位置

コンセプトを樹立する前に、企画におけるKFSとターゲット（対象層）を決めることが必要である。KFSとは企画の成功にとって鍵となることがらである。

企画作業もステップ7の原因分析まで進むと課題《テーマ》についての全貌がみえてくる。そして、次は、いよいよ課題を解決してゆくための具体的施策を考え、それを企画構想として体系化し、実行計画を立て、企画書にまとめ、プレゼンし、実践してゆくことになる。これら企画ステップ上における、コンセプトの位置づけは、ステップ9の企画構想以下、全工程のなかでなされるすべての発想、思考、行為に対して、基準となり、方向性を示すという役割を担うものである。

もちろん、コンセプトは諸刃の剣であり、使い方次第である。良いコンセプトは、企画の成果に限りなき高価値を付加するが、反面、悪いコンセプトは、企画そのものを台無しにする。企画者の能力差もこのステップで明確になる。最も能力が必要なステップである。

3. コンセプトの必要性《ニーズ》

長期不況のなか、企画におけるコンセプトの重要性は、いや増すばかりである。以下には一つに絞って、その必要性について述べる。

それを一言でいえば、企画のトータル価値をあげるために必要不可欠なことである。長期不況・閉塞・飽食・世界大競争《メガコンペティション》……等々の厳しい環境を乗り切るためには、企画への期待がきわめて大きい。

しかし、企画はただやっておればよいというものではない。やるからには価値の高い、卓越した企画でなければ意味がないのである。その高価値・卓越した企画をするために、必要不可欠なのがコンセプトである。そのわけは、先に述べた定義や後に述べる、コンセプトの役割・機能などからおわかりのとおり、高価値の企画を行うに際して多大の効用を発揮するからである。

コンセプトのない企画は、最早、企画とはいえない。もちろん、コンセプトは魅力的なものでなければならないのはいうまでもない。

4. コンセプトの役割・機能・目的

それでは次に、コンセプトの役割・機能《はたらき》・目的について、確認しておきたい。

第一は、企画ステップ9の企画構想以下13の実施・評価までの全後《あと》工程の、すべての発想・思考・行動の指針となり依り所となることである。その影響の及ぶ範囲は、目的と手段・抽象と具象・頭と肉体・理性と感性・サイズの大小……等々、すべてが対象となる。

具体的には、解決策を考えたり、日々刻々の動作・挙動について判断したりする場合などに、評価基準や物差し、判断基準となって機能してゆくのである。

第二は、以上に述べた、指針や依り所としての機能から多くの好ましい効果が出てくることである。

一つは、思考と行動の一貫性が保てることである。ムダ、ムラ、ムリの不能率が解消する。

二つは、思考と行動の統一性、統合性が保持できることである。

三つは、全関係者の全行動をコンセプトに向けて、体制化、整合化してくれることである。

四つは、企画業務全体を効率化させることである。判断の迅速化、二元対立の早い解消などからあらゆる行為がスピードアップする。

第三は、依頼者をはじめとして、全関係者にわかりやすさを提供することである。企画の本質がごく短い言葉で表現されたコンセプトは、企画の全貌を一瞬にしてわからせる機能《はたらき》を持つのである。

たとえば、ライオンの洗剤などで使われる、〝植物物語〟がある。また、クロネコヤマトの〝宅急便〟などもみごとなコンセプトである。

第四は、企画テーマに対して、本来価値を超える〝超過価値〟を産み出すことである。

これこそは、コンセプト設定の最大の目的であり、また、役割・機能でもある。

それでは、超過価値とは何か。それは、コンセプト無しの企画と有りの企画との間に生ずる成果の差である。たとえば、自動車メーカーで原価低減の企画をたてた場合、A氏はコンセプトなしでその成果は十億円、B氏は「世界を視野に！」をコンセプトにした。その結果二十億円となった。両者の差、十億円が「超過価値」である。

その超過価値は、最終的には、利益とか売上げといった数字になることが多いが、もちろん、定性的な価値でもよい。

だが、一つだけ守らなければならない条件がある。それは、コンセプトを設定したことによって新たに生じたコストについては、コスト以上のアウトプットを必ず出すことである。

超過価値の源泉は、結局のところ、ありきたりの施策、方法やありきたりの成果に対して、目の覚めるような斬新なやり方、アッと驚くようなアウトプットを創造してゆくところから生まれるものである。要は創造性と論理性の両能力を含めた高度の知性が必要ということである。

最後は、やり方・方法と内容を含めて、トータルの価値を増大させることである。下手なコンセプトは、企画の価値を低下させる場合もあることを忘れてはならない。

5. 優れたコンセプトとは

それでは、以上のごとき、役割・機能・目的を果たすためには、いかなる条件が必要か。

一つは、創造性、斬新性、新鮮さといった条件である。新しいアイデアが盛り込まれ、ハッとするようなものでなければならない。

二つは、論理性、納得性の条件である。幾多の関係者を魅きつけ、数多の仕事を統合してゆくには、やはり、論理的でなければ機能してゆかないのである。

三つは、現実性である。企画は創造的問題解決である。依頼者の問題が着実に解決できるものでなければならない。

四つは、明快性である。キャッチフレーズ一つでピンとくるような表現、企画の魅力が端的に表現されたもの、一つの企画には原則として一つのコンセプト、などである。

五つは、一貫性、統合性である。企画の全体像を的確にまとめ、一貫して引っ張ってゆけ、統合してゆけるものである。

六つは、わかりやすさである。関係者のすべてがサッと理解できるものでなければならない。「コクとキレ」は簡明でわかりやすい。

七つは、収集した情報から企画の目的、内容、効果まで、それらのすべてが凝縮されたエッセンスになっていることである。そうなっているからこそ、関係者のすべての行動をリードし、最終ゴールの共有化ができるのである。

八つは、コンセプトがない場合に較べて、企画トータルに対して、多大な価値を付加できるものでなければならない。唯、つくっておけばよい、というものではない。つくる以上は、良いものでなければならない。

九つは、企画の全体が的確にまとめられたものになっていることである。

最後は、競合他社などに対して差別化ができることである。

コンセプトには、二つの種類がある。一つは企画を進めてゆくためのものであり、二つは、企画内容のそれである。

以上は、両者にとって適用できるものである。

6. コンセプトのつくり方

(1) 良いコンセプトをつくるには

それではどうすれば、良いコンセプトを作れるのか。

まず、テーマの本質・テーマ対象についての全貌・依頼者の狙い……等々について知悉することである。すべてを知って、ゴールを決め、そのゴールに到達するのに、いかなる価値を付加すればよいのか、を決めるのがコンセプトワークだからである。

次は、日常から社会を観る目を磨いておくことである。とりわけ変化の過激さとスピードの速さ、そしてそこから波及する影響の行くえ、を鋭く感知する習慣をつけておくことである。

さらには、表現力を磨いておくことである。企画のエッセンシャルを、本質をごく簡潔かつ的確に表現する能力が必要なのである。

最後は、一つのテーマに対しては、一つのコンセプトにすることである。

(2) つくり方のノウハウ

コンセプトづくりは、高度の知的ワークである。しかも、知の二大要素である創造性（感性）と論理性の双方において高度の能力が必要とされる。

コンセプトは、企画の13ステップのなかでは最も難しい工程である。なぜならば、コンセプトの有無あるいは、その出来栄えによって企画の最終的な成果が大きく左右されるからである。

以下は、つくり方のノウハウである。

①目的発想法の活用

困難な問題の解決策を考えるに当たって、常に有効かつ究極の発想法がある。それこそは、目的発想法である。なぜならば、企画を含めて、仕事のすべては、目的手段体系のなかに位置づけられるからである。

それでは、目的発想法を適用してみよう。

まずは、コンセプトの設定目的を明らかにする。それは、先の4項で述べたとおり、ひとことでいえば、「本来価値を超える超過価値の創出」である。そこでこれを目的にして、どうすれば、コンセプトがない場合に較べて超過価値を創出できるのかについて下位に向かって展開してゆくのである。

ここでいう本来価値とは、コンセプトがない場合に達成されると思われる価値である。

図表—13は、目的手段系統図（機能系統図）であるが、すべての企画テーマについて共通的に活用することが可能である。

まずは、コンセプトの存在理由、存在目的、存在価値とは何か、を決めなくてはならない。本書では、「超過価値を創出すること」にしたのである。

次は、その目的を達成するための第一手段であるが、それには三つがある。まずは、超過価値とは何かがわからなくては手の施しようがない。その手段には二つをあげている。

二つめは、超過価値の発掘である。これには、二つの手段があり、その方法を駆使すれば、面白いほど多くのアイデアが湧いてくる。たとえば、豆腐の新商品の開発企画であれば、豆腐についての夢や理想像を描いてみるのであり、また、製品の仕様書作成から、マーケティングまでの全工程について、形容詞や副詞などの修飾語をつけまくって、その可能性をさぐるのである。たとえば、製品そのものでは、丸い・色の着いた・ヘルシーな・可愛い・ごつい・清純な・清潔な……等々である。

三番めは、多く出たアイデアを評価・選択し、付加しようとする価値を簡潔に表現するのである。ここでは、表現の感性が問われることになる。

系統図には、第二手段までしか記載していないが、さらに下位がある。

②修飾発想法の活用

仕事について、指示したり、記述したりなど〝仕事について語る場合〟、われわれが使う言葉のほとんどは、名詞と動詞なのである。

「新商品を開発せよ」

「コストを下げよ」
「売上げを伸ばせ」
「組織を活性化させよ」……等々である。

そこには、いかなる商品を、いかなる方法でといった、対象についてのあるべき姿や理想、開発の方法……などが表現されていない。コストの低減にしても、これこれの方法で、といったものがない。

そこで、企画テーマに関するあらゆる工程・作業・アウトプット……等々について、形容詞や副詞などの修飾語をつけて付加価値の可能性をさぐるのである。先にも同様のことを述べたが、ここのやり方は、目的発想をしないで直接的に、気楽に行えることが特徴である。

③共通点活用法

これは、複数のモノゴトに共通して存在する性質や意味、機能や属性をみつけ出し、それを概念的に統一してコンセプト化する方法である。よく例に出されるのが、カラーテレビ、クーラー、カーのように、本来は使用目的の異なる商品を「日本の消費者のステータスシンボル商品」という統一概念で括ったことである。それが、三Cの誕生なのである。

三K（汚い、きつい、危険）もその例である。

この方法で大切なことは、何を共通的とみるかの

図表―13　コンセプトの目的手段系統図

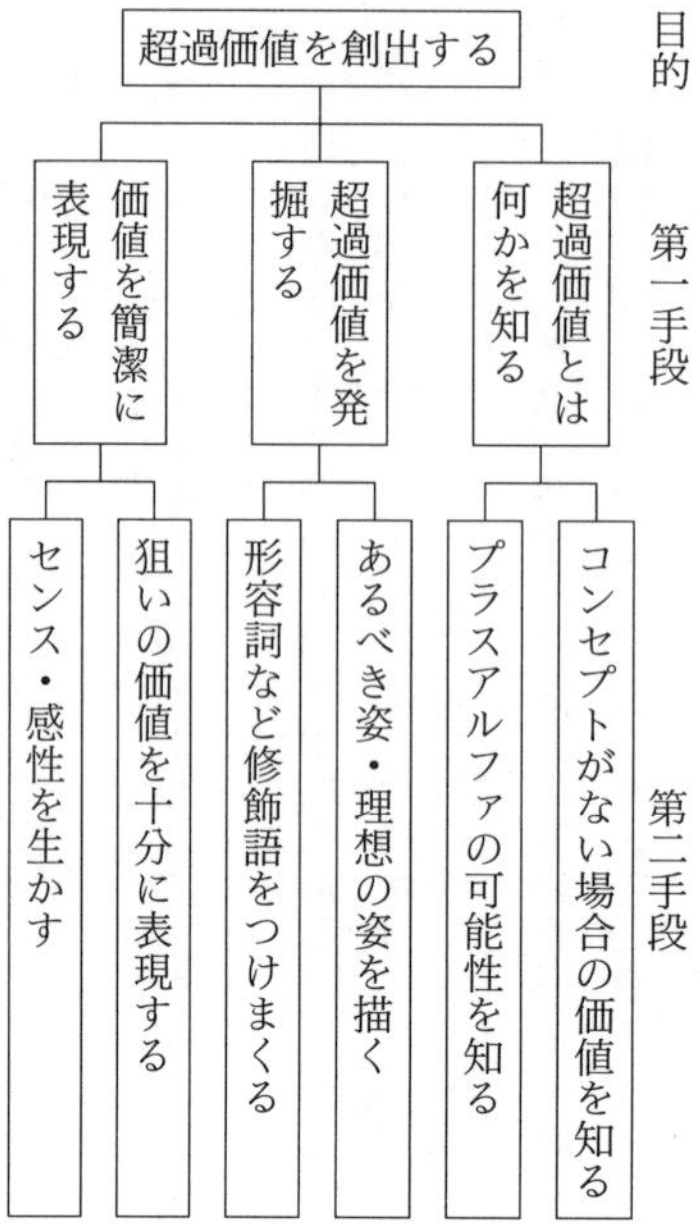

視点のレベルである。

この方法の本質は、個々の具体的な事例に共通的に存在する機能をみつけることであり、それは目的発想法にもつながるものである。

たとえば、馬車・自転車・自動車・鉄道・船・飛行機・ラクダ……等々に、共通した機能は、何かと考えるのである。それは、「人や物をある場所から、ある場所まで運ぶすなわち移動させる」ということなのである。

④比喩法

比喩法とは、あるものを他のものにたとえて表現する方法である。いわば、置き換えによって、表現する方法である。たとえば、車の開発で、堅牢、安全、ゆったり、くつろぎ、の特性を、〝象さんの車〟にたとえるのである。

⑤突出法

突出法とは、対象がもっているいくつかの特性や属性のなかから特に優れているものだけを助長、突出させる方法である。たとえば、PC《パソコン》を開発する場合、PCは数々の機能や特性を備えているが、その大半はどのメーカーのものも大同小異である。そこで一つだけ自信のある特性をとりあげてコンセプト化するのである。〝使いやすさ〟などがそれである。

⑥キーワード法

基本ステップ7までのなかで、多くのキーワードが出てくる。みつかる。そして考える。かくして、それらを磨いたり、組み合わせたりしてコンセプトをつくりあげてゆくのである。

十　企画の構想——ステップ9

コンセプトができると、次はいよいよ、本番の企画を構想するステップに入る。

1. 基本ステップ上の位置

テーマの現状も認識でき、問題点とその原因も明らかとなり、テーマの全貌をつかみ、続いてコンセプトも設定された。次はいよいよテーマの目的とそのコンセプトを効率的に実現させるため、具体的な施策、実施項目《ホワット》を立案するステップである。

13のステップ中で最も重要であり、ここでの出来栄えが、企画全体の成否を事実上、決定することになる。

ここでは、創造性と論理性を両軸に多様な能力の発揮が望まれる。

2.「企画を構想する」とは何か

「企画を構想する」とは、「テーマの目的とコンセプトを最も効率的に達成できる解決策を体系的に考え、描くこと」である。その前提には、問題点の明確化と原因の究明がある。また、コンセプトの設定も必要な条件である。

3. 解決策の全体像を示す

企画構想のステップで最も重要なことは、問題点を解決するための解決策を体系的、構造的に示すことである。

ごく小さなテーマを除いては、たとえ一つの問題点を解決するにしても、その解決策《ホワット》は階層・サイズ・発想……等々の違いにより、実に複雑に絡みあっている。そのままで進めば相乗効果どころではなく、相殺《そうさい》などによりその効果はマイナスになることさえあるのだ。

そこで、解決策が複数ある場合には、それら全体の関係を明らかにしておくことが必要なのである。解決策全体の組み立てをするのである。

それではどの時点でそれを行うか。

まずは、企画構成のステップに入った最初に行う。この段階ではもちろん、本格的な解決策は発掘されていない。原因分析などそれまでのステップで断片的、突発的に閃いたものなどもあるが、まだその数は少ない。

それなのに、最初の段階で構造化を試みるにはそれなりに理由があるのだ。それは、本格的に解決策が発想、発掘、吟味されてゆくに際してのガイド、枠組み、容れ物としての役割を持たせ、複雑多岐なアイデアの分類・整理を行いやすくするためである。

ではその手法としては何があるのか？

その手法には、これまでのステップで度々述べてきた、目的手段系統図や因果系統図などを作成・活用すればよい。これら系統図はあらゆる発想・アイデアを吸収し、評価し、位置づけしてくれるからである。

さて、全体像も本番の最終段階に入る。たくさんの解決策が先の枠組みのなかにどんどん入ってゆくが、それらを最終的に仕上げることが必要になる。

最終版の全体像は、いわば、目的手段系統図に各階層ごとの解決策である実施項目を記載した形となる。これによって、解決策の輪郭ができあがり、あとは個々の具体策の実施方法を検討してゆくことになる。かくして具体策の全体像を構造的に示すことによって、相乗効果が明らかになるのである。

4. 企画構想の構成要素

企画の13ステップも第九番目の企画構想に入ってきたが、このステップは、全13ステップのなかにあっては特別の意味をもっている。

それは一つに、前工程であるステップ1から8までを、第9の企画構想のステップでまとめあげることになるからである。ステップ1から8までは、9をよりよくするための準備的作業、助走期間のごときものなのである。

それは二つに、後工程の10から13のステップに対しても、その前提や依り所となる中核的な位置を占めているからである。

最後に、結論的ないい方をすれば、この第9ステップは、企画全体の価値・成果・出来栄えを事実上、決定するきわめて重要な踊り場となることである。

それでは、この企画構想のステップでは何をアウトプットすればよいのであろうか。企画の13ステップ全体も視野に入れて、その主要項目について述べてみよう。

(1) 企画テーマの名称

多くのひとたちが関係する企画では、企画テーマについての正しい理解が不可欠である。前8工程《ステップ》のなかで明確化されているものやなお曖昧なものなどさまざまであろうが、この第9工程で再確認することが必要である。

この名称は、何を企画するかという企画対象を明示するとともに、その企画目的が的確に表示されているものでなければならない。

たとえば、「間接経費低減のための間接業務社外委託《アウトソーシング》企画」などである。

(2) 依頼内容の確認

企画に限らず仕事のすべては、ハッピーエンドでなければならない。しかし、企画の仕事では、社外《クライアント》からの依頼などにおいて、依頼内容についての認識違いなどでトラブルの発生することが多い。

そこで、それまでのステップでやり取りがなされた依頼の内容について、最終的な確認を行っておくのである。

自分の方がいくら力を入れても、結果的に相手の期待に添うものになっていなければ、意味はないからである。

何らかの縁で受けた企画の仕事を成功させるため、あらゆることに気を配ることが必要なのである。

(3) 企画の背景・理由・動機・必然性

仕事には、なすべきことのモデルとして、目的手段の体系がある。しかし、経営資源の制約その他から、実際にやられていることは限られている。そこには膨大なやり残し業務がある。そのなかから、何を選ぶか。その選択のきっかけや論拠を与えるのが、背景・理由・動機であり、一般的にそれらは、環境変化をいかに感じ、自分たちのこととして受け取るかにかかっている。

このことは、きわめて重要なことであり、環境と仕事に対する問題意識そのものなのである。それゆえに、自発型と依頼型を問わず、それら、背景・理由・動機は、企画そのものの成否を決定づけるほどの意味を持つことになる。

依頼の場合は、前8工程《ステップ》のなかで、明示され、あるいは見え隠れしているやもしれないが、それでも不明な場合は、ステップ5の現状把握のところで収集した膨大な情報などを活用して、企画者なりの背景・理由・動機をまとめておくことが必要である。

これらは、企画テーマを決めるに当たっての、動機、きっかけ、必然性となるものであって、企画の最後まで、大きな影響を与える。

たとえば、この原稿を執筆中の平成十三年九月十五日、日経朝刊のトップに、「マイカル再生法申請」の記事が出た。流通業界を中心に多くの企業経営者は何を思い、何をなそうとするのか。同業スーパーの織田社長は、実績のある企画会社の担当者を呼んで、体質強化の企画を依頼するのであった。

この例でいえば、日経の記事が、背景・理由・動機となるわけである。

(4) 企画の目的・目標

企画テーマには、通常、「販促のためのイベント企画」とか「体質強化のためのTQC導入企画」などと一応の目的がかかれているものもある。しかし、それだけでは、目的達成時のイメージがいきいきと伝わってくるとはいえない。そこで、企画が成功した場合の最後の姿、すなわち、あるべき姿を描いておくのである。現状把握による現在の悪さ加減と企画で狙う最終の姿を比較して明示すれば、そのギャップが解決すべき課題であることが明確化する。

企画は、ある目的を達成するための手段として行われる。したがって、企画書のなかではその目的が達成可能であることを説得する必要がある。

いずれにせよ、企画の要諦は、こうあるべきだ、こんな姿にもってゆきたいといった目的のすばらしさと、それを可能にしてくれるアイデア溢れる実施項目（手段）を論理的かつ最適に対応させることである。

(5) 企画の前提条件

青天井、無条件での企画というものは存在しない。そこで、既決事項や制約条件など前提条件の確認が必要となる。手段・方法の開発に影響を与えるからである。

それらには、たとえば、以下がある。

①企画のターゲット――企画の対象者は誰か。
②企画の作成者――誰がどんな立場で企画するのか。
③承認者――誰に提出し、誰が承認するのか。
④企画の費用――企画にかけられる費用額は。
⑤期間――企画テーマの実施期間。結果の時期。
⑥その他、投入人員・既決事項・環境認識……等々。

これらをしっかり確認してゆくなかで、実現可能性の高い企画案ができあがってゆく。

(6) 現状分析・把握

ある対象について企画を行うには、その対象の現状・実態を正確に知らなければならない。医師が患者の診療を行う際、その症状を正確に知らなければ適切な治療を行えないのと同様である。

この作業は多くの場合、対象の最も新しい悪い結果を中心に、分析を進めることになる。

これは、ステップ5現状の把握などの確認である。

⑺　具体的解決策——企画の内容

解決策の全体構造に沿って、具体的な解決策すなわち、実施項目を発掘する。それは企画の内容そのものであり、いわば企画のクライマックスとなる企画書最大の見せ場である。

企画の最終評価は、具体策で決まるのであり、ここには、創造性と論理性、そして意欲などが集中的に発揮される。

具体策を策定するに当たって最も重要なポイントは、個々の具体策ごとに、目的とその目的を達成するために必要な手段機能は何か、を明らかにしながら立案を進めてゆくことである。全体構造を構成する項目のすべてについて、目的—手段機能—実施項目《ホワット》の関係を最適化させるのである。

具体策の正当性や論理性、必然性や納得性は、環境変化から要請される正しい目的とその目的を達成するための手段機能とさらにその機能を果たすことのできる具体的な方法＝実施項目三者の最適な組み合わせによって決まるのである。

ポイントの第二は、リスク案を用意しておくことである。リスク案とは具体策における保険であるが、これを十分検討することによって実現性がいっそう高まってくるのである。

最後は、かかるすばらしい企画内容をいかに正しく伝えるかに知恵を絞ることになるが、そのためには、後工程の企画書作成やプレゼンも視野に入れて構想してゆくことが必要である。

⑻　企画の問題点

企画の実施は未来であり、問題点も多い。考えられる問題点を予測し、解決策についても検討しておくことで、実現可能性が高まり、信頼性も向上する。

⑼ 企画の効果

企画の効果については、二つの意味がある。

一つは、社外から依頼された場合と自発的な場合とを問わず、企画料または企画コストを超える企画ができたか否かの判断である。

これは、「金を払う価値が有る、無い」の問題であるが、企画を受ける段階から、まともなものができるか否かを判断しておくべきである。プロであれば、ごく初歩の段階でもわかるものである。

二つは、企画目的を達成するための費用と成果としての目的値（目標値）との関係でどれだけのプラス効果があるかということである。たとえば、年間で一億円の売上げを増やすために、二億円のイベントを企画するなどである。しかし、現実にはこんな企画が多い。

⑽ 予算

先の効果と同様、二つの意味がある。企画を実施するか否かは、費用対効果《コスト・パフォーマンス》をみて判断される。

⑾ 実施計画

実現可能性を判断するのに不可欠な情報である。最近は特に変化のスピードが速いためスケジュールの要件は重要である。

⑿ 企画者・実施者等

誰がいかなる立場で企画し、実施は誰が担当するのか。また、作業分担など、企画の推進組織である。それらをみるだけでも、出来栄えが大体予想できるのである。

以上は、企画構想のなかで明らかにすべき主要項目であるが、企画書に記載すべき項目をも意識したものである。

5. 企画構想の進め方・手順

次は、企画構想の進め方・手順である。

(1) 前8ステップの振り返り・確認

ビジネス環境は刻々に変化している。企画ステップも回を追う毎《ごと》に深いところが見えてくる。この環境変化とテーマの深化は企画に微妙な影響を与えてゆく。特に8つの前工程に時間をとられているような場合には、絶対に無視できない手順である。それまでの努力がすべて水泡に帰してしまうことがあるからだ。

この確認手順は二つの視点をもって行われる。

一つは、環境変化の視点である。前八つの全工程について、社内と社外、国内と海外の環境変化によって影響を受けることはないかの確認を行うのである。特に留意すべきことは、依頼者の微妙な心境の変化と現状の把握面からの影響である。

二つは、前8工程のそれぞれおよび全体を通じての適切性や正当性の視点である。工程を追うにつれて、テーマその他についての知識や思考が深化してゆくことから、その深化した目で全体を見直してみる必要があるのだ。オヤッ！と思うことが必ずあるはずである。

⑵ 諸前提の確認

企画を構想する段階で企画の骨格が決まる。そこで必要なことは、構想に影響を与える諸前提を明らかにしておくことである。もちろん、これまでにも、なんらかの形で、前提条件などを知る機会があったはずである。しかし、この段階での諸前提は、具体的な解決策に直結するものであり、企画の一貫性を保つためにも、最終的に確認しておくことが必要なのである。以下にはいくつかを例示する。

①方針・前提

方針とは、企画案にまとめるに当たっての方向性や枠組み《パラダイム》、立場を示したものである。具体的には、目標、達成水準、活用できる経営資源(予算・スタッフなど)、期間、ターゲット……等々である。

これら方針は、上司や依頼者から事前に与えられる場合もあるが、そうでない場合は、企画構想案の一部として企画者が考え、提案することもある。「何か、販促の企画つくってや!」などでは何もかも企画者が考えることになる。

②テーマの目的

目的についても、前8工程、とりわけ、4テーマの認知のステップで、一応は明確になっているはずであるが、その時点では、なお、おおまかで漠然としたものである場合が多い。そこで解決策のアイデアを出すに当たって、再度、真の目的を目的手段の階層のなかに正しく位置づけて知るのである。

経営も仕事もその本質は問題解決であり、企画もまた、問題解決なのであるが、そこで最も重要なことが、あらゆる活動において、目的と手段の組み合せを最適化させることである。そして、企画は、その目的と手段すなわち、「なんのために《目的》、何を《手段》、いかに《方法》」やるか、に焦点を当て、そこに格別の力点をおく手法なのである。それゆえに、目的は企画の生命《いのち》なのである。

端的にいえば、「目的なくして企画なし」であり、「目的なくして解決案なし」なのである。世の中に出回っている数多《あまた》の企画書のなかで、目的の重要性について述べているものは稀である。それには大別して二つの理由がある。

一つは、百年以上に及ぶ長いモノ造り時代では、常に目的が所与であり、明確であったことから、目的を考える習慣がついていないことである。しかし、知的ワーク時代の今日、目的は決して所与ではない。自分で考えなければならないのである。

二つは、目的が階層《レベル》を成していることから、正しい階層をつかむことができないことである。経営活動すなわち、仕事は企業の最高目的を達成するための目的手段体系であり、それらは、階層化し、連鎖を成している。それゆえ、正しい階層《レベル》の目的をつかまなければ上下につながらず、解決策に緻密さと厳密さが欠けるのである。

たとえば、必要レベルをつかめない人の目的は、テーマがなんであろうと、「利益を増やすこと」にするのである。しかし、それでは適切な手段（解決策）は出てこない。テーマと目的が離れすぎているからである。

「利益倍増のための組織活性化企画」

「利益増のためのアンテナショップ出店企画」

「利益増のための海外商品輸入企画」

これらの例もいちがいにまちがいとはいえないのである。なぜならば、企業内で仕事として行うことのすべては、企業の最高目的、たとえば、「利益を確保する」ことの手段だからである。それゆえ、まちがいとはいえないが不適切なのである。なぜならば、利益への道筋がみえないからである。要するに、目的と手段が連鎖していない、つながっていないのである。

③コンセプト

これは先のステップ8で設定しているはずであるが、その狙いや、表現法を十分、確認しておくことが必要である。

④決定権者・実践者・対象者《ターゲット》

企画の決定権者は誰か、実践者は誰なのか、誰《ターゲット》を動かせばよいのか、の三要素を確認しておくのである。これらを誤認すると、企画構想そのものが失敗に終わることになる。

(3) 問題点系統図をつくる

これはテーマについての問題点を漏れなく洗い出し、体系的に理解するための作業である。それらはいわばテーマの目的を達成するためにはすべて解決しなければならない問題ではあるが、現実には、経営資源の制約などから、実現可能性や効果性などの基準を作って、評価し、優先順位をつけて絞ってゆくやり方が現実的である。

ここで問題点系統図における問題点と、解決策としての実施項目《ホワット》との関係についてふれておく。まずは、問題点系統図の実例（図表―14）をご覧いただきたい。

「利益が増えない」という現状の問題点を系統図にしたものである。四段階を示しているだけだがなお下位には、五、六の段階がある。そして、いずれの表現も、抽象的、機能的であり実施項目《ホワット》の形にはなっていないのである。

したがって、具体的な解決策を立案するためには、問題点系統図の各階層、各項目ごとに実施項目を立案しなければならないのである。しかも、図表―14でもわかるとおり、この四階層だけでは具体的な実施項目はまだ、みえてこないのである。下位に五、六段おろしてはじめて具体的実施項目のアイデアが湧いてくるのである。

系統図というものは、因果であれ問題点であれ、目的手段であれ、それらは機能《はたらき》を連鎖させたものであるから、実施項目は出てこないことから、自分で考えるしかないのである。

しかし、この系統図なくしては、決して、優れた実施項目が出てこないのも事実である。なぜならば、物事はことごとく、目的手段（機能）の体系であり、それら目的手段の誘導と催促なくしては決して実施項目は出てこないからである。

図表—14 「利益が増えない」原因結果系統図 問題点系統図

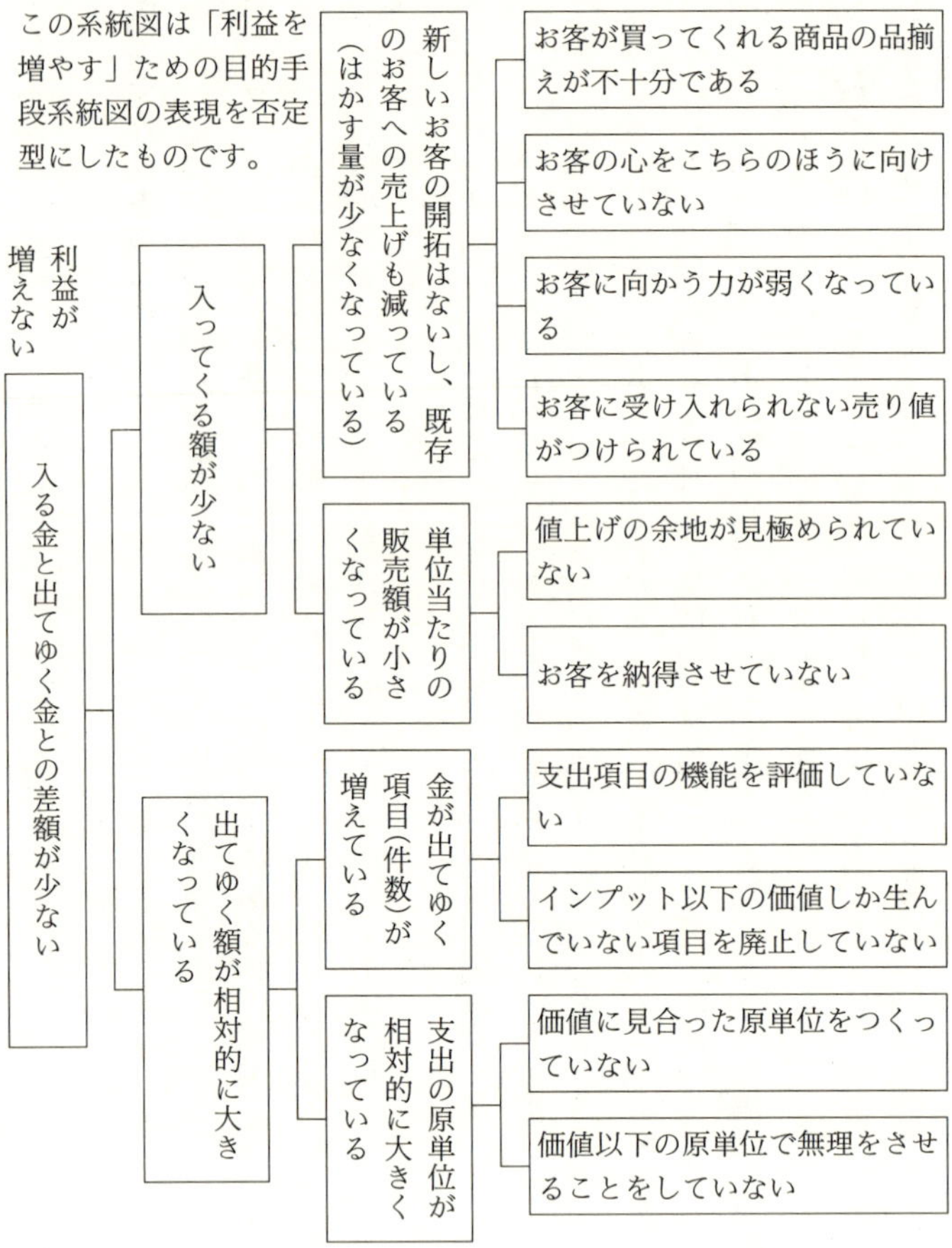

入る金と出てゆく金との差額が少ない
入ってくる額が少ない
新しいお客の開拓はないし、既存のお客への売上げも減っている（はかす量が少なくなっている）
お客が買ってくれる商品の品揃えが不十分である
お客の心をこちらのほうに向けさせていない
お客に向かう力が弱くなっている
お客に受け入れられない売り値がつけられている
単位当たりの販売額が小さくなっている
値上げの余地が見極められていない
お客を納得させていない
出てゆく額が相対的に大きくなっている
金が出てゆく項目（件数）が増えている
支出項目の機能を評価していない
インプット以下の価値しか生んでいない項目を廃止していない
支出の原単位が相対的に大きくなっている
価値に見合った原単位をつくっていない
価値以下の原単位で無理をさせることをしていない

この系統図は「利益を増やす」ための目的手段系統図の表現を否定型にしたものです。

図表―15　「利益を増やす」ための目的手段系統図

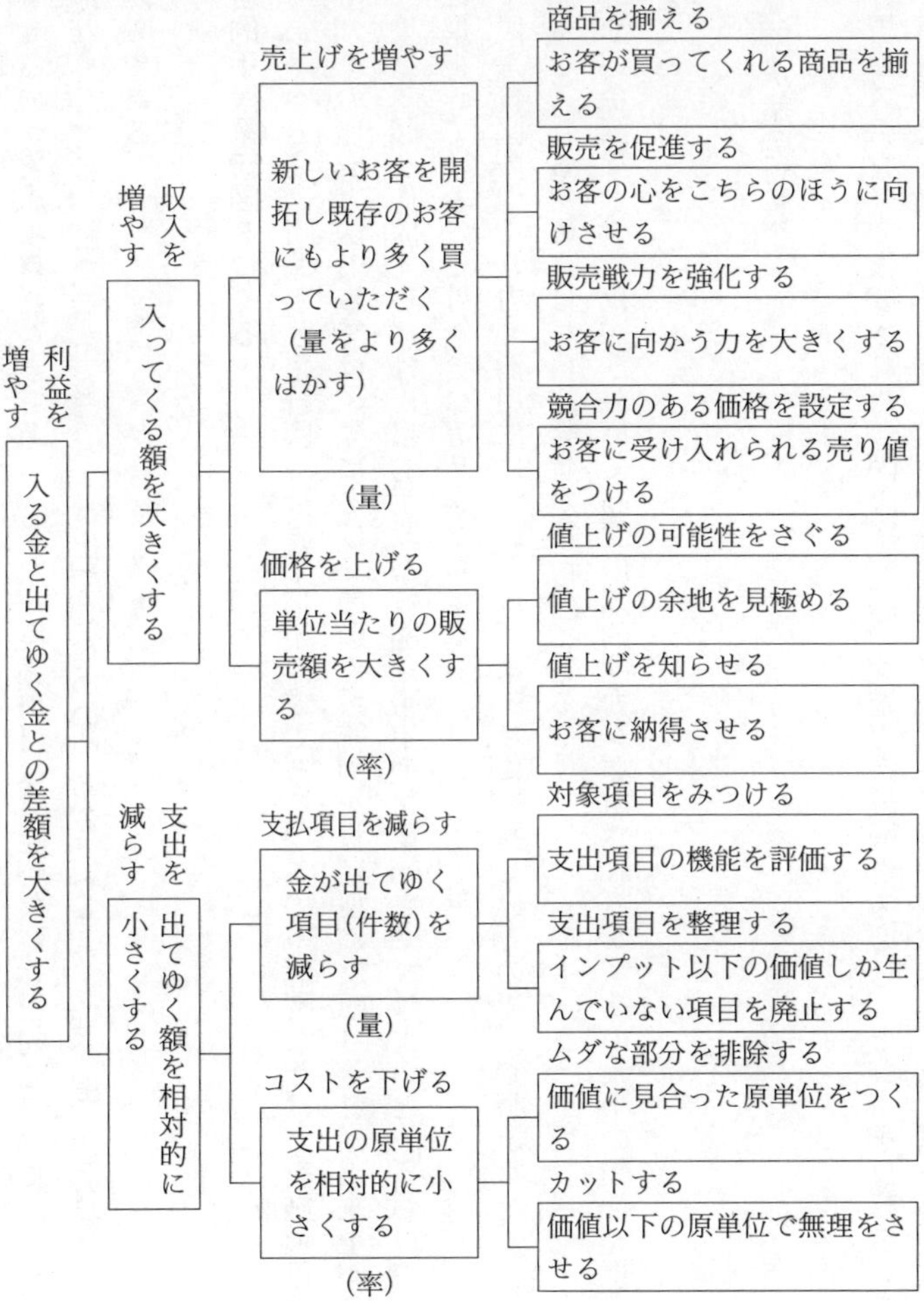
利益を増やす
入る金と出てゆく金との差額を大きくする
収入を増やす
入ってくる額を大きくする
売上げを増やす
新しいお客を開拓し既存のお客にもより多く買っていただく（量をより多くはかす）
(量)
商品を揃える
お客が買ってくれる商品を揃える
販売を促進する
お客の心をこちらのほうに向けさせる
販売戦力を強化する
お客に向かう力を大きくする
競合力のある価格を設定する
お客に受け入れられる売り値をつける
価格を上げる
単位当たりの販売額を大きくする
(率)
値上げの可能性をさぐる
値上げの余地を見極める
値上げを知らせる
お客に納得させる
支出を減らす
出てゆく額を相対的に小さくする
支払項目を減らす
金が出てゆく項目(件数)を減らす
(量)
対象項目をみつける
支出項目の機能を評価する
支出項目を整理する
インプット以下の価値しか生んでいない項目を廃止する
コストを下げる
支出の原単位を相対的に小さくする
(率)
ムダな部分を排除する
価値に見合った原単位をつくる
カットする
価値以下の原単位で無理をさせる

いわば、機能（目的手段）と実施項目《ホワット》とは別物なのであるが、その関係はきわめて深いのである。なぜならば、機能を満足させるのが実施項目だからであり、また、実施項目は機能がないと目的を失ってしまうからなのである。すなわち、機能なくしては、解決策（実施項目）は出てこないのである。なぜならば、機能の有るものしか目的や手段にはなれないからである。

(4) 目的手段系統図をつくる

次は、あるべき姿の目的手段系統図、図表―15の作成である。この系統図こそは、実施項目をみつけるための宝庫なのである。その作成方法としては、先にあげた問題点系統図を肯定型に反転させれば出来上がりとなる。逆に問題点系統図や因果系統図を作成するには、目的手段系統図を否定型に反転させればよいというわけである。物事はあるべき姿どおりに進捗していることは無きに等しいからである。

目的手段系統図のつくり方や活用法については、第三章に述べているのでご参照いただくとして、企画を高質化し、企画に筋金を入れるためには、目的発想が不可欠である。

ましてや、企画ワークでは、きわめて高度の知的能力を要求されるが、その大半の知性を担ってくれるのが目的手段の発想力である。

6. 解決策の立案

原因分析のステップで作成された、因果系統図や問題点系統図を中心に、それらを反転させてあるいは独自に作成された目的手段系統図から解決案がどんどん出てくる。そこで、多くのアイデアから解決策となるものを、評価・選択してゆくのである。

(1) アイデアの出し方

企画にとって解決策は生命《いのち》ともいうべきものであり、その出来栄えを決めるのがアイデアの質であり、創造性のレベルである。

しかし、アイデアとか創造性をそれほどむずかしく考えることはないのである。企画に必要な創造性やアイデアは、エジソンやニュートンのごとき、大発明や大発見を求めているわけではないのである。

ソロモンの言葉に、「陽の下に新しきものなし、ただ忘却したるのみ」というのがある。発明とか発見とかいっても、所詮は、既存の知識や経験に味を付け、組み合わせを変えたものにすぎないのである。

そこで、アイデアの出し方であるが、本書での考え方は、まずは、13のステップを着実に進めてゆくことであり、それができれば、アイデアはいくらでも湧いてくるのである。

具体にいえば、ステップの1から9を着実に行うこと、そのなかでもとりわけ、因果系統図・問題点系統図・目的手段系統図を作成し、それら一つひとつの項目を機能的に表現する方法である。例をあげてみよう。

普通の表現	機能的な表現
・利益を増やす	・出る金と入る金との差額を大きくする
・原価を下げる	・原単位を無くすか縮小する
・自分から挨拶する	・相手の存在を認める

・敬語を使う	・相手と自分の社会関係・人間関係などの差を埋める
・漬物石	・圧力をかける
・冷蔵庫	・冷気を出す
・歯車	・エネルギーを伝える
・乗用車	・人が人を運ぶ

以上のように、モノもコトもその機能で表現すると、アイデアが非常に出やすくなる。

では、その機能をみつけるにはどうするか。その方法は、否定法というのがあり、「そのモノを無くしたら、そのコトをしなかったら何が困るか」を問い、その困ることを肯定形に反転させるのである。

挨拶を例にとると、「挨拶しなかったら何が困るか」と問うと「相手の存在を認めてあげられないよ」となる。それを肯定的に表現し直して、「相手の存在を認める」とする。同様の方法で上位目的も発掘することができる。

以上のごとき、対象項目の目的手段や原因結果を機能的に表現するところまでは、目的発想法と因果発想法の独壇場であり、これができればアイデア発掘の準備は万全といえる。

次は、それぞれの機能を充たす具体的なアイデアを考え出す段階に入る。その手法については、BSやシネクティクスなど世界に三百以上もあるといわれるアイデア開発法をご活用いただくことになる。

(2) 三タイプにおける解決策の特徴

原因が明確になれば、次は解決策を考えるステップに入るが、ここでも問題解決のタイプによってそれぞれに特徴が存在する。

①維持型

維持型における解決策の特徴をひとくちでいうと、それは「真の原因がつかめれば解決策はほぼ自動的にきまってくる」ということである。なぜならば、維持型のあるべき姿は概して具体的かつ明確だからである。その大半は日常のルーティン業務であり、そこでは、何を、どのように、どの程度なすかが、予めわかっている。たとえば、手順書や基準、企画書やスケジュール、などである。

維持型で問題が発生するのは通常、次のような分野である。それらはPQCDSMといわれるものである。すなわち、生産性（P）、品質（Q）、原価（C）、納期（D）、安全（S）、意欲（M）の六つである。これらはいずれもあるべき姿が具体的かつ明確にきまっている場合が多い。

したがって、維持型における解決策の良し悪しを決定するものは、ひとえに原因究明の出来栄えいかんにかかっているといっても過言ではないのである。

②向上型

向上型の解決策は維持型のそれに比して、やや趣を異にする。それは維持型が、きめられたレールからはずれたときに、元へ戻すタイプであるのに対して、向上型がレールそのものを新しく創るタイプであることによる。

新商品の販売目標を設定し、それを達成する、職場の活性化を図る、検査基準書を改訂する、などの例にみられるごとく、今から「あるべき姿の体系」や「ルール」を創ってゆかねばならない。それは丁度、これからやってゆこうとする課題に対しての「目的と手段」、「目標と方策」をきめることに同じなのである。

いわば、向上型における解決策とは、目的手段を新たに構築することに同じなのである。そこでの発想は、一般的にいうと維持型のそれに比して、より創造的でなければならない。

③革新型

革新型解決策の特徴は、まさにその革新性と戦略性にあることはいうまでもない。

(3) 解決策の策定に当たっての留意点

解決策の策定に当たって、特別に留意すべき点についていくつかを述べておきたい。それは、問題解決者のレベルに合った解決策をみつけることである。原因分析の所で述べたごとく、原因は階層を成し、それなりに構造化されており、地位や権限に対応している。すなわち、それぞれのレベルに応じたそれなりの原因をもっているのが普通である。したがって、解決策の策定に当たっても、それぞれのレベルに応じた、それぞれのレベルの人たちで解決できる案を出すことが大切である。しかし、実務ではこれがなかなか大変だ。その最大原因は「問題解決にはレベルがある」という認識が薄いからである。そのために、解決策は常にユラユラとゆれ動くのである。課長は課長レベルの、部長は部長レベルの、解決策をみつけることが肝要なのである。

7. 解決策の評価

(1) 評価とは何か

われわれは、日々刻々に物事を評価・判断し、優先順位を決めて行動している。企画においても、13ステップのあらゆるところで評価が行われているが、とりわけ、重要な意味を持つのが企画構想のステップにおける評価と決定である。そこでは、多種多様のアイデアが噴出してくるからである。

それでは、評価とは何か。

評価とは、「善悪・美醜等の価値を判じ定めること」（広辞苑）であるが、その根底には価値観の問題がある。

評価は刻々に必要であるが、企画においては、特に二つの場面で必要とされる。

一つは、順位づけのための評価であり、アイデアなどの評価対象が複数個ある場合、そのなかから、解決策を選ぶときなどに行われる。

二つは、評価対象がある基準を満たしているか否かを判定するために行うものである。各種の前提条件、たとえば予算などを満たしているか否かを判定する場合に行われる。

(2) 評価の要件

物事を評価するためには、以下の基本要件が必要である。

①評価目的

まずは、その対象を何のために評価するのかという目的をはっきりさせることである。たとえば、実現可能性とか採算性などである。

②評価項目（観点・視点）

評価項目は、評価目的によって決まる。知りたい目的（採算性）があるか否かを判定するには、何と何をみればよいか、という切り口や視点を決めるのである。

③評価基準・尺度の明確化

評価には、合理性・客観性・再現性のあることが望ましい。そのためには、評価基準・尺度が明確化されていることが必要である。特に複数案に順位をつけるときには、不可欠である。

以上三つの関係を例示する。

図表—16　3大評価要件の例示

評価目的	評価項目	評価基準・尺度
(評価機能)	座席数	人分
	定員	名
	燃費	km／リットル
人を運ぶ	購入価格	円
(タクシー)	維持費	円／年
	耐久性	km

図表—16に示した評価基準・尺度は、定量化できるもののみを表示しているが、実務上では定量化の難しいものが多い。

確かに、好き嫌いなど主観的・感覚的なものは定量化が難しいが、それなりに工夫することによって、できるだけ定量化の努力を惜しんではならない。

定量化の方法を一つだけ紹介する。

それは、アンケートを活用する方法であり、政治意識や嗜好などを五段階評価で答えてもらうなどである。アンケート法は、定量化の最後の手段であり、幅広く活用することができる。特に、組織の活性化など曖昧なものを定量化する方法として最後の砦である。

(3) 五大評価項目

それでは、最後に、最も一般的に活用される五大評価について述べておきたい。

①実現可能性

解決策には実にいろいろなアイデアがある。そのなかから、実現可能性の高いものを選択するステップが必要になってくる。社内的なもので実現可能性を大きく左右するものは、組織がもてる経営の諸資源である。経営の諸資源には一般には人・物・金の三Mをいうが、筆者はこれらを含めて次のように考えている。

一つは、人であるが、これを能力（技術力など）、パワー、意欲の三つに分ける。ただ単に人として一般的にとらえただけでは、よい評価ができないからである。

二つは物であるが、これもマシンとマテリアルに二分して考える。

三つは金であるが、これも今までのように閉鎖的に考えるのではなく、財テクを含めて、ダイナミックな調達方法を考えるべきである。

四つは時間である。改善案の評価において時間ほど重要な概念はない。近年のように変化の激しい時代において、時宜を得ない解決策の実施は、まったく価値がないのみならず、限られた資源を浪費したという意味から背任行為である。

五つはマネージメント力である。困難な問題になればなるほど、マネージメント力のいかんが強力な制約条件となる。

六つは情報である。現今は高度な情報社会であるから、入手できる情報の質量によって解決策の実現可能性が左右されてくるのである。

以上には、資源についてその概要を述べたが、ここで強調しておきたいことは、それらをどの程度まで制約条件としてみるべきかという点である。予算がないからできない、工数がないからできない、時間がないからできない、等々エクスキューズのタネはいくらでもある。しかし問題が発生したこと自体、これらの諸資源にも原因があった場合も多いのであるから、諸資源の制約は極力前提条件とみるよりも、むしろ克服すべき課題として取り組む姿勢が大切である。そこには、やる気と知恵が必要となる。このような一見して制約条件と思われる諸資源の制約をうまく克服できる人が問題解決力に優れた人ということができる。

②効果性

他の条件が等しければ、効果の大きいほうがよいのは当然である。効果性の評価はできるだけ定量化することが望ましいが、定性的なものもできるだけとり入れる姿勢が必要である。

③重大性

これは、その改善策を講じなかった場合に生じるであろうリスクのひろがりといった観点からみた評価である。不良品が続々生産されてくる場合に、その対策を放置しておくわけにはゆかない。

④緊急性

出火していればまず消火することがすべてに優先する。

⑤戦略性

諸資源の効果的な活用といった戦略性も評価の対象としなければならない。

(4) 解決策の種類

解決策はその性質によって五つに分けることができる。これらを意識しておくと解決がより効果的となる。

①暫定策

血が出たら、何はともあれ止めなければならない。商品にクレームが発生すれば、とりあえず取り替えとお詫びをしなければならない。

この策は、まず最初に必要な対策で、原因がまだわからず、恒久策がとれない場合に使われる。時間かせぎの対策ともいえる。

②適応策

これは問題の原因はつかんだが、その原因を取り除く方法がみつからなかったり、案はできたが実現が不可能な場合にとる対策である。

たとえば、製品の一部にどうしても電着塗装ができない場合に、乾燥炉から出てきたあとにスプレーでハンド塗装するなどである。

適応策を講ずれば、問題はそのまま残るが、それを最小限に食い止めることができる。場合によっては恒久策よりもはるかに経済的なことがある。当事者の力が及ばないところに原因がある場合には、適応策をとるしかない。

③恒久策

これは、問題を引き起こした真の原因をとり除くための対策である。一般に解決策といった場合は、恒久策のことであり、効果も大きいのが普通である。しかし、それには、真の原因がわからなければ手の打ちようがない。

④予防策

これは、将来の問題の原因となりそうなものを防ぐための対策であり、これによって問題の発生を予防することができる。

先手をとることは重要なことであるが、実際にはほとんど行われていない。なぜならば、人々は一般に、明日の問題を防止したり、最小限にくい止めることより、目先の問題を片づけることに強い関心をもつからである。昇進という報奨が、目先の問題解決に最大の成果をあげた者に与えられることが多いからである。

⑤緊急策

これは、将来に発生の可能性がある問題の原因のうち、危険度が非常に高く、それが計画全体を挫折させるような場合に必要とされる。

緊急策と④の予防策との関係は次のようになる。たとえば、新車のテストドライブをする際の予防策は事前の十分な整備・点検とドライバーの確保と詳細な指示などであるが、緊急策は、さらに一台の車輌と一名のドライバーを用意しておくことである。

十一　実施計画――ステップ10

何のために、何をやるのか。それはいかなる効果を生むのかが、わかると次は、それをいかに実行してゆくのか、についての実施計画をたてるステップに入る。

1．実施計画とは何か

計画とは、「将来なすべきことを予め決めておくこと」である。その目的は、「経営や業務の目的や目標を効率的に達成すること」であり、さらにその手段機能は、「将来の特定期間内において経営資源が最も効率的に活用できるよう予め予測しておくこと」である。その本質は、時間を取り込んだ目的手段の体系を構築することなのである。それはまた、未来の良い結果、良い原因を予定することでもある。

2．基本プロセス上の位置

第一ステップから十番目のそれまでは、アイデアとか論理性など主として、頭のなかでの操作であり、実現性についてはそれほど力が入っていないといえる。実務上でも、恰好いい構想ができあがると、有頂天になって、後は野となれ

六W三H

		切り口	説明
六W	who	だれが	責任をもってやる人
	why	なんのために	項目の大小を問わず
	what	なにを	目的手段で階層化される
	when	いつ	期限の明確化
	where	どこで	他への影響大
	whom	だれとだれに	やり方にも影響を与える
三H	How to	どのようにして、いかにして	手段と方法の双方あり
	How much	どの程度（質）	定性的な水準
	How many	いくら（量）	定量的な水準

山となれ式の企画者がいる。その理由の一つには、構想を描くために必要な能力と実施の計画に必要な能力には違いが存するからである。

だが、いかにすばらしい構想も実行され、狙い通りの成果がでなければなんの意味もない。そこで実施計画のおでましとなる。実施計画は、実施面から構想の実現可能性をトータルに検証するものであり、いわば、企画の最後の詰めなのである。

3．良い実施計画の条件

それでは優れた実施計画とはいかなるものか、その条件のいくつかに触れておきたい。

第一は、実施計画の作成目的を十分に満たしていることである。すなわち、「なるほど、これなら、効率的に実現できるな」との実感が得られるものでなければならない。

そのためには、以下の条件が必要となる。

第二は、〝できる条件〟を整えておくことである。たとえば、前提条件、制約条件など与件となるものをしっかり押さえておく。しかし、それら条件のなかには、よく検討すれば制約とはならないものがある。次は、実施に必要な経営資源の確保である。それらはたとえば、必要な能力・資金・

施設・設備・情報・時間・ブランド……等々である。

第三は、六W三Hがすべて記入されていることである。

第四は、実施計画とりわけ、スケジュールと予算はシビアに詰められ綿密に検討されたものであること。

最後は、実施テーマが目的手段でブレークダウンされていることである。

4. 実施計画作成のノウハウ

実施がしやすい計画をつくるノウハウを一つだけご紹介する。

それは企画構想の内容である実施項目《ホワット》について、ただやみくもに着手するのではなく、それぞれの実施項目を最高目的として、その手段を展開してゆくことである。例をあげてみよう。たとえば、人事部が部長研修を企画したとする。この場合、企画書に記載されるのは、目的・必要性・現状・研修内容・日時・予算……等々であり、実施計画については、ほとんど記載されないであろう。企画書に載せないから作成しないでもよい、いいかげんでもよい、と思うのは大間違いである。実施計画を作るのは、企画書に書くためではない。より効率的に実現させるためである。企画書に載せるか否かは別として、企画書の添付資料か手持ちの説明資料として作成すべきものである。

さて、その作り方である。先の3項でのべた条件をクリアしても、どうしても疎かになる部分がある。それこそは、決まった実施項目の具体的展開方法である。企画の承認を得ることを主要目的にやってきたことから、go《OK》となれば、「ヤッター」となり、実施方法を真剣に考える人は少ない。生産性などはまったく無視して、自由気儘に進める人がほとんどである。

そこで、かなり大きなサイズの実施項目を目的手段で下位に展開し、方法が選択できるレベルまでおろしてゆくのである。たとえば、部課長研修の内容項目に、①リーダーシップ能力の向上、②変化対応能力の向上、があったとする。通常はそれらをいかになすかの下位手段については記載されない。そこで、その二つを最高目的にして、その手段を下位に向けて展開してゆくのである。ここでは、「変化対応能力を向上させる」の例をあげてみた。手段展開の重要さがよくわかるのである。しかし、現実には、「オーイ、社内に講師をやれる奴いないかな」「うちにいないなら社外に頼むか。○大の△教授などどうかな」……といった具合である。

5. 計画の効用

計画は先のごとき役割・機能をもっていることから、数々の具体的な効用・効果を発揮する。

図表―17　目的手段系統図

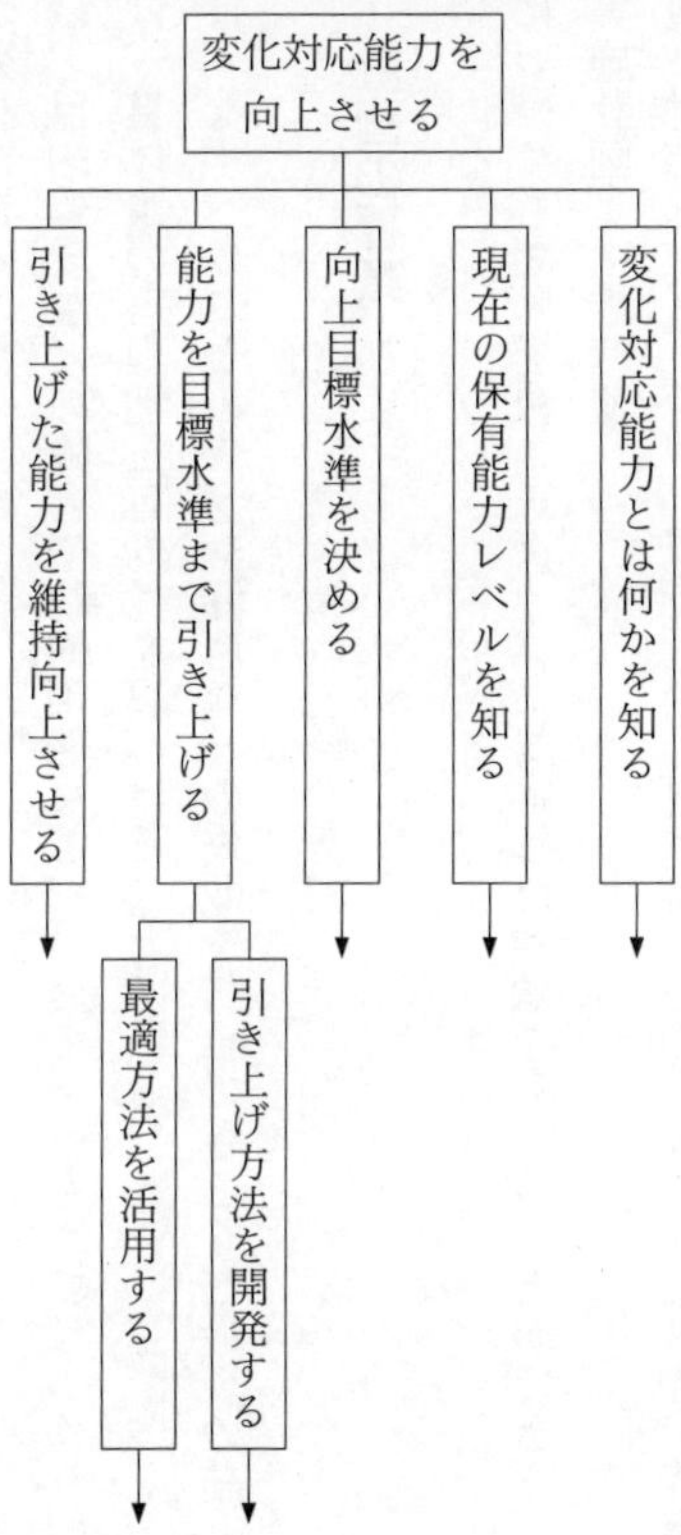

一つは、仕事を刹那としてではなく、ある長さ《スパン》のなかで考えられることからくる効果であり、これをスパン効果という。たとえば、前広、前倒しで仕事ができることである。やることがわかっているから、仕事の合間をみて早めに着手することができるのである。これは工数の平準化というだけでなく、アイデアは続出し、情報はどんどん入り、気づかなかったことに気づく、な

ど甚大な効果がある。

二つは、目的達成などの障害や制約条件などについて、前もってじっくり取り組めることである。

三つは、具体策の実現性と有効性を裏づけることである。

四つは、なすべきことの失念や漏れなどの失敗を防止できるなど最後の詰となることである。

6. 計画の種類

計画についても問題解決の三タイプに対応した種類を考えることができる。

①実施計画——維持型

維持型に対応するもので、年間の生産計画が決まっているような場合、時間や工数などの経営資源を効率的に活用できるよう予め決めておく実施計画がある。いわゆる定型業務《ルーティン》を対象とするもので、個人的に細分化して設定する。

②プロジェクト計画——向上型

これは、ルーティンではなく、個別のテーマごとに目標を設定し、その目標を達成するための計画である。企画はそのほとんどがこのタイプに入る。

多くの場合、活動の規模も大きく、関係者も多いため、組織としての効率をあげることが必要である。

③革新計画——革新型

組織革新などにも、計画がある。しかし、六W三Hがみえてこないと実施を前提とした計画には馴染まない。目的手段階層における上位目的レベルは、構想とか戦略といった言葉の方が似合うのである。したがって、正確にいえば、革新計画ではなく、「革新実施計画」といった方がわかりやすい、のである。

7．計画作成のポイント

計画を立てるに際しては、以下の項目を十分、検討しておくことが必要である。

①二つの目的

一つは、計画を立てることそれ自体の目的である。何のために、どんな手段（機能）をもたせるためなのか、を十分に認識しておかないと、ためにする計画となり、役に立たないことから、誰ひとりみる人はいなくなる。

もう一つの目的とは、計画書に記載する実施項目の目的である。それが明記されていないと、目的を忘れて、実施項目だけが一人歩きすることがある。いわゆる手段の目的化現象である。たとえば、「管理能力開発のための研修企画」であったのが、管理能力の開発という目的はまったく忘れて、研修することが目的となり、場所はどうか、講師は、テーマは、謝礼は……等々にのみ気を使い、終わってみると、能力開発の効果は何一つなかったということになる。

②目標

目標とは目的を定量化したものであり、これが明確でないと良い計画にはならない。目標には、目標項目と達成基準と期間を明確に示すことが必要である。

③目標達成の評価基準

目標を達成できたか否かを何によってみるのか、という測定方法についても明記すべきである。

④予測

計画は将来に行うものであることから、将来を予測できなければ、計画は立てられない。要は、未来における原因と結果の予測である。しかし、これはほとんどなされていない。

図表―18　ガントチャート（例）

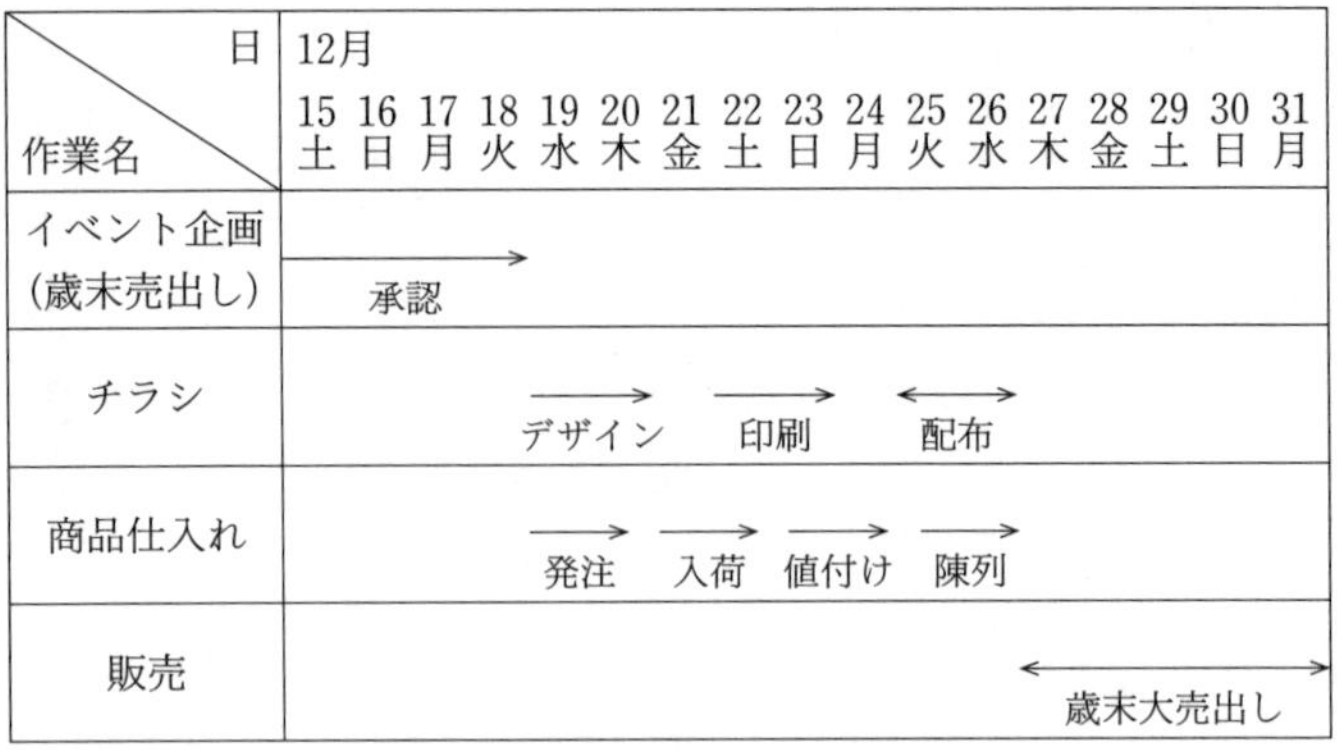

⑤前提条件・制約条件

これらが明確に存在しておれば、当然、明記すべきであるが、みだりに設定してはならない。努力によって解決できることでも安易に制約条件にする人がいるからだ。

⑥目的手段

実施項目が決まっても、その達成手段が最下位まで決まってはいない。そこで、実施項目を達成するための目的手段をつくり、記入するのである。これもできている人は皆無に近い。

⑦スケジュール

具体策の実現性を「時間面」から裏づけるために作業別や作業者別に時間の割り当てを行う。実際には、限られた時間をどのような作業にどう配分するかを提示する。そのためには前提として作業フローを整理して、最適の表現手法に沿ってまとめる。たとえば、ガントチャートやアローダイヤグラム（パート図）の活用である。

⑧予算

具体策の実現性を「費用面」から裏づける。それにはまず予算の総額を決定しなければならない。総額が決まれば具体策に応じて配分するが、機械的にではなく、費用対効果《コストパフォーマンス》を極大化させるのが企画者の腕の見せどころだ。

⑨体制

ここでは具体策の実現性を「人員面」から裏づける。企画作業では多数人が関係する場合が多いため、企画の推進にかかる人員の構成と役割を決め組織図等に明記しておくことが必要である。

8．計画の手法

計画の手法としては、カレンダーや手帖などに仕事名を記入する方法やカードに一件一葉で記入し、終わった仕事のカードを除去するなどの初歩的な方法もある。これらが発展すると、チクラ・ファイルやチェック・リスト法になる。

以下に代表的な手法を三つに絞って述べる。

①チェックリスト

これは、リストのなかに、作業番号・作業名称・担当者名・実施日などを記入し、完了したかどうかをチェックしてゆく方法である。単純な方法だが、細かな仕事が次々に発生するような場合には、けっこう役立つのである。

②ガントチャート

維持型の代表的な作業である工程管理などに有効な方法であり、縦軸に担当者か作業名を並べ、横軸に時間を記入して活用する。適度の人員が関係する仕事などには、全体がよく見えるため、有効な方法である。

③パート（PERT）

これは、米国で軍事や宇宙などの大規模プロジェクトを計画・管理するために開発された手法である。同時に多数の人が相互に関連する多様な作業をしながら、一つの目的達成のために協力するような仕事の実施計画や管理に最適である。かなり、複雑なため、本腰を入れて取り組む必要がある。

十二　企画書作成――ステップ11

1. 企画書とは何か

企画書とは、企画の内容を文書化したものであるが、企画目的を実現するためのシナリオであるとともに、企画内容を伝達するための道具であり、コミュニケーションツールとしての機能がある。

企画の基本ステップ10までが進捗し、企画の全貌がみえてきた。ステップ10までの内容が卓越したものでなければ、いかに文章力や表現力があろうとも、本物の企画書はできあがらないのである。すばらしい企画書を仕上げるためには、すばらしい企画の存在が前提なのである。

企画書とは、己の考えなどを伝えるための媒体の一つであるとともに、企画業務の集大成を上司や依頼者などに説得するために必須の道具なのである。企画の内容がいくらよくても企画書がまずければ、そのよさは理解されず、実行されることもないのである。

2. 企画書作成の意味・ステップ上の位置

仕事はすべて問題解決であるというのが筆者のそして本書の基本的な立場である。したがって、企画も問題解決の一種なのであるが、それは創造的、論理的な問題解決なのである。

ところで、己の担当業務については、期の業務計画を立て、月に割り、日々刻々に努力しているが、自分で企画書を書くことはほとんどない。とくにルーティン部門では皆無に近い。

しかし、企業内でも、企画書を書く連中がいる。それは、販売促進部や生産企画室などのラインスタッフ部門や経営企画室や情報システム部などのゼネラルスタッフ部門である。

同じ問題解決の仕事をしていながら、なぜ、スタッフは企画書を書き、ラインは書かないのか。その理由は以下のとおりである。

まずは、問題解決のテーマや解決方法などの内容が新しく創造性に富むことである。したがって、はじめてやることであるから、企画者自身も、論理的に十分に理解する必要があること、また、新しくはじめてのことを関係者多数に正しく理解してもらう必要があることから、形として明確な媒体への表現が必要になったのである。

次は、企画を実現するに際しては、関係部門が多岐に亘ること、新しいやり方であること、やり方も従来のルール、手順を破壊すること、頭の切り換えが必要なことなどから、論理的にも納得してもらえる説明媒体が必要とされることである。

以上は要するに、新しいことをやるに際して、十分な納得を得るための有力な手段《ツール》としての機能が期待されているということである。

さて、以上は、同一社内での企画について述べたが、もう一つ、組織を超えた、会社と会社、個人と会社、個人と個人の間でやりとりされる企画がある。いわゆる個人プランナーや企画会社による企画で企画そのものが商品として取引きの対象となる場合である。

かかる場合、企画の価値は企画の内容にあるのだが、その内容は知的価値であることから、具体的な形をみることはできない。そこで、内容を適切に表現した何かが、必要になるのである。

いわば、形のみえない知的商品を形に表現してみえるようにしたのが企画書なのであり、それはいわば現地と地図のような関係にあり、企画書は当然に地図なのである。その地図が商品として売れるのは、現地（企画内容の価値）が正確に表現されているからである。

それゆえに、最終商品である企画書づくりに対しては、限りなき知恵の活用が必要なのである。

3. 企画書の目的・役割

何事においても、作業を進めるに当たって、最も大切なことは、目的を明確にしておくことである。しかるに、目的を正しく捉え、その目的を達成するための最適手段を考えながら仕事している人はきわめて少ないのが現実である。

さて、企画書の作成作業についても同様であり、なんのために作るのかが、わからなければまともな企画書を作ることはできない。

では、その目的とは何か。図示してみよう。

まずは、企画書作成という作業自身の機能《はたらき》をみることから始める。それは、「ステップ10までできあがった企画内容をまとめること」である。ではなんのためにまとめるのか。その答えが「関係者にご理解いただくこと」である。ご理

図表—19　企画書の作成目的

3つ上の目的	ご採用いただく
2つ上の目的	ご賛同いただく
1つ上の目的	ご理解いただく
作成作業それ自身の機能	企画内容をまとめる
	＝
作業名	企画書を作成する

解いただく対象は、上司やクライアントなどで決定権をもつ人がメーンターゲットであるが、その他にも多くの関係者が、存在しているのが普通である。

ここで重要なことは、何を、どの程度、ご理解いただくかといったことである。それは、「自分たちがステップ10までに練り上げた企画内容のありのままの姿」である。七十の企画をしたのであれば、七十のご理解をいただくのであり、三十の企画であれば三十をご理解いただくのである。七十の企画をしたのに三十のご理解しか得られないのは、企画のまとめ方が下手ということになるわけだ。

さて、企画書自体の主要な目的は、ここまでで終わりなのである。このことは、二つ上の目的をみればよくわかることである。ありのままをご理解いただいたとしても、書かれた企画内容そのものが低劣であれば、ご賛同いただけることはあり得ないからである。ご賛同の有無を決定づけるのは、企画の実質的な内容であって、企画書ではないのである。

極論すれば、企画書はなくても、賛同を得ることは、可能なのである。たとえば、その仕事に精通し合っている部長氏と担当者間において、担当者が、「部長からご指示いただいた販促企画の件、これこれ、しかじかでやりたいのですが」「それならいい結果がでそうだな。よし、それでやってくれ」。二、三分の立ち話で賛同と承認を得たのである。

さて、ここでいいたいことは何か。それは、企画本のほとんどが、よい企画を行うために必要な本質や理論についてはまったく目をつむり、企画書の書き方に重点を置きすぎていることである。

このままで推移すれば、企画の本質を理解し卓越した内容の企画を行うことに注力せず、内容のない企画をいかに虚飾して表現するかという方向が強まるのではないかと危惧するのである。

次は、二つ上の目的であるが、企画書にとっての主《メイン》目的ではない。逆にいえば、企画書はご賛同をいただくという目的に対しての決定的な手段・方法とはいえない。決定的な手段となれるのは、企画内容そのものである。

さらには、三つ上の目的であるが、ご賛同と同様、主目的とはいえない。

最後に、企画書作成自体の「企画内容をまとめる」という機能《はたらき》を果たすためには、さまざまな作業を必要とするが、それらすべての微動作や思考は、当然ながら、「まとめる」という目的（機能）の手段として最適のものでなければならない。さらには、第一、第二、第三の目的を意識しながら作成してゆくのである。

企画書の作成については、どうしても、ビジュアル化など表面的・形式的な表現に力が入ってくるが、作成目的は常に強く意識しておくことが肝要である。

4. 優れた企画書とは

具体的な書き方を述べる前に、卓越した企画書が具備すべき条件についてみておきたい。

(1) 重点化——急所は絶対漏らすな！

ステップ1から10までの膨大な情報をたったの数枚で表現するのが企画書づくりである。しかし、いかに圧縮されようと、その企画の急所、命となるところは必ず明確に記載することである。急所となるものは、最も自信のあるところであり、差別化できるものである。

それは多くの場合、企画目的とその目的の達成手段（解決策）として表現される。企画の生命《いのち》は、目的と手段の適合度なのである。

要は、なんのために、何を、いかにすると、これだけの効果があると強調するのである。

⑵　わかりやすく

次はわかりやすさへの工夫である。

①企画書の構成内容をスッキリさせる。これには次の諸点を考慮する。

一つ、まずは、構成内容（記載項目）を厳選する。一般的には、次に示すようなものだが、あくまで、企画書の目的（説得力）から判断して決めればよい。しかし、その企画に不可欠の基本要素は必ず入れておく。

記載項目は後に述べる20項目であるが、それらのなかから、企画テーマの大小、複雑さ、社内か社外か……などを勘案して必要な項目を選択する。項目は多すぎても、少なすぎても、わかりにくいのである。もちろん、必要があれば独自のものを新設してもよい。

二つ、構成要素の配列は、単線論理に従って並べる。行ったり来たりではわかりにくい。

三つ、内容をひと口で表現できるタイトルやキャッチフレーズをつけて印象づける。

四つ、ビジュアル表現を適切に使う。図表、写真、イラスト、カラーなどでイメージ表現する。

五つ、常に全体像を頭に浮かべながら、バランスよく書き進んでゆく。

六つ、展開は、結論→理由→説明と続ける。

七つ、これ、それ、あれを多用しない。

八つ、読み手が何を期待して読むのかを考えながら書く。
九つ、量の多い内容は、①→②→③と分けるとわかりやすい。
十、文章は簡潔に！　テンポよく。
十一、数値表現を活用する。
十二、論理的に表現する方法として、フローチャートや各種の図表を活用する。
十三、漢字は適度に。
十四、全体のレイアウトを工夫して、ひと目みて、とっつきやすい印象を与える。

(3)　目的を考えながら書く

真意を簡潔・明瞭に伝える書き方の究極の技《わざ》は、使用する言葉（単語）の一つひとつ、さらには節《フレーズ》の一つひとつについて、なんでそれを書くのか、その目的を考えながら書く方法である。

たとえば、企画書の構成要素として記載されるものに、①はじめに、②企画の目的、③企画の効果……等々がある。これらについて、それは何のために書くのか、その目的を明確にするのである。

たとえば、企画の環境を書く目的は何か、それは企画の必然性を知らしめるため、である。ここで目的がわかり、必要性があれば、次のステップに入る。手段としての適切性のチェックである。

ところで、ここの文章は、必然性を表現するという目的を十分果たしているのか？　と吟味するのである。まずは全体的にみて、うまくいっていればよいが、少しでも不満を感じると次は、いよいよフレーズ、そして単語へと手を伸ばして分析・評価してゆくのである。

この節は、必然性表現にどう結びついているのだ！　といった具合にである。

この方法によって、文章はきわめて簡潔・簡明となり、一字のムダもなくなる。

しかし、現実には、構成要素を書くことの目的を考えることもなく、惰性で内容を書いている人がほとんどである。

(4) **企画を提出する相手を意識する**

企画の提出相手は誰か、決定権者は誰か、を意識して作成すべきである。特に決定権者や決定権者に影響を与える人の専門能力や関心事にも配慮して書くとよい。

(5) **論理の展開をはっきりさせる**

企画の基本ステップ13はそれ自身が論理的にできてはいるが、そのすべてが記載される訳ではない。記載すべき内容・材料はふんだんにあるので、必要な項目・内容を論理的に編集して企画書を完成させる。

特に力を入れるべき項目は、テーマの必然性と目的・手段（解決策）の適切性を二本柱とした論理の展開である。

(6) **企画の全体像を一枚に整理する**

企画書のなかに全体を一枚にまとめたものを挿入する。

(7) **ストーリー的に展開する**

全体をストーリー仕立てにした、自然的な論理の展開ができるようにする。

5. 商品としての企画書づくり

知的価値を販売する企画の仕事では、知的価値をなんらかの形に表現することが必要である。そして、同じ形にするなら、商品価値をより高める形にしたいのは当然である。

以下に、商品としての企画書のつくり方についてみてみよう。

第一は、相手をよく知り、相手が理解しやすい形にまとめることである。それには、相手の興味・関心・好奇心・思考パターンや結論をすぐに知りたいせっかちな性格か自分で細部まで徹底して検証するタイプか……等々相手を知悉することである。

第二は、その形は相手を説得できるに十分な巧（技）を駆使したものでなければならないことである。

第三は、企画内容がコストをはるかに凌駕する高価値のものになっていることである。これこそが商品価値なのである。

最後は、内容とともに、企画書自体の美的センスである。

6. 企画書の構成要素——何を記載するのか

具体的な書き方に入る前に、企画書にはどんな項目を記載すればよいか、について一瞥しておきたい。まずは全貌を頭に入れておくことで、個々の項目がよりよく位置づけでき、全体としてのバランスがとりやすいからである。

本節に示す20の記載項目は、すべての企画書に記載すべきものということではなく、最大公約数的な枠組みとして示したものである。実際に作成する場合には、企画の種類・内容・目的・サイズ・緩急……等々によってさまざまな違いが出てくる。結論的にいえば、企画書作成の目的である。説得力を十分に備えていれば、いかなる項目を選んでもよいわけである。

しかし、目的を達成するための企画書としては、おのずと手段機能があり、そこには共通する項目がある。それらを知ることによって、全体の構成を考えたり、記載漏れを防ぐチェックリストとして活用することができる。特に初学者や未経験者には有効である。

企画書の一般的な構成要素	
①表紙・タイトル	●第一印象をつくる顔の役目をする。
②目次	●全体の輪郭がわかる。
③企画者・プロジェクトメンバー	●誰が企画したのかがわかる。
④依頼内容	●思い違いや錯誤を防止する。
⑤はじめに	●最初に読まれる文章で全体の印象を左右する。
⑥要約	●結論部分を中心に急所がわかるようにする。
⑦全体像	●全体の流れがわかるようにする。
⑧前提条件	●制約条件や仮定などを明確に知る。
⑨企画の背景・理由（環境分析等）	●企画ニーズの必然性がわかるようにする。
⑩コンセプト	●⑪以降の方向づけ・付加価値となるものを記入する。
⑪企画目的（目標）	●⑧⑨⑩を踏まえて狙いを定める。
⑫企画内容	●目的達成のために、何を、どうするか、を明示する。

企画書の一般的な構成要素	
⑬企画の個別概要	●個別の具体策についても概要を示す。
⑭企画の問題点	●実現の障害となるものを知る。
⑮企画の効果	●投入コストを超える効果を表示する。
⑯活用経営資源	●企画に必要とされる経営資源を明示する。
⑰企画の予算	●意思決定の重要な判断材料となる。
⑱実施計画	●実現可能性を検証する。
⑲おわりに	●さわやかにまとめ、印象を深める。
⑳資料	●使用した資料と添付資料の一覧表をつくる。

7．構成要素20項目の書き方

では次に、20項目の構成要素について、

①目的・理由、②内容、③記入要領・ノウハウについて要点を述べる。

(1) 表紙・タイトル

①目的

表紙作成の目的は、企画の第一印象をよくすることである。表紙とタイトルは、「企画書の顔」なのである。内容がいかに優れていても顔が悪いと内容についてもよい印象をもってもらえない。したがって、表紙は、企画の内容にふさわしい、個性的で品格のあるものでなければならない。

顔を構成するものが決まっているがごとく、表紙にも最低限、必要な道具だてがある。

②内容

イ・提出先の名称

ロ・企画のタイトル

ハ・キャッチフレーズやサブタイトル

ニ・提出者名（会社名・会社ロゴマーク・部署名・個人名）

ホ・提出日

③記入要領・ノウハウ

イ・提出先の名称

名称は紙面の左上に「〇〇株式会社御中」などと記入する。字の大きさは提出者名の倍ぐらいにする。

ロ・企画のタイトル

表紙に記載する項目のなかでは一番大きく扱い、パッとみて、フレッシュさとハイセンスな感じを与える表現にする。

そのためには白抜きやケイ線を使うなどの工夫が必要。

基本はあくまでタイトルを表紙に書く目的と読み手の顔を頭に浮かべながら表現することである。

タイトルの文章表現には、大別して、問題提起型と解説型がある。

いずれにせよ、タイトルをひと目みただけで、企画内容の全体がイメージできる表現にすることが肝心である。

ハ・キャッチフレーズやサブタイトル

企画書を早く読みたいと思わせるようなフレーズが欲しい。

ニ・ 提出者名

必要なことは明確に、しかもあまり目立たないよう最下位部に記入する。

ホ・ 提出日

通常は、提出者名のすぐ下か、右肩上に記載する。月日は、企画書を提出する日を書くのが一般的である。

④表紙全体のノウハウ

表紙全体の印象をよくする方法には以下がある。

一つは、ビジュアル化することである。企画内容との調和を考えながら、写真やイラストを入れて印象を強くする。

二つは、内容がモノクロの場合でも、表紙だけ色の違う紙を使ったり、表紙だけをカラーコピーにするなど、オヤッ！ と思うような工夫を凝らす。

最後に、表紙を人にたとえれば、顔であり、第一印象の80％を決めるほどの機能《はたらき》を持つことから、レイアウト、レタリング、紙質、色の使い方などあらゆる角度から万全を期すことである。

(2) 目次

①目的

目次を記載する目的は、企画のあらすじをご理解いただき、次を読みたくなるよう誘引することである。それゆえ、内容は大体わかったが次を読む気がしない、では困るのだ。また、目次は情報工学でいう検索システムの機能も果たしてくれるのである。

②内容

企画書の枚数が五～六枚の場合なら目次はなくてよい。しかし、それ以上ともなれば、章タイトルと見出し、小見出しを入れる。目次には単純型と全部表示型の二つの方式がある。

③記入要領・ノウハウ

第一に、目次も長すぎてはいけない。長くなる場合は、章タイトルだけでつくればよい。

第二は、目次の表現にもネーミングのセンスが必要だ。ベストセラー書や週刊誌の見出しは参考になる。

第三は、目次をみれば、企画の論理構造がみえてくるような表現・配列に十分配慮することである。

最後は、企画書を構成する頁のタイトルとノンブルが一覧できるようにする。企画書の構成を明らかにする役割もさせる。

(3)　企画者・プロジェクトメンバー

①目的

協力者などの名前を儀礼的に載せるといった意味もなくはないが、もっと前向きな目的・機能がある。

まずは、企画書を住所録や電話帖がわりにできることである。各自の連絡先を載せることでそれが可能になる。

次は、企画書を権威づけるという機能である。各人の経歴や肩書を紹介するからである。

著名人の名が入っていると金銭面で役立つことがあるやもしれない。

最後は、企画の全体像が把握しやすくなることである。それは企画に携わる人々の役割分担と指揮命令系統を明示することは、作業の内容と流れを明らかにすることとほぼ等しいからである。

②内容

企画に携わった人たちの役割・命令系統・連絡先など。

③記入要領・ノウハウ

役割分担や組織系統などはできるかぎり図解するとわかりやすい。

記入の順序は、①クライアント側、②プロジェクトメンバー側、③制作顧問側、④スペシャリスト側……などが一般的である。

⑷　依頼内容

①目的

依頼内容についてのトラブルや錯誤が生じた場合の保険として明白な証拠を残しておくことである。依頼時点では依頼側は内容についてまだ明確に把握していない場合もあるなどから、企画書ができあがるなど企画のイメージがより鮮明・具体的になってゆく過程で内容をいろいろと変更してくる場合があるからだ。

もう一つ、積極的な目的がある。それは関係者一同が、依頼の再確認を行うことでコンセンサスが強化されることである。

②内容

記載内容は、①直接の依頼者　②依頼年月日　③依頼内容の概要　④企画目的・目標　⑤スケジュール　⑥予算枠　⑦企画作業の範囲（企画書作成までか実施も含むかなど）などである。

③記入要領・ノウハウ

第一に、わが国では口頭で依頼されることが多いこと、依頼者自身が依頼内容についてよくわかっていないことが多いため、企画の進行状況に合わせて、先のような項目について、その都度、確認しておき、それら確認された内容を記入できる準備を整えておくことである。

企画書をみて、「それは違う」では、それまでの努力が水泡に帰してしまうからである。

第二に、直接依頼者についてはあとで責任のなすりあいにならないよう具体的に記すことである。職位・氏名など。
第三に、依頼内容はできるかぎり箇条書きで簡潔に記載することである。
最後に、依頼内容は前提条件、枠組みとなるものであることからそのことを深く認識しておくことが肝要である。

(5) はじめに

①目的

「はじめに」を記載する目的の主なものは以下がある。

第一は、企画書に対して好印象をもっていただくことである。「はじめに」は、企画書の最初の文章である。たとえ、数行でも、その良し悪しによって全体の印象を左右する効果をもつ。極論すれば文章の多くは、最初の二、三行の出だしの文章でその後を読むか否かが決まってくるのである。

第二は、企画に対して興味・関心・好奇心・期待・希望等を感じていただくこと、あるいはそれらを強化・加速していただくことである。先の好印象とこれら興味・関心などが合わさって、次を読みたい気持ちにさせるのである。

第三は、企画書および企画そのものに対する品格・質を表現することである。端的にいえば、「はじめに」を読むだけで、企画と企画書の出来栄えはほぼ100％わかってくるものである、「まえがき」は単なる挨拶程度のものから、概要や決意まで入れる字数の多いものまで、形式も内容もかなり自由であることから、真の実力が試される最もむずかしい項目である。

②内容

「はじめに」は、表紙と合わせて、企画書の第一印象を決めてしまうのである。

「はじめに」の内容は、企画テーマの大小《サイズ》、や種類・狙いなどによって、まちまちであるが、一般的には次のごときものが記載される。

一つは、企画を提出させていただくという挨拶の言葉と企画依頼に対する感謝の言葉である。

二つは問題の提起・企画の概略・企画の手順・企画の特色・企画の成果などである。

三つは、前提条件や企画テーマ・企画が必要とされる背景などについての再確認である。企画については、取り組みの姿勢や意気込みを表現してもよい。

四つは、決意の言葉である。

五つは、結びの挨拶である。

以上を枠組にすると漏れることはない。

③記入要領・ノウハウ

一つは、最初の頁であることから、決まり切ったことを書くのではなく、①に述べた目的から考えた魅力的な文章にすることを考えることである。

たとえば、企画の必然性について、最近発生したショッキングな事件をごく簡潔的に述べるとか、最も自信のある解決策をさらりと挿入するなどで、早く次が読みたいという気持にさせるなどである。

二つは、文章は短くまとめることである。一頁を超えてはいけない。

三つは、短い文章のなかに何か一つでも印象づける内容を付加することである。何かあるぞ、と思わせることができれば完璧だ。

四つは、読みやすさである。いずれかといえば通過駅となりがちであることから、余白を十分とり、文字を少なくするなどして読んでもらえる工夫をすることである。

最後は、「はじめに」の出来栄え次第で、その後の読み方が決まることを考え、万全を期すことである。

(6)　要約

①目的

要約の目的は解決策が一目でわかるように表現することである。企画者側からすれば、テーマを真に理解し、企画目的に合った本物の企画になっているかどうかを一枚の紙に要約して確認する狙いもある。企画内容の本質がわかっているかどうかを確認する機会にもなる。

②内容

最終的になすべきことをできるかぎり六W三Hで表示する。一般的には、企画書の結論部分を一枚の紙に簡潔に表現する。

③記入要領・ノウハウ

一つ、一枚の紙に簡潔明解に記載する。
二つ、表現はできるだけ絵画的にする。言語に較べて認識されやすいからである。
三つ、比較的短い企画書にも要約版を付けることが望ましい。

(7)　全体像――コンセプトマップ

①目的

コンセプトマップとは、企画の概要を図解したものであり、その作成目的は、「企画の各項目をバラバラではなくトータルとしてご理解いただくこと」である。つまり、企画の全体像を一目でわかっていただくことである。

企画内容を相手により印象深く伝えるためには、まず、全体像を頭に入れていただいたあと詳細《ディテイール》を展開したほうが効果的である。

コンセプトマップは、それだけで独立した企画書として成立することが必要であり、いわば一枚ものの企画書といえる。

(6)の要約版が企画書中の結論部分を中心に要約したものであるのに対して、全体像は企画のタイトルから実施計画までの一連の流れを一枚の紙に簡潔に表現したものである。

②内容

さて、記載内容であるが、基本的には、目的である〝ひと目で全体像をつかむ〟には何をいかに表現すればよいか、を考えればよい。しかし、一般的には以下の項目が必要である。

①企画のタイトル
②企画の目的
③環境分析——企画の背景および現状分析の結果
④前提条件
⑤取り組むべき対象および課題
⑥コンセプト
⑦解決策——具体案の要約
⑧実施計画

以上を相互に関連づけて表示する。

③記入要領・ノウハウ

相互の関連性を表現するためには、フローチャート化するとよいが、その際、二点に注意する。

一つは、論理的な整合性をもたせることである。

二つは、簡潔にして要を得たわかりやすいものにすることである。相手の理解を促すためのものであることを忘れてはならない。

(8) 前提条件――制約条件

①目的

依頼者や命令者の課した制約条件を知ることによって実現可能性の高い企画を行うことである。人・物・金・時間・情報などの経営資源は無制限に使えるものではないことから、企画の段階で制約条件を知ることが必要である。しかし、制約条件は疑ってかかることも、必要である。容易に克服できることもあるからだ。

②内容

制約条件で多いのは、予算・期限・秘密などであるが、その他企画に影響を与えるものは原則として記載する。対策については書かないのが一般的である。

③記入要領・ノウハウ

表現形式は、箇条書きでよい。

制約は環境分析と同じ用紙に記載することが望ましい。制約そのものが環境だからである。

(9) 企画の背景・理由（環境分析等）

①目的

これらを記載する目的は、企画の必然性を理解せしめるためである。企画者の出した結論の必然性を説明するために記載するのである。たとえば、販促企画などでは、市場環境と対象商品についての分析は欠かすことはできない。

②内容

内容は収集した情報とその分析結果であるが、何分、膨大な量であるためすべてを記載することはできない。そこで極力、簡略化して記載するのである。

③記入要領・ノウハウ

簡潔に表現するためには、ポイントだけを図表化することである。それでも漏れたものは付表や参考資料の形で添付すればよい。

分析結果は十字チャートなどに表示するとわかりやすい。

⑽ コンセプト

①目的

コンセプトを設定・記載する目的は、企画の実現に向けてのあらゆる思考と言動を統一・制御することによって、企画の価値を高めることである。また、優れたコンセプトは企画を統合的、統一的に理解することにも大きく貢献する。コンセプトの記載は、また、企画の全体に、得《え》もいえぬ、情緒、情感を与え、理性と理性の谷間を埋めてくれる役割もある。

②内容

概念統一法・置換法・ピックアップ法などによって設定されたコンセプトを記載する。

本物のコンセプトがない企画は、最早、企画の名に値しない。

③記入要領・ノウハウ

簡潔さのなかにもふくらみのある言葉で表現すること。スッキリ・存在感のあるロゴを使用する。企画の本質をいかに適切な言葉で表現するか。これこそは企画の生命《いのち》である。

⑾ 企画の目的（目標）

①目的

企画書に〝目的〟を書く目的には二つがある。

まずは、関係者の全員が企画の目的を確認するためである。企画で一番、重要なことはその目的である。企画にかかわる全作業・全アクションは、その目的を達成するための手段として行われるのであるから、目的がわからなければ、一歩さえも足を進めることはできない。

次は、企画内容が企画目的の手段として適切か否かを検証する依り所とするためである。

②内容

基本的には、依頼者から依頼されたときに共通認識した目的を記入すればよい。環境と前提から目的が決まることが多いため、それら三者はまとめて表示するとわかりやすい。

③記入要領・ノウハウ

目的はできれば一つがよい。もちろん、主要《メイン》目的のことである。

目的と願望を混同してはならない。

⑿ 企画内容

①目的

企画内容とは、その企画の目的を達成するための具体的な実施手段の全体であり、その中心は実施項目《ホワット》である。

さて、企画書に記載する目的は何か。

企画者側からは、己の成果を示すことであり、依頼者側からみれば、依頼目的に対して適切な手段としての企画がなされているかを評価するためである。

②内容

達成手段は、通常、目的と手段で階層化される。ちょっとした企画でも三〜四段はあり、ビッグサイズの企画では十段以上に及ぶ場合もある。それらを何段まで記載するかといった問題がある。一般的にいえば、依頼者の地位や権限などに合せるのがわかりやすい。

さらにややこしいのは、それら手段のそれぞれに対応して、実施項目があり、手段（機能）と実施項目《ホワット》をいかに表現するかという問題もある。

③記入要領・ノウハウ

表現で一番、むずかしいのが、大小雑多の解決策（企画内容）をいかにわかりやすくまとめるかということである。

そのノウハウは、企画の基本ステップ13のなかにある、9企画構想のところで作成した、テーマ実現の目的手段系統図の枠組みをそのまま活用すればよい。その際、最上位のテーマから何段階を表示するかを決めるのは、企画に対して実質上の決定権をもっている人を頭に入れて判断をするとよい。

要は、決定権者にとって、企画者側の意図が余すところなく、かつ、きわめて容易にご理解いただけるレベルまでを表示するのである。

次は、全体と部分の関係についてであるが、これも最も本質的、論理的な方法は、前述の目的手段階層の活用であるが、その他、内容によって、①実施手順、②大小、③内容明細、④分類・種類……等々で分ける方法もある。

いずれにせよ、企画の要となるものであるから、図解、イラスト、ビデオなどあらゆる技法を使って、万全を期すことが必要である。

⒀ 企画の個別概要

①目的

企画内容の全貌をよりよく理解できるようにするのが目的である。企画内容すなわち、目的達成の手段（実施項目）は縦（階層）、横（項目）で構成され、その数は多い。そこで、企画全体の質感を高める個別の実施項目についてもその内容を説明することが必要になってくるのだ。

②内容

⑿の企画内容で体系化された項目のなかから企画全体の効果的な理解に役立つ項目を選択すればよい。

③記入要領・ノウハウ

最大のノウハウは、企画目的の達成といった観点から、いかなる項目《ホワット》を選択するかといったことである。それはいわば目的と手段の適合性判断ということでもある。

全体企画と部分企画の関連性がよくわかるように図示することも必要である。

⒁ 企画の問題点

①目的

企画を推進するに当たっての問題点をなぜ記載するのか。やはり立派な目的があるのだ。

まずは、企画実現への真摯さを伝えることである。きれいごとだけを並べるのではなく、問題点も記載することで企画の全体にメリハリがつき、実現可能性について手応えが伝わるのである。

次は、リスクヘッジとしてである。企画者がもてる情報の質量や環境予測力などの限界を示し、上級権限保持者の判断に委ねることも必要である。

最後は、クライアントや上司に華をもたせるという狙いである。「この問題点についてはぜひ御社の方でご検討いただければと存じます」などである。

以上のごとき、問題点の記載は、攻守双方の姿勢を示すものであり、決して負の思考ではないのである。

②内容

内容的には通常、以下のごときものがある。

一つは、危険要素の存在の指摘である。「この予測については、前提が狂えばまったく違った結果となります」などである。

二つは、企画者の権限外の問題点の指摘である。これは社内企画の場合に生じるが、たとえば、予算取りなどである。

三つは、上司に華をもたせる内容である。「ここはぜひ部長のご英断をいただきたく」などである。

最後は、前向きに推進してゆくに当たっての問題点の指摘である。「この項目はぜひ進めたい。そのためにはこれこれの問題がある」などである。

③記入要領・ノウハウ

まずは、問題点の質量である。要は多すぎても少なすぎてもいけない。適度がよい。全体としては、明るく、前向きで効果的な印象を与えながら、それらを引き立たせるためにワサビを随所に効かせるのである。

次は、上司やクライアントに華をもたせるためには、彼らができること、腕を振るえることを指摘することである。このあたりはかなりの高等戦術となる。

表現については、箇条書きで簡潔な記述でよい。解決策については触れないほうがよい。

⒂ 企画の効果

①目的

企画の効果を記載する最大の目的は、企画の採否と実施の可否に対する判断資料を提供するためである。決定権者が企画の採否を決めるポイントはきわめて明確なのだ。それは、「企画目的の達成手段として最適か」「採算は十分採れるか」「コスト・パフォーマンスはどうか」の三つである。

コスト《インプット》以上の成果《アウトプット》を出せない企画案を採用するようなバカはいないのである。しかし、それは理屈であって、現実はこの最適性、採算性、コスト・パフォーマンスといった視点があまりにも杜撰である。それゆえに、「企画は成功したが会社は倒産した」ことが多発するのである。それは合目的性と論理性に欠ける企画者が多いからである。

②内容

効果は当然、予測となる。

効果の種類としては、定量的効果と定性的効果に分けられるが、定性的効果も記載する。また、両者ともに、効果の測定方法についても記載すべきである。定性的な効果でも、アンケート方式をとれば、定量化することが可能である。

③記入要領・ノウハウ

この採算性を疎かにするのは、クリエイター気取りやグラフィックデザイナー系の人に多く認められることから、企画メンバーのなかに数字に強い冷静沈着型の人を加えるなどの配慮をすることが必要である。

効果は予測効果であるが、場合によっては、外部の研究機関などに予測を依頼してもよい。複数の効果を表示することも一つの方法である。

⒃ 活用経営資源

①目的

活用経営資源を記載する目的は、企画の実現可能性を高めることである。この企画を実現するに当たって、どれほどの人・物・金・時間・情報などが必要なのかがわかってくると、可能性についての判断もしやすくなるのだ。

②内容

極論すれば当該企画を実践することによって必要となるすべての工数・物品・情報……等々をリストアップして、金銭で評価するのである。もちろん、調達先の内外は問わない。人材などでは、社外からかなり自由に調達が可能である。

③記入要領・ノウハウ

個人の特殊な能力で企画の成否が決まることがある。社の内外、国の内外まで含めて、他人の才能をいかにうまく活用するかといった視点も大切である。特に企画の成否を左右するような資源については、その旨を明記しておくべきである。たとえば、特殊な技術者などである。

⒄ 企画の予算

①目的

予算を記載する目的は、第一に実行への着手を容易かつスムーズにするためであり、第二に企画に対する堅実性、手堅さの印象を与えることである。数社で競合した場合、企画内容では甲乙つけがたいような場合、一方に予算があり、他方にない場合、いずれが採用されるだろうか?

②内容

予算項目を次の四つに分ける。

A総額予算、B個別企画別予算、C作業項目別予算、D固定費と変動費。

C作業項目別予算は、予算を通しやすくするために必要である。
③記入要領・ノウハウ
どのくらいの予算を必要とするかは、依頼者にとって重大な関心事であるから、手を抜くことなく、納得の得られる予算を組むことが必要である。蟻の一穴とならないよう最善の注意をすることである。

⒅　実施計画

①目的
実施計画を記載する目的は、大別して二つがある。

一つは、企画者側からのものであり、それは企画案の実現可能性に見通しをつけるためである。企画は創造的な一件完結型の仕事であることから、実に多種多様な能力、作業から構成されている。そのため、実現可能性について危惧を抱いている者も多い。そこで、実現の可能性についての検証を行うため実施計画を立てるプロセスが必要になるのである。

二つは、依頼者側からみた目的であるが、それは、依頼者側の特に決定権者に、これなら実現できるな、といった心証を得ていただくためである。
②内容
記載内容としては次のごときものがある。

それをひとくちでいえば、六W三Hで記載せよ！　ということになる。
③記入要領・ノウハウ

実施計画の作成でいちばん重要なことは、作業をいかなるサイズすなわち、目的手段階層のどのレベルで捉えるか、という問題である。上位にすぎるとなかなか足が地に届かないし、下位にすぎると森のなかに入りこみ、全体がみえなくなる。

次は選んだ作業名についての目的手段を展開することである。たとえば、原価低減企画で、インターネット調達をする、といったレベルを選択した場合、そのまま計画書に記入しても、そのやり方、手段がみえないことから一歩も先へ進まないのである。そこで計画書には、インターネット調達を成功させるための目的手段を下位に向けて展開してゆくのである。

最後は、まとめ方であるが、ガントチャートやアロー・ダイヤグラムなどを使って、ビジュアルかつシンプルに表現することである。日程については余裕をみておくとよい。

実施計画書には詳細に記載するが、企画書にはそのエッセンスのみの記載とし、計画書は添付する。

⒆ おわりに

①目的

「おわりに」を書く目的は、企画全体に引き締まり感、まとまり感を与えることである。

企画者サイドからは、それまでにいい忘れたり、言葉足らずであったり、あるいはどうしても強調したいことなどがあれば、書き込むことも可能である。また、将来へのつながりについても述べることができる。

②内容

一つはお礼のあいさつと今後のご交誼をお願いするものであり、二つは企画の急所で最も訴えたい訴求点を取り上げ、ご理解いただくことである。最後は、これまでのご厚情に対する感謝の意を表して終わりとなる。

③記入要領・ノウハウ

「はじめに」と同じく「おわりに」もきわめて重要な項目である。ここで全体をまとめ、締め繰る扇の要のごとき役割を担っているからだ。

最大限の知力をもって取り組むべきである。

⒇ 資料

①目的

参考資料を添付する目的は、企画の客観性を証明するためである。また、資料名を記す目的は、第一に、企画立案者がいかに多くの資料を活用したか、をご理解いただくことである。第二に、たくさんの資料が添付されていると、企画書の権威が高まる可能性があると考えられることである。

②内容

一般的には、基礎資料と参考事例集に大別される。分量が多い場合は、本文中に挿入しないで、原則として、別冊や別紙の形で添付するのがよい。基礎資料とは、テーマに直接関係のないもので、政府の統計や白書などであり、参考事例とは、テーマに直接関係するもので、当社の実績データなどである。

③記入要領・ノウハウ

枚数が多い場合は表紙をつけ、表紙には目次と索引をつける。索引は企画書本文とのつながりをつけるために必要。

資料は、鮮度、出所、サンプルなどを明らかにする。

資料は、単純化、ビジュアル化などの処理を積極的に行うとともに添付する資料は、必要最小限にとどめる。

8. 企画書作成ノウハウ

それでは次に〝売れる商品〟となれる企画書の作り方についてそのノウハウの一端を述べる。

(1) ビジュアル化

まずは、企画の内容をできるだけビジュアル化して魅力的に伝えることである。企画内容は同じでも仕上げの美しさによってその評価はまったく異なったものとなる。企画書の目的は、理解され賛同されること、さらにはご採用いただくことである。そのためには、まず、手に取り、読み、理解されることが前提となるが、それらに大きく貢献するのがビジュアル化の出来具合である。

ビジュアル化は、相手の食欲をそそり、食指を動かし、関心を持続する機能《はたらき》をもつのである。

(2) パソコンの活用

相手が読みやすく、作り手も作成しやすいものにパソコンがある。表現力の豊かな企画書が合理的に作成できる。企画書が出来上がるまでにはたび重なる修正が必要となるが、パソコンは修正や変更が可能であり、また、既存の企画書や情報などをデータベース化しておくことで、容易に作成することができる。

(3) フォーマットの活用

企画書を効率的に作成するには、予め記入様式《フォーマット》を決めておくとよい。フォーマットとは企画書の基本レイアウトであり、統一することによって、視覚的にも読みやすくなる。

フォーマットは、一つの枠組み《パラダイム》あるいは型としての機能をもち、その容器に投げ込むことによって作成を効率化させるのである。たとえば、作成時間の短縮、修正や仕上げ作業の容易さ、複数人が分担して作成する場合などに共通ルールの役割を果たす、などがある。

よくレイアウトされたフォーマットは、また相手にとっても読みやすく理解しやすい。

⑷　表現手法の活用

企画書への表現方法には種々あるが、特に重要なものが、文章表現・チャート表現・データ表現・イメージ表現の四つであり、これらをうまく組み合わせて活用すると表現は一層の輝きを増す。

文章表現は表現手法の基本であるが、印象が平板で単調になりやすいという欠点がある。

チャート表現は、論理の流れを図式化して簡潔に説明するものである。

データ表現は、表やグラフによって数値を提示するものである。

イメージ表現は、商品の完成予想などのように、言葉では十分に説明できない内容を、カンプや写真などのビジュアルによって伝えるものである。

①文章表現のノウハウ

企画書は企画内容を的確に伝えることが目的である。そのためには、簡潔でわかりやすい文章を心がけなければならない。

A．文体を統一する。「である調」か「です。ます調」に。

B．ワンセンテンスは短く、箇条書を多用する。

C．カタカナ・専門用語などを多用しない。
D．企画用語を統一する。テーマや課題など。
E．自分が理解できる言葉を使う。
F．「である」などのいい切りの文章で書く。
G．簡潔・明瞭に、曖昧な表現は避ける。
H．社外は「です・ます」を使うなど相手によって文体を選ぶ。
I．順序立てて記述する。論理的順序や時間的順序などを意識して文章をまとめる。
J．指示語を減らす。「これ」「それ」などを多用すると内容が曖昧になる。
K．数字の使い方を決める。数字には算用数字や漢数字などがあり、ルール化しておくとよい。
L．文書は目的と手段で書くことだ。

②チャート表現のノウハウ

チャート表現は論理の展開を図式化し、論理の流れを視覚化する。チャートとは、囲みのなかにキーワードなどの重要な要素を書き込み、それを矢印でつないだ論理の流れ図である。

企画書では、できるだけシンプルな構成に徹することから、大変・重宝されている。

チャートの流れは、左から右へ、上から下へが原則である。作成手順は次の通り。

まず、文脈に整合性を持たせて、伝えたい内容を箇条書にする。論旨のまとまりごとに見出しをつけて、情報を整理する。

次に、枠のおおよそのスペースと配置を決め、枠を矢印でつないで関係を明らかにする。

最後に、箇条書きをした情報を枠のなかに記入して、見出しをつける。

そのほか、見出しなどの重要な部分は、書体を変える、アミをかける、ケイ線を使うなど工夫する。

チャート表現は、文章に較べて収容量が小さくなることから、文章の要約力が決め手となる。チャート化すると、文章表現ではみえなかった矛盾点が浮き彫りになることがある。その原因は、企画を立てる段階で論理の詰めが甘い場合と、企画書をまとめる段階で原稿の練り方が悪い場合の二つがある。

③データ表現のノウハウ

企画書における数値は、企画内容の客観性や正当性・確実性などを裏づける重要なデータである。したがって、数値の提示によって企画書の意図が明確に伝わらなければならない。

そこで企画書に数値を表示する場合には、目的に合わせて適切なグラフを選択することが重要である。

企画書で使われる代表的なグラフには以下がある。

①棒グラフ　②円グラフ　③折れ線グラフ　④面積グラフ　⑤散布図　⑥帯グラフ

グラフ表現の基本要素は、線とハッチングである。その作成に当たっては、だれにでも意味が理解できるよう仕上げることである。

④イメージ表現のノウハウ

イメージ表現は、文章では伝えにくい微妙なニュアンスを伝えてくれる。そのニュアンスは効果的なイメージ表現に負うところが大きい。イメージ表現はそれがよくできていれば、企画内容のリアリティを強化するが、その質が悪いと評価を台無しにする。

企画書で用いるイメージ表現で代表的なものは以下である。

①イラスト　②カンプ・パース　③フォト（写真）　④コラージュ

(5)　仕上げの確認——ブラッシュアップ

企画書は最後に総仕上げとしてブラッシュアップを行う。ブラッシュアップとは、ひと通りまとめた企画書について、さらにあらゆる視点から内容を吟味し、最後の詰めを行い万全を期すことである。

極論すれば、この最後の詰めに企画書作成のトータル時間とエネルギーの半分以上を投入するぐらいの心がけが必要なのである。

一般的なチェック項目には以下がある。

①論理性等のチェック

表紙から「おわりに」までの全体のストーリー性と論理性を徹底的に詰めるのである。一字たりとも、不用な文字、不適切な文字があってはならない。「一つの場所に当て嵌《はま》る最も適した言葉は、唯一つしかない」（モーパッサン）のである。

この推敲に際しての最重要な視点こそは、文字の一字一句、項目のすべて、企画書の全体について、その目的は何か、その目的を達成するための機能《はたらき》を完全に果たしているかどうかについて、徹底した詰めを行うことである。

②校正

先に述べたのは、内容の詰めであるが、次は形式上のチェックであり、その代表が校正である。誤字・脱字はヒビの入ったガラス商品のようなものであり、企画書の信頼性を著しく傷つける。ヒビの入った商品（企画書）を買う人はいないのだ。

校正に当たっては、次の二点が重要。

一つは、①で述べた内容の仕上げと、文字の校正は同時に行ってはならないことである。必ず別々に行うこと。

二つは、校正作業には、誤字・脱字・文字の大小・ケイ線の太さ……等々多くの項目があるが、それらを同時に行わないで、一つずつ着実にクリアしてゆくことである。

③最終の詰め

校正が終わると、企画書を最初から最後まで読み返して内容や表現が適切か、文字のまちがいがないかを確認する。

この場合は、相手の読み手の立場に立ち、疑問点や不明点の有無についても確認する。

校正と素読みによる確認を終えたら、最後にさらに最終の念押しを行う。ミスのない企画書は存在しないと疑ってかかることが大切。万全の自信をもって、いざ説明《プレゼン》に入ろうとしたとき、初歩的なミスをみつけて、愕然とした人は多いのである。

(6) 企画書の高質化――形としての美しさ

企画書は内容の卓越さ、完璧さについては、当然ながら、商品としての外観の見栄えも大切である。たとえば以下がある。

まずは、用紙の使い方であるが、たとえば、表紙と中扉には、本文紙と異なる色紙を用いたり、相手企業のシンボルカラーを使うなどである。

次は、製本であるが、ここでもミスの起こることは多い。頁の欠落・白紙の混入……等々である。製本の方法にはたとえば以下がある。

①ホッチキス製本　②クリップ製本　③テープ製本　④簡易製本　⑤本格製本　⑥バインダー製本

なお、提出先に企画書を持参するような場合には、バラの状態で一部用意しておくと何かと役立つことが多い。

(7) 企画書内容の効果的伝達

企画書の完成は、プレゼンの準備の内、主要な部分を完了させたにすぎない。企画業務の本番はここからがスタートである。企画書の本来機能は、企画内容のまとめ、理解・賛同・採用の四つを促進してくれる働きである。しかし、ただ座していてそれができるわけではない。

そこで必要になるのがプレゼンなのである。プレゼンによって、説明・理解・賛同そしてご採用いただいてこそ、企画書の役割を全うすることができるのである。それゆえに、企画書の作成に際しては、そこまでを視野に入れた作成が要求されることになる。

したがって、企画書の最終目的は企画のご採用により多く貢献することなのである。

企画書には企画の全貌が述べられており、じっくり読んでいただければ、理解できるわけであるが、現実には多忙な人たちが多く、いかに短時間で企画者の思いを伝えられるかが勝負となる場合が多い。

そこでは、以下のごときさまざまなツールが活用されている。

①パネル　②ＯＨＰ　③ビデオ　④ＣＧ　⑤サンプル　⑥ダミー　⑦スライド　⑧ホワイトボード　⑨フォト　⑩パソコン

企画書を完全に仕上げ、プレゼンのツールに知恵を凝らしても実際にそれらを生かすのは、プレゼンテーター次第なのである。

自信に満ちた説明・質問に対する的確な応答などがあって、企画ははじめて承認される。そのためには、企画全体の十分すぎるほどの理解と徹底したリハーサルが必要とされる。話し方や説得の仕方を十分に検討して、堂々とした態度で臨むのである。情熱と真摯な姿勢も不可欠である。

(8) 最終チェック

企画書ができあがったら、チェックリストを使って、最終確認を行う。

確認の仕方では、上司・クライアント・反対が予想される者、などに分けて多角的に行うことが必要である。

企画作成チェックリスト

	チェックのポイント	評価
全体の印象	1．パッと見て、好感を与えるか——センス・体裁・頁数など 2．表紙はテーマのイメージと合っているか 3．目次をみただけで全体の構成がつかめるか	
紙面の印象	4．記載項目のつながり、流れ、関連づけはうまくいっているか 5．文面・文字の並びなどは明るくスッキリしているか 6．図表の位置は適切か 7．見出しは適切か（内容をうまく表現できているか）	
「はじめに」の印象	8．導入部としての役割を果たせるものになっているか 9．目的や問題意識が簡潔・的確に述べられているか 10．やさしく、わかりやすく、格調の高い文章になっているか	
内容の印象	11．わかりやすいか 12．論理的か 13．全体はうまく関連づけられているか 14．訴求点は十分に強調されているか 15．企画の効果は具体的に表現されているか 16．文章は簡潔で読みやすいか 17．用語の使い方は適切か（誇張、二重敬語……） 18．ビジュアル化は十分か 19．データ、資料に間違いはないか 20．あなたが第三者なら、読む気になったり、買う気になるか	
資料の印象	21．図表の表現形式は適切か 22．資料の質・量は適切か 23．説明はいらないか 24．出典・日時などは明確にされているか	

十三　プレゼンテーション――ステップ12

1．プレゼンテーションの意味と目的

プレゼンテーションとは、企画を相手に提案することである。要はクライアントや上司など企画の依頼者に、自分や自分たちが苦労して作りあげた企画の内容を説明することである。通常は企画書を中心に、その他必要な媒体を駆使して行われる。13のステップ中では最も集中力と知恵が必要なシーンである。

ではプレゼンテーションの目的と手段（機能）とは何か。

まずは目的であるが、一つ上の目的は、「当方が真に訴えたい内容を余すところなくご理解いただくことであり、さらにその上の目的は、納得し、ご採用いただくこと」である。それを目的手段で述べれば、プレゼンテーションとは、「企画をご採用いただくために、当方が真に訴えたい内容を余すところなく、ご理解いただくこと」である。

多くのプレゼンテーターたちが陥る穴は、一つ上の「真に訴えたい内容を余すところなくご理解いただく」という目的を忘れ、短絡的に、「ご採用」に飛びつき、いたずらに表現テクニックなど表面的、形式的な面のみに走り、「真に訴えたい内容」を忘れてしまうことである。大切なことは、「ご理解いただく」ためには、いかに機能《はたらき》しなければならないかを考えることである。

プレゼンテーションの真の狙い、本質は、企画書作成までの長い道程《みちのり》において創られた依頼者にとっての真の価値を限りある短い時間内に余すところなく伝えご理解いただくことなのである。一つ上の目的は「ご採用」なのではないのである。「ご採用」はあくまで「ご理解」という一つ上の目的の出来栄え次第なのである。

最も本質的なところは、プレゼンはあくまで、案の提示であり、案の内容はそれまでに創られているということである。端的にいえば、内容が五十の企画は100％のご理解をいただいても五十である。問題はステップ1から11までのプロセスにあるのだ。そのプロセスに力を入れないで、プレゼンのみに注力しても、その効果は大きくはないのである。

2. プレゼンテーションの機能

先にはプレゼンの目的につき一つ上を「ご理解」、二つ上を「ご採用」と述べたが、次は、一つ上の目的である「ご理解」をいただくためにはいかなる手段（機能《はたらき》）が必要とされるか、について述べなければならない。

それには、四つの手段がある。

第一は、企画された真の価値、それは依頼者にとっては利益であるが、それを正確に把握することである（価値把握機能）。百の価値を企画したのであれば、百を把握する。七十しか把握できなければ、いかにうまくプレゼンしても、七十を超えることはない。

「企画の真の意味、内容が伝わらないなー」というケースが多いが、それは説明者がそれを理解していないからなのである。

第二は、その把握した価値・利益を100％ご理解いただくために、ストーリーをつくり、シナリオを書くなど論理化させる機能である。

ぶっつけ本番のシドロモドロのプレゼンは価値がいかに高くても、正当な理解は得られない。数カ月あるいは数年かけた企画を一時間前後の一瞬でご理解いただこうとするのである。練り上げた全知を傾注したシナリオが必要不可欠となるのだ。いわば、プレゼン企画が必要なのである（プレゼン企画機能）。

第三は、本番のプレゼン機能である（表現機能）。第二のシナリオをいかに舞台上で理解できやすい形に表現することができるか、という表現機能である。そこでは、声、表情、所作、仕種、媒体、機器などが総動員されて機能を強化する。

第四は、フォロー機能である（フォロー機能）。

すべての仕事にPDSがあり、プレゼンについても、同様であり、フォローが重要な仕事である。

以上には、四つの手段機能を述べたが、なお抽象の域を出ない。そこで以上の一、二を事前段階、三を本番、四を事後段階としてその内容について概観しておきたい。しかし、細かくテクニカルな部分については、多くの著書が出版されているので、そちらの方をご覧いただきたい。

3. 事前段階

(1) 利益・価値の正確な把握

この段階で最も重要なことは、先に述べた、企画そのものの利益・価値を正確に100％把握しておくことである。以下にはそれがなされていることを前提に進めてゆく。重要な作業やノウハウには以下がある。

(2) 事前説得――結果は事前に決まっている

人は、多数と同じ反応をしたいという気持ちがあることから賛成者を多くしておくことの効果は大きい。そこで根回しにより、より多くの賛同者をつくっておくのである。そして、本番でなんとなく、賛成的空気を醸《かも》し出してもらったり、〝賛成！〟の声を上げてもらうのである。実際にも、賛成の声が二つあがるとたいていの場合は良い方向に向かってゆくものである。

しかし、根回しは相手を選ぶことも必要である。また、基本的には、賛成派、反対派、中間派に分けることである。それによって根回しをしておくと、少なくとも本番でのドンデン返しは起こることはない。

現実的には、結果の八～九割は、事前に決まっている。そのような場合のプレゼンはセレモニーなのである。

(3) 事前準備

次のような事前準備が漏れを防ぎ、自信につながり、意欲を高めることに貢献する。

①事前、本番、事後を通した全体計画を立てる。
②相手の参加者を確認し、対策を立てる。
③競合相手の情報を入手し、対策を立てる。
④会場・機器・時間・来場手段を確認する。
⑤本番の詳細な進行手順書をつくる。
⑥配付資料や映像作品、その他を確認する。
⑦役割分担に従い、できるだけ本番に近い状況でリハーサルを行い、シミュレーションする。
⑧ロジックの確立したシナリオを書いておく。

⑨キーパーソンに根回ししておく。
⑩反対意見や質問事項は、予め予想しておき、答えを準備しておく。
⑪とにかく相手《クライアントなど》をよく知ること。何を考え、何を欲しているのか、など。
⑫プレゼンス（主体性）を確立しておくこと。プレゼンスには、人相・気《オーラ》・顔・スタイル・体力・熱といった身体的側面（形）と主体性・情熱・愛・信念・使命・責任感・志・夢・希望といった精神的側面（心）の二つがある。
⑬資料の準備は説明者が行うこと。熟知でき自信とゆとりが出てくる。

4. 本番

本番のプレゼンを効果的にするためには下記に注意する。

(1) 心構え

①体調を整え、精神的にゆとりと自信をもち、落ち着いて臨むこと。そのためには、活用資料の十分な理解やリハーサルなどにより、プレゼン途中でまごついたり、躓《つまず》かないことである。
②プレゼンの機会がもてたことに対する感謝の気持ちを持続すること。
③自分と自分の企画に自信をもつこと。
④相手にとって真に役立つ内容を提案するのだという気持ちをもつこと。

(2) 姿・形

①視覚面では、態度・表情・ジェスチャー・動作・挙動・所作・仕種・服装・顔色・目つき……等々のすべてに配慮する。

②人相には、その人の生き様・性格・経験が現れる。人相を見れば人物がわかる。

③身だしなみは、その場にふさわしい服装にする。きりりと締まったものがよい。

④姿勢では立って行うことが基本である。

⑤視線は基本的には意思決定者に合わせるが、他の参加者にも適度に目配りする。

⑥アイデアはビジュアル化し、名前をつける。

⑦想定される反論は自ら進んで提示する。

⑧堂々とした態度は信頼感を与える。

⑨非言語《ボディ・ランゲージ》コミュニケーションを上手に活用すること。非言語コミュニケーションには、しぐさ・外見・ふれあい・空間行動・音声の五つがある。ジェスチャーや笑顔はしぐさであり、基本は笑顔であるが、内容によっては真剣な眼差しを向けるなど、説明の内容に合わせるなどの演出も必要。

人間のコミュニケーションは三割が言語、七割が非言語といわれている。

(3) 話の内容・話し方

①視線をそらさず、大きな明瞭な声で話す。

②一方通行ではなく、聞き手にも参加を求める。

③企画書のポイントを押さえながら話を進める。

④相手を楽しませる余裕をもつ。
⑤最も訴えたい一番の聞かせどころをつくり明確にご理解いただく。それには、相手のタイプ、性格などの情報を得て、細心の注意をもって訴える。
⑥全体の流れとしては、道筋をつけるが、聞かせどころにはそれなりの山場をつくる。プレゼンの基本的な流れは全体↓部分↓全体であり、まず結論を、そして細かな内容の説明、最後にもう一度、結論となる。しかし、流れの雰囲気によっては構成を変えることも必要な場合がある。
⑦説明は訴求ポイントを大胆に、具体例や数字は緻密にするなどメリハリを効かせること。
⑧さわりの部分をうまく相手に伝えるため訴求点はしつこさを感じさせない範囲で繰り返す。プレゼンの最後に再度、繰り返す。
⑨聴覚面では、声のトーン・イントネーション・大きさ・明瞭さ・語彙・言葉遣い・間・呼吸・ピッチ……等々に配慮する。
⑩説明会場全体を熱気溢れる融合的な雰囲気にする。

(4)　プレゼンテーター

プレゼンは説得の機会である。意思決定者が納得するような説明ができる人でなければならない。地位とか立案者とかにとらわれず、最適任者を選ぶべきである。

(5)　媒体

最適な映像・パネル・資料・模型……等々を活用する。プレゼンはショーなのである。

(6) プレゼンチームの役割分担

プレゼンを成功させるには、チーム全員の強固な協力体制が必要である。役割分担の例を示しておく。

①プレゼンの進捗を監督するディレクターを決める。
②プレゼンの進行シナリオで全員の出番を確認する。
③主プレゼンテーターとアシスタントを決めておく。
④機器のオペレーターを決め、事前操作・資料のチェックも行う。
⑤タイムキーパーを決め、時間管理と資料配付時間を管理させる。
⑥事前リハーサルを全員参加で行い、全員の役割を確認する。

(7) 説得の心理学を活用する

心理学では説得を次のように定義する。「特に言語によって相手の態度を特定の方向に変えさせようとする試み」。そして、この説得には四つの要素がある。①送り手、②チャネル、③メッセージ、④受け手である。

①送り手

同じ内容・同じメディアでも送り手次第で受け手の反応が異なる。送り手の「信憑性」が高ければ受け手は容易に納得してしまう。この信憑性には、「専門性」と「信頼性」の二つの側面がある。

専門性とは、その道の専門家か否かということであり、信頼性とは送り手への受け手の信頼感のことである。たとえば親友や親などと他人を較べるとよくわかる。人格もまたプレゼンを左右する。

②チャネル

チャネルとは、伝えるメディアとその表現をいう。どんな状態でどんなチャネルで伝えたかにより結果は変わる。大新聞の記事などは受け入れられやすいが、それはメディアの力である。

一方、表現の方では次のごとき研究結果がある。まず感覚器の分野では、耳より目の方が、そして、目からより「耳と目」両方からの方が記憶に残る。

次に表現物では、動画より「静止画」で解説の方が理解される。また、内容では、難解なものは「活字」で、平易なものは「視聴覚」の方が伝えやすい。

③メッセージ

メッセージに関する研究には以下がある。

A．内容表現は「一面呈示」より「両面呈示」が有効である。

B．一貫して肯定的に評価されるより「否定されてからの肯定評価」の方にひかれる。

C．ささやかな要請に応えると、もっと大きな要請にも応じやすくなる。

Aはホブランドの研究である。自分に有利な結論だけを一面的に呈示するよりも、不利な結論も同時に呈示する方が有効なのである。

プレゼンでは、よいことばかりよりも、問題点も出すことで対比させる方が効果的。

Bはクロアーたちの研究である。プレゼンでは、相手側をただほめまくるより、マイナス点を鋭く指摘してからほめる方が効果的。

Cを企画に活用すれば、小さな企画から徐々に大きな企画へと提案してゆくやり方である。また、プレゼンに当てはめれば、まずは小さなことからでも、相手にイエスと思わせることが大切ということだ。

これに似たものに、認知的不協和の理論がある。人は自分の認知に合致しないものが生ずると、その不一致を無くしようという作用が働く、という考え方である。これを逆にいえば、自分が肯定したものに対しては、より深く肯定してゆく行動をとる、ということだ。

これは企画の人間関係面やプレゼン面に十分、活用できる。小さなことからでも日頃から好意好感をもっていただけるよう心がけておくのである。

④受け方

人が説得される心理過程は、「注意・理解・受容」といわれる。プレゼンに当てはめれば、①企画への関心、②内容の理解、③納得となる。そのためには、まずは小さいことからでも相手にイエスと思わせ、徐々にイエスを拡げてゆき、遂には全面的なイエスに変えるのである。相手が説得される最大の条件は、良好な人間関係の存在である。

5. 事後段階――プレゼンのフォロー

プレゼンが終わり、結果を待つ間こそは最も重要であり、徹底したフォローが必要である。

①反省

企画内容やプレゼンについての振り返りと冷静な評価・反省である。そこでは良い点や問題点とともに採用の可能性についても判断する。万が一でも可能性があると判断されれば、猛然と作戦を練りフォローを開始する。

②実行担当者

企画者と実行者は必ずしも一致しない。採用された場合、直ちに着手できるように実行者を予め決めておくのである。それは相手先に対しての姿勢を示すものである。

③実施細目の検討

企画書上の実施計画はラフであることから反省も踏まえての実施計画の細目を検討する。実施提案を求められたり、採用後の実施を迅速に行うための対応策である。それはまた、熱意の表現にもなるのだ。

④根回し

フォローにも根回しは必要である。実際にも、プレゼン後の根回しで決まるのは三割程度もあるといわれている。賛成派・中間派・反対派それぞれに最適の根回しを行うのだ。場合によっては、再度のプレゼンを申し込むこともする。最後の最後まで諦めないことが肝心である。

⑤慰労会

たとえ、不採用になっても開くことだ。明日へのエネルギーとなるのである。

6．視聴覚メディアの利用法

プレゼンでは視聴覚メディアを上手に活用すると効果が大きい。感覚力では視覚八割、聴覚二割といわれている。

(1)　主なメディア

手軽で、効果的かつ使いやすいメディアには以下がある。

①ＶＴＲ（動く映像で印象的なイメージを与える）
②電子カメラ《スティルビデオカメラ》（静止画でＴＶモニターなどに即映し出せる）
③ＯＨＰ（その場でも書け、黒板的にも使え、応用範囲が広い）
④プリント（パネル、企画書などの印刷物）
⑤パソコン（多角的に活用できる万能ツール）

⑥スライド（美しい静止画が使える）
⑦ホワイトボード（接続などの手間がかからない）
⑧プロジェクター（動きのある効果的なプレゼンが可能）

視聴覚メディアを効果的に活用することは非常に大切であるが、あまり凝りすぎて、企画内容を正確に伝えるという目的から離れてしまうことがある。メディアを使うことが目的になってしまうのである。

(2) 各種メディアの特性

視覚メディアは、動画と静止画に分かれる。ビデオは動画で、電子カメラやＯＨＰは静止画だ。米国のソコニー研究所によるデータを紹介する。

静止画と動画の記憶と理解の違い

	（記憶）	（理解）
●静止画で一回説明したとき	83％	56％
●動く画像で二回説明したとき	73％	40％
●口で説明したとき	76％	24％

この結果からみると、記憶と理解の双方において静止画の方が動画より効果的といえる。動画は説得よりも、全体的なイメージの伝達に役立つ。

印刷物とりわけ企画書は相手の手元に残るもので、内容を詳しく理解してもらうために有効な手段である。

パソコンは、動と静の双方に使え万能だ。

(3) プレゼンのステップと各種メディア

プレゼンには説得の流れがある。その流れは、注意・欲求・理解・記憶のステップである。これを先の五大ツールと組合わせると次のようになる。

まずは動画（VTR）で企画全体のイメージを伝え、相手の注意を喚起する。次に重要箇所を静止画（SVCやOHP）でみせ、相手にその企画への欲求を起こさせ、内容を理解させる。最後に印刷物（企画書）でじっくり記憶していただく。

(4) OHPシートの作成と演出ポイント

OHPは説明者《プレゼンター》の語り（聴覚）と画面を連動させることができるほか、以下のごときメリットがある。

一つは、聞き手のほうに向かって話せるなど対話型であること。

二つは、照明をつけたままでも使えるので、メモをとることができること。

三つは、スクリーン上で図や文字を加筆、修正できること。

四つは、何よりも手軽に使えること……などである。

次は、シートの作成法だが、次の三つが代表的である。

①手書き……油性ペンでフィルムに直接書き込む。

②コピー……原稿をコピー機でシートにコピーする。

③プリンタ出力……ワープロやパソコンで原稿をつくり、プリンタで出力する。

最後は、OHPの演出法である。

①シートの重ね合わせ（オーバーレイ）

これは基《もと》シートに、訴求箇所を色塗りした別のシートを重ね合わせる使い方である。

②部分隠し（マスキング）

これは重要な箇所を隠し、順番にみせてゆく方法で、説明箇所に相手の関心を集中させるための技である。

③直接指示（ポインティング）

これは説明者《プレゼンテーター》が前を向いたまま、説明箇所をポインターで直接指示しながら説明するやり方である。

いずれにせよ、ＯＨＰはシート作りが簡単であり、説明者一人で操作でき、前向きの姿勢で説明もできるなど大変、便利である。

最近では会議やプレゼンにＯＨＰだけしか使わないという会社もかなりある。企画書は最後に配付する人もいる。

(5) パソコン活用法

最近では、プレゼンにパソコンがよく活用されるようになってきた。

パソコンは、電子カメラやＶＴＲ等の映像やさらに音声も取り込める。その上、説明者自身が一人で操作できるという究極のプレゼンツールである。以下は活用のコツである。

まず、資料作成やプレゼンに使用するソフトは三種類に分けられる。作図ソフト、プレゼン・ソフト、オーサリングツールである。

パソコンを使って、自動的にプレゼンを実施することもできる。

次は、パソコンの画面を表示するための装置である。

①大型のパソコン用ディスプレイに映す方法。

②液晶プロジェクターで大スクリーンに投影する方法。

③液晶式ＯＨＰアダプタを使用する方法。これはＯＨＰ本体に液晶表示板を取り付けて使用するもので、液晶表示板に映った映像を、ＯＨＰの光によりスクリーンに投影する仕組みになっている。

最後は、プレゼン会場にカラー表示の携帯型パソコンをもち込めばよい。

7．プレゼンのチェックシート

それでは最後に、チェックシートを作成してみよう。

これを直前にチェックすることで、自信やゆとりが出てくる。

プレゼンテーションの事前（直前）チェックリスト

①内容・資料

1．承認者を説得できる内容をもっているか
2．自分が相手ならその企画を喜んで買うか
3．説得できるロジックは十分か
4．全体がストーリー化されてわかりやすいか
5．使用するツールは最適か
6．想定問答集を作成したか
7．リハーサルをやって問題点をクリアしたか
8．配付資料は種類・部数ともに揃っているか

②説明者

1．体調は万全か
2．精神的なゆとりはあるか
3．説明の機会が持てたことに対する感謝の気持ちを持っているか
4．リハーサルによって問題点がクリアされ、成功のイメージができあがっているか
5．心は明鏡止水の状態にあるか

③聞き手

1．承認者の氏名、人物、能力、関心事などをつかんでいるか
2．承認者に影響を与える人及び人物を知っているか
3．出席者についての必要な情報を得たか（人数、男女比、年齢分布、知的レベル、所属部門、担当業務、性格、興味、関心など）
4．聞き手側とりわけ承認者との人間関係はどうか
5．根回しは十分か

④場所他

1．会場は確保できているか
2．環境、広さなどは適切か
3．机、機材など全体の配置は万全か
4．機材は揃い、作動するか
5．照明は十分か
6．空調は整っているか
7．駐車場はどうするか
8．会場の下見はしたか

十四　実施・評価――ステップ13

1. 実施・評価を企画に含める意味

本書では企画の範囲を、ステップ1の評価基準をもつことから13の実施・評価までを含めることにした。なぜならば、人が貴重な時間（生命）を使って取り組む仕事である以上、それは実施され、狙い通りの成果を出すところまでやるべきなのはごく自然のことだからである。

世の中には、「企画倒れ」や「企画が成功したが会社は倒産した」といった例は多い。それらのほとんどは、実現可能性や効果性などを無視した、企画ゴッコや企画遊びだったからなのである。

企画で成果をあげるまでに必要とされる能力を概観すると、そこには、一般的にいって、両立し難い異質のものが包含されている。そして、その代表的な例が、アイデアや発想の開発に貢献する感性的・創造的能力と緻密で合理的な理性的・論理的思考能力である。また、別の分け方としては、知的能力と行動力がある。

以上のごとき、異質な能力を一つに統合して活用させることを狙ったのが企画のステップに実施・評価を入れた最大の理由なのである。

2. 実施の三形態

実施される場合の形態には通常、三つがある。

(1) 企画者が実施も担当する形

第一は、企画者が実施も担当する場合である。これは、企業内で各自の役割範囲内の問題解決を企画する場合がその典型であるが、そのほかにも、依頼企業にはない専門的技術分野の企画を依頼されたような場合がある。たとえば、異分野の新商品企画や広告宣伝の企画などである。

かかる場合における企画のポイントは、実現可能性に気を奪われて、発想面《アイデア》が貧弱化、矮小化しないよう十分気をつけることである。また、発想と実施ではその必要能力に違いのあることから、その点を考慮して、企画者に欠けている能力を補うなども必要である。

(2) 実施者がまったく異なる形

第二は、企画者と実施者がまったく別の場合である。これにはたとえば、社内のゼネラルスタッフ部門がライン部門のために企画するような場合や各種イベントなどではじめから企画者と実施者を分けている場合などがある。前者の例では、原価低減企画や職場活性化企画などであり、後者の例では、建築物や公園など構造物や施設などの企画コンペがある。

さて、このタイプでの注意事項は何か。

この場合は、先の件とは異なり、実施を担当しないことから、実現可能性を無視したようなアイデア偏重に陥らないことである。実施しやすい、作りやすい企画を心がけることが必要になる。

(3) 共同で実施する形

第三は、企画者と実施者が共同・協力して実施する場合である。これにはたとえば、社外のコンサルタントや社内のゼネラルスタッフなどが企画した機能部門の改善・革新企画などがある。たとえば、コンサルタントが営業本部の革新企画を依頼され、採用された際に、社内に入り込んで本部員とともに革新を進めてゆくような場合である。

さて、かかる場合の注意点は何か。

それをひとくちでいうと、「理想は高く、現実的に」、「視野は高く、足は低く」といったところである。具体的にいえば次のとおり。

一つ、関係者の能力を十分見極め、少し高いレベルに挑戦させること。

二つ、新しいことは30%だけ出すこと。100%新しいことを出すとついてこなくなる。

三つ、小さいことでもよいから、着実に成果を出し、達成感を感じさせながら進めること。

3. 実施計画の立案

実施に当たって最も重要なことは、まず最初に実施計画を立てることである。実施計画はこれまでにも、10の実施計画や企画書中の⒅実施計画欄にも記載されてはいるが、ここで再度、作成しなければならない。理由は以下のとおりである。

一つは、当初の作成時点からは時間が経っており、状況の変化や事情の変更が生じていることである。

二つは、同じ実施計画とはいっても、企画書の一部を埋めるためにつくるのと、いざ、実施といった直前に作るのとでは、その意気込みや緻密さ、厳密さが異なってくるからである。

計画立案に当たっては以下に留意する。

一つは実施計画を立てる目的を十分理解しておくことである。その目的とは、「当該の課題を効率的に解決するため、予め経営資源の活用法を決めておくこと」である。この目的が理解できれば、いかなる項目につき記載すべきかがごく自然にわかってくるのである。

主要な項目をごく簡単に述べてみよう。

①経営資源、とりわけ予算や情報収集などについて見通しをつけておくこと。

②環境変化の予測を十分行うこと。

③必要な専門能力の確保についても見通しをつけておくこと……等々である。

二つは、課題《テーマ》を達成するための目的手段を手をつけることができるところまで、ブレークダウンしておくことである。これがちゃんとできなければ実現はおぼつかない。酷《ひど》いのになると、原価を下げる、販売を促進するとだけ記載して後は何もなし、という計画書がある。手段・方法がまったく欠けているのである。

計画の実践に入ると以下に留意する。

一つは、環境の変化に柔軟・迅速に対応してゆくことである。

二つは、動作・挙動・所作・仕種などの微動作に至るまでのすべての行為と思考につき何のためにやっているのか、を問いながら進めることである。変化の激しい今日、少し油断すると、目的が変わっていたり、消失してしまっていたりするからである。

三つは、何事であれ、手を付けられることは、とにかく、前広に、前倒しで、一刻も早く始めることである。

四つは、先がまったく読めず、なすべきことが皆目、わからないときは、怪我しない程度に動いてみて、それに対して起こる反応を知り、それを情報にして次の行動を考えてゆくことである。闇夜に鉄砲とは無謀、無意味の譬であるが、撃たなければ、完全にゼロ《ナッシング》である。しかし、撃てば必ずなんらかの反応があるのだ。近くに来ていた熊が驚いて逃げるかもしれない。鳥がいっせいに飛び立つかもしれない。

現今のごとく、一寸先が闇の時代には、闇鉄砲方式も悪くはないのだ。ましてや、社会は闇ではない。明るいのである。

形から入って、先ずはやってみよ！

最後は、評価・反省であるが、それをよくするためには、まずは、実施計画がよく練られたものでなくてはならない。目的と手段、目標と方策などがしっかり検討されていない計画では、あるべき姿としての物差しがないのであるから、比較、評価も反省もできないというわけなのである。

よい計画あってよい反省もできるのである。

第3章

企画力の開発

——発想法・思考法を中心に

一　企画と発想法・思考法

企画は新しい企てを画いてそれを実現するという仕事であり、その中心となる能力は、豊かな創造力と奥深い論理的思考力の二つである。新しいモノやコトをみつけるためには、まずそれを発想する方法や技術が必要なのである。創造性開発技法、発想法、アイデア開発法などといわれているものがそれである。

さらに続いて、その新しい発想を、企て画くに当たっては、みえる形、説得できる形にまとめあげてゆく論理的思考力が必要なのである。

以下には、すでに古くから世の中に知られているものと筆者が開発したもののなかから、企画に大きく役立つ発想法と思考法についていくつかを紹介する。

それぞれの発想法・思考法ともに、特に威力を発揮するステップは、9の企画構想であるが、1から13の全般に有効であることから、広くご活用いただきたく、別の章を設けたものである。

以下には、発想法と思考法の関係をみておく。

一般的には、発想法を思いつきやアイデアの開発法、思考法を物事の論理的な考え方、ぐらいに理解されている。そこで、以下の論述も基本的には、その分類法に従うが、ここに一つ困ったことがあるのだ。それは、発想法と思考法の双方に対して、ほぼ同じ割合でしかも抜群の卓効を発揮する発想・思考法が存在しているからである。

そこで、以下三つの分類法を採用する。

一つは、発想力と思考力をともに高める方法
二つは、主として思考力を高める思考法
三つは、主としてアイデア開発力を高める発想法

なお、目的発想法については、元来が、発想と思考の双方の開発に役立つことから、正しくは、「目的発想・思考法」とすべきであろうが、本書全体を通じて、「目的発想法」の表現で統一使用している。その他、心形発想法、パラダイム発想法についても、「発想法」の表現に統一している。

二　創造性とは何か

企画の二大能力は、創造性と論理性である。しかし、創造性については、使用する人によって解釈の仕方に幅がありすぎて、そのことが災いし、創造性の発揮にブレーキをかけている面がみられるのである。

たとえば、「創造とは、エジソンやニュートンなど特別の偉人にしかできない大発明、大発見のことで、自分たちとは関係がない」というものである。また、その対極では、「過去の知識や経験を組合わせてその時々の状況に新しさがあれば、それが創造性なんだ」と考えている人たちもいる。

というわけで、まずは、創造というものについての正しい理解をするところから始めたい。

1. 創造とは何か

問題解決で必要とされる創造を定義すると、創造とは、「既存の知識・経験を分解・分類・整理し、それを目的（機能）を達成できる方法（アイデア・解決策）に組み変え、それを基にして、新しい、価値あるものにつくりあげること」である。

以下にポイントを述べる。

第一に、ここでも、最も重要な概念は、目的（機能）である。問題解決に必要な創造である以上、何について解決しようとしているのか、という目的が必要である。目的は機能でもあり、たとえば、飛ぶ・運ぶ・伝える……等々といった、具体的に方法、アイデアをみつける対象とする機能（目的・テーマ）が必要なのである。

目的なくして創造なし、なのである。

第二に、創造は、常に過去の知識・経験が活用されて行われるものであって、まったく何もないところから、まったく新しいアイデア・方法を求めようとするものではない。

実際的にも、知識・経験のないところに、創造はあり得ない。

第三に、創造は、過去の経験・知識の「分類・分解」と「再結合」で行われる。分類・分解は分析力が行い、再結合は総合力の働きによる。

分析は目的手段を下位に展開することで、総合は目的手段を上位に登ってゆくことで、だいたいうまくゆく。

2. 誰でも創造できる

以上のように、創造は特別なことではなく、知識・経験があり、目的がはっきりしておれば、大なり小なり、誰にでもできることである。おおいに自信をもっていただきたい。

では、このあたりで、創造的になるための知識として、脳の働きをみてみよう。

第一は、観察吸収であり、観察・認識し、意識に取り込む。

第二は、記憶であり、意識したものを覚え、また思い出す。

第三は、学びであり、観察吸収し記憶した知識・経験を取り入れて学ぶのである。

第四は、判断推理であり、分析し、推察し、判断する。

第五は、創造であり新しい組み合せを創造する。

われわれは、この判断推理と創造の働きで考える。以上五つの働きを活用して創造的思考を行うのである。

しかし、わが国では、吸収力と記憶力に力点がおかれ、創造力に欠けるといわれている。

創造力が弱いのは、われわれの心理過程に三つの心理的な障壁があり、それが自由な思考、すなわち経験・知識の分解・目的へ向けての組み合わせ、創造等を妨げているからである。

一つは、認識の壁であり、物事の認識そのものが正しく行われないという壁である。たとえば、原因と結果、目的と手段、本質と影響などを誤認するなどである。

二つは、文化の壁であり、日本文化の特性が壁として立ちはだかる場合である。たとえば、型、横並び、統計の鵜呑み、などである。

三つは、感情の壁であり、感情によって真実がみえなくなるという壁である。たとえば、好き嫌い、恥をかきたくない、あせり、こだわり、等々である。

以上三つの壁を常に、意識して、突き破るようにしてゆけば、創造力は誰にでも、大きく発揮することが可能である。

3. 発散的思考と収束的思考

発想には、発散的思考と収束的思考がある。

発散的思考とは、「たくさんの多様な答えを作り出そうとする働き」である。答えが多様であればあるほど、新しい考え、方法の得られる可能性が高くなる。量が質を生むのである。

収束的思考とは、唯一の正しい答えを求めようとする働きである。これは、多様な答えの中から、真に正しいものを

収束的思考法と発散的思考法の例示

収束的思考法	発散的思考法
① KJ 法	① BS 法
②特性要因図	②フィリップス 66
③因果分析法	③チェックリスト法
④クロス法	④属性列挙法
⑤ ZK 法	⑤入出法
⑥システム合成法	⑥焦点法
⑦ワークデザイン法	⑦カタログ法
⑧ 7×7 法	⑧シネクティクス
⑨ストーリー法	⑨ゴードン法
⑩こざね法	⑩ NM 法
他	他

求めようとする思考で、これが弱いと目的に合った具体的な答えがまとまらない。

よく知られている発想法につき、発散と収束それぞれの代表を上の表にあげてみよう。

さて、両者の使い方については注意が必要である。それは、両者を同時に使用してはならないということである。なぜならば、一件ごとに欠点を指摘し、潰してしまうことになるからである。

4. アイデアの種類

アイデアも、問題解決のタイプに対応したものが求められる。

一つは、維持型用のアイデアである。現状をあるべき姿に戻すためのアイデア出しに、創造的思考が必要となる。それでは、まず、アイデアとは何か。

アイデアとは、「課題を解決するために、必要なときに生み出された、新しい方法」である。したがって、アイデアの要件は、次のようになる。

①手段としての方法論が入っていること。

速くする、強くするはアイデアではない。どんな方法でそれをするのか、の知恵が必要。

②必要なときに出てこなくては意味がない。

③新しい方法であること。

すでに知られた方法かもしれないが、少なくとも、その場では出ていない新しい方法であること。

二つは、向上型のアイデアである。

売上目標の上方修正などにおいても、アイデアが必要となる。アップ率についても、達成方法についても、アイデアが必要である。

三つは、革新型のアイデアである。新規事業への進出など初体験の場合には、ゼロベースから、あるべき姿を構築してゆかなくてはならない。それにもアイデアが必要である。

5. 創造こそは人類最後の可能性である

地球上で最も開発されていないところはどこか。それこそは、あなたの帽子の下なんですよ。とにかく、人間の創造力のみは無限である。しかも、創造はやさしいのである。人類の知識や経験をちょっと組み合わせてみるだけでアイデアはどんどん湧き出てくるのである。

6. 創造性開発のステップ

創造性の開発技法については、主要なものいくつかをこの章で紹介しているが、ここでは開発のステップについて述べておきたい。

一般的には、次の五つのステップを辿る。
①豊かな知識と経験をもつ

本来、人間の脳は、無から有を生むことはない。すべての創造・独創は、過去の知識・経験から生まれているのである。

そこで、アイデアなど創造・独創を得るためには、まず、何よりも、多方面に多様な知識・経験をもつことが必須になる。創造とか独創とかいっても、エジソンやニュートンのごとき、大発明、大発見は百年に一度といったものである。そのほとんどは、過去の知識・経験を特定の状況や時《タイミング》のなかで、組み合わせたなかから生まれた〝ちょっとした新さ〟なのである。

②絞り込む

次は、アイデアを出そうとする対象を絞り込んでゆくステップである。ただ、漠然と無目的に知識・経験を増やしても、それだけでは効果が出ない。たとえば、販促のためにアイデアを出すのだ、といったごとく、テーマを絞り、研究対象を決めて、知識や経験を集中・糾合してゆくステップが必要なのである。

多くの人が、アイデアは、何もしないでも、ある日、あるとき、パッと閃くものだと思っているが、そんなことはなく、実際には、試行錯誤を繰り返すなど、血みどろの努力がなされているのである。

③意欲を持続する

目的・対象を絞り込むだけでは、まだ弱い。どうしても、よいアイデアを出すのだ、という強い意欲をもち続けることも必須条件なのである。やる気のないところに創造は存在しない。

④閃きをすばやくメモる

アイデアは、いつ閃くか。それは脳がアルファ波のリラックス状態にあるときだ。古来より、アイデアの出る場所として、有名なものに三上の説というのがあり、それらはいずれも、リラックスしている状態である。三上とは、枕上、鞍上、厠上であるが、その他、自分なりに、アイデアのよく出る場所とか時刻があるものだ。それをみつけて、他人にも吹聴すると、増々、よく出るようになる。

いつでてくるかもしれないアイデアはまた、すぐに消えてしまうため、すばやくキャッチしてメモしておくことが大切である。枕元にもトイレにも、自動車にも、服のポケットにも、ポストイットなどをしのばせておくのである。

⑤温める

閃きの多くは、冷静になってよくみると、たいした価値のないものが多い。そこで、いく日かの冷却期間、または、温めの期間をおくと、真に有用なものと不用なものとの区別が明確になってくる。

以上には、創造性開発のステップを述べたが、発想を刺激するためには、異質に遭遇することが有効であり、以上の全ステップについて、走り回り、動きまわり、多くの人に会うことが効果的である。

三　発想力と思考力をともに高める法

1．企画に最適・最有効の目的発想法

(1)　目的発想法とは何か

これまでも度々ふれてきた、目的発想法とは何か。ひとくちでいうと、「物事をその目的は何か、手段は最適か」と問う発想法である。また、「物事を目的と手段の体系として考える論理的思考法」である。二つの定義ともにその前提には機能《はたらき》が存在する。

目的発想の前提には、機能《はたらき》をおいている。目的手段と機能の関係は、機能があるから目的として狙える、機能があるから手段として活用できる。一方では目的手段をもつから機能を開発・活用することができるのである。

機能のないことを目的にしてもまったくのムダであり、機能のないことを手段にしてもまったく効きめがなくムダなのである。一方、いかにすばらしい機能が存在し、あるいは開発できるとしても、誰ひとり、見向きもしないようでは、それを活用することはできない。

要するに、機能と目的手段はさまざまな資源を効率よく生かし、人びとの幸せに貢献するきわめて重要な両輪である。目的発想法の性質、特徴についても要点を示しておく。

一つは、目的手段はあくまでも観念（形而上）の世界であり、必ず階層化する性質をもつことである。理解していただくためにイメージ図を示す（図表―20）。

目的手段の最も大きい特徴は観念（心）の領域にあり、行動（形・形而下）の領域ではない、ということである。すなわち抽象の世界であり、具象の世界ではないのである。しかも、心・抽象の世界にありながら、目的手段は必ず階層化するという性質をもつ。上下と関係なく、独立して存在するということはありえない。

このことは、仕事などコトの世界ではわかりやすいが、モノの世界でも階層化するのだ。人間が作ったモノは、それぞれに機能をもち、その機能を活用しようという目的をもって購入することから、モノと人のつながりができる。これは、自然に存在するモノを人間が活用する場合でも同様である。そのモノにある機能があるから、それを目的に入手するのである。この抽象の世界を上下につなぎ、階層化・連鎖化・体系化する技術こそが、力の中核をなす究極の知的ツールなのである。

実感をつかむため、図表―21に示されているように「快適な宿泊環境を提供する」を作成した。

二つは、物事の本質・根源を明らかにするという性質である。物事を機能でとらえるところから生じてくる性質である。

三つは、物事の論理性を高めるという性質である。機能で体系化・構造化するのであるから、これほど精緻なものはない。

四つは、理性と感性、左悩と右悩を統合する性質をもつこと。きわめて論理的であるとともに創造性開発にも大いに役立つ。

このような性質・特徴をもつ目的発想法は、図表―22に示すごとき、経営の全領域に亘って、企画テーマの発掘・解決策立案に有効なヒントを与えてくれるのである。

(2) 目的・手段のみつけ方

しかし、いかに効用が大きかろうと、活用の前提である「目的や手段」がわからなければ意味がない。いかに正確に、早く、対象になっている物事の目的・手段をみつけることができるかで目的発想法の価値が決まってくる。そこで、次に目的・手段発掘のノウハウを紹介する。

目的発想法は、多くの効用・活用法がある。しかし、一つだけ条件がある。それは、日常的に使われている言葉を、機能的に表現することである。たとえば「つたえる」「まがる」というようにである。では、どこから手をつけるのか、という問題になるが、それは、今、話題になっているレベルから始めればよい。

まずは一つのレベルだけの存在目的（機能）をみつける。一つのレベルがみつかれば、上下に展開していけばよい。そのみつけ方であるが、まずは、それ自身のレベルとその上位目的をみつける方法から述べていく。

みつけ方①　目的がすばやくみつかる否定法

「今持っているモノを無くし、また、これから入手しようとしているモノが入手できなかったら、何が困るか。今しているコト、今からしようとしているコトをやめてしまったら何が困るか」を問う。その困ることを肯定的に表現しなおして、それを存在目的（機能）とする方法である。まず図表—23の①②③④をゆっくりご覧いただきたい。

同表にはコトの例を三件、モノの例を一件紹介している。①の「敬語を使う」を例にとって説明しよう。

まず最初は、「敬語を使う」それ自身の、それと同じレベルの存在目的（機能）を明らかにする。それを否定法でいうと、「敬語を使わなかったら何が困るか」と問う。その答えが「それ自身の機能・存在目的」の欄に書かれている。要は「ギャップが埋められない」という不都合が生ずるのである。

このように、一つの階層《レベル》についての機能が決まれば、次は一つ上の目的（機能）をめざす。そのやり方も同じ否定法

図表―20　目的発想の構造―イメージ図

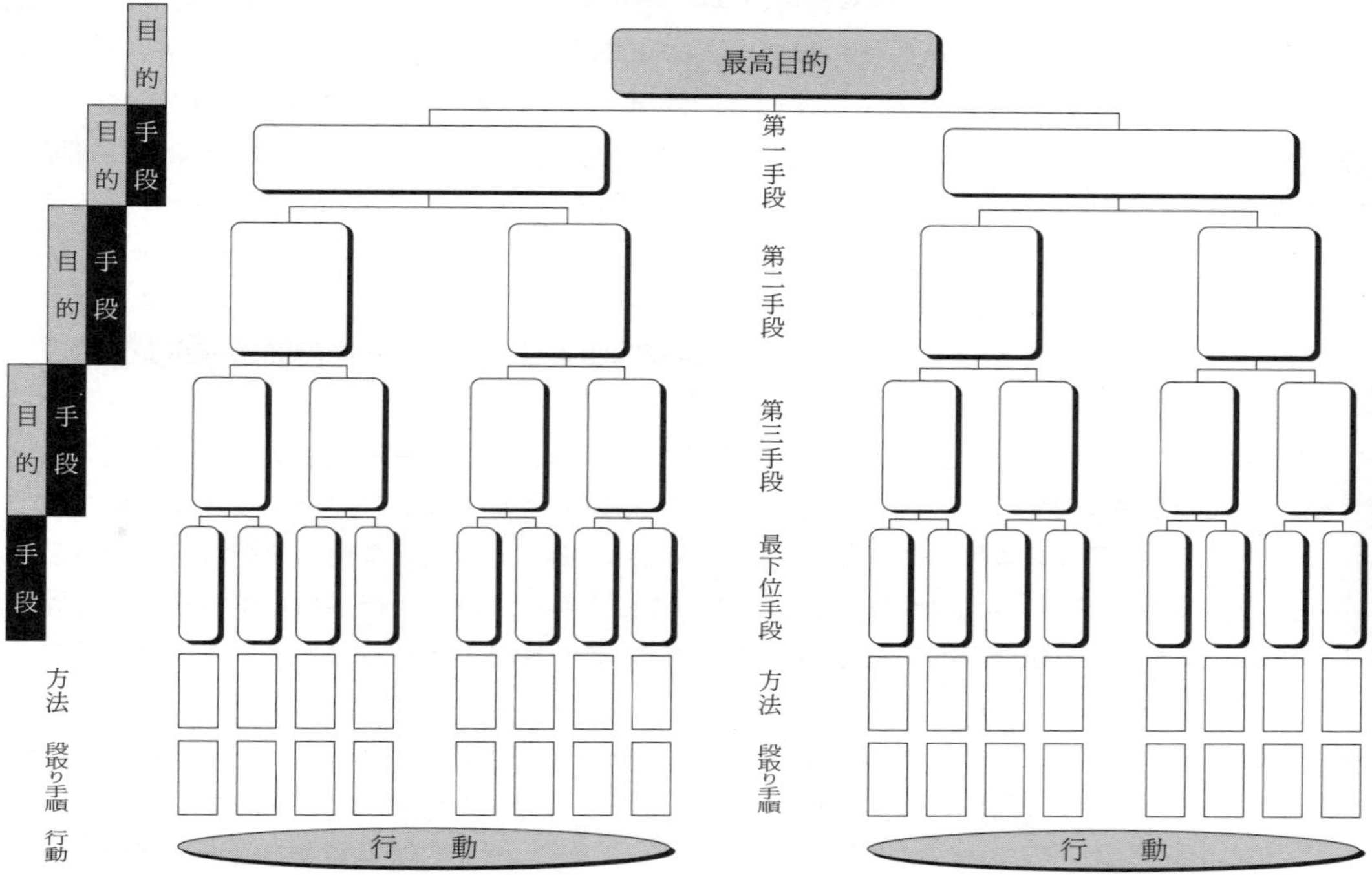

	前提	方針	改善
社長	機能	社長方針	革新
部長	機能	部長方針	大改善
課長	機能	課長方針	中改善
係長	機能	係長方針	中小改善
担当者	機能	担当者方針	小改善

目的は何か、
手段は最適か、
を常に問え！

図表—21　旅籠の存在目的

旅籠の番頭が旅人の足を洗い、荷物を持ってご案内する。その作業（方法）から目的手段系統図を作成した。

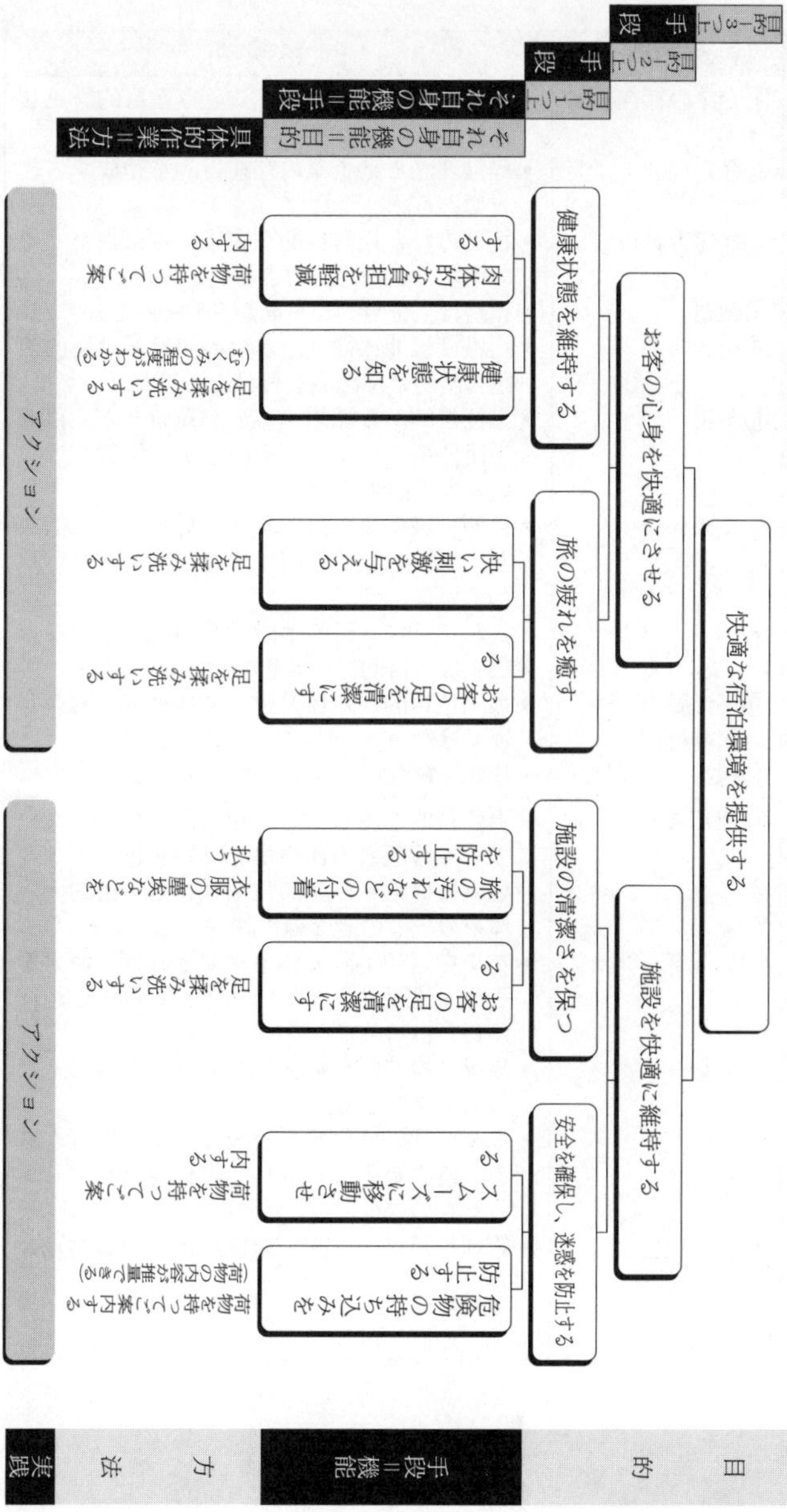

図表－22－①　目的発想の活用分野(1)

分類	活用分野	内容説明
経営	①企業の存在目的	• すべてはここから始まる。存在目的を正しく決めるには目的発想法を使うことだ。
	②経営理念	• 経営理念とは企業の存在目的を達成する仕方である。
	③経営方針	• 経営方針と経営目的を達成するに当たっての手段の制約だ。力点の置き方だ。
	④戦略	• 戦略は上位目的から発想されるべし。
	⑤組織	• 組織は機能に従う。本物の組織とは目的手段の階層に部門名を付けたものだ。
	⑥革新	• 上位目的から発想するのが革新だが、目的手段体系をつくり、そのなかに位置づけないと大失敗する。
	⑦リストラ	• 目的手段体系を欠くため、思いつき、横並び、流行として首切りや分社化などが行われている。
	⑧リエンジニアリング	• これこそは、目的手段体系が前提となる。最上位の目的から発想すべきものだ。
	⑨不況脱出・閉塞打破	• 最上位目的から体系化してゆけば不況など怖くはない。
	⑩利益・販売増	• 機能を総洗いすれば宝の山がある。
管理	⑪PDCA	• 上位目的を受けて、下位（部下）につないでいく管理者の仕事は、目的発想ができない人にはムリだ。部長も課長も、目的手段体系の一つの層なのだ。
	⑫リーダーシップ	• 物事を目的手段で体系化できれば、何事も正しく位置づけることができ理論的となり、盤石の自信もできる。
	⑬トレードオフ	• 組織を構造的に把握しておれば容易にトレードオフできる。
	⑭評価	• 本来、評価は目的の達成度によって行うもの。目的手段がおかしいのに評価も何もあったものではない。
	⑮管理項目	• 管理項目は、目的の達成度合を計る物差しだ。

図表―22―②　目的発想の活用分野(2)

分類	活用分野	内容説明
管理	⑯品質管理	•品質管理とは目的とする機能を維持させる活動だ。目的機能がおかしかったら意味がない。
	⑰方針管理	•方針管理の目標・方策は目的手段の連鎖化に同じなのに、それを理解している人は少ない。
問題解決	⑱問題解決	•あるべき姿・原因・解決策などアイデアが続出する目的発想法は問題解決の万能薬といえる。
	⑲システム化	•機能展開できないとシステム設計はできない。
	⑳改善	•目的手段体系はあるべき姿であるから、それと現状を比べれば改善のアイデアは無限である。
人材育成	㉑人材育成	•人材とは目的をいえば、あとはすべてやれる人。真の人材とは目的思考で仕事のできる人。
	㉒教育内容	•目的発想を超える教育はない。
	㉓創造性	•目的発想法は最良の創造性開発技法である。
	㉔論理性	•デカルト以来の自然的因果を用いる方法を除いた人間社会の事象を説明する方法としては、目的発想法を超えるものはない。論理的能力を高めたければ目的発想法を教えればよい。
高質化・高度化	㉕体系化・構造化	•手法として目的発想法に勝るものはない。混沌と複雑が支配するなかで、世界を認識する手法として大いに活用すべし。
	㉖精緻化・厳密化	•現状は世の中すべてがあまりにも粗雑だ。それを救済できるのは目的思考を徹底させるしかない。
	㉗階層化	•抽象の世界を切れ目なく階層化できる人は少ない。それができないと大仕事はできない。
	㉘定義	•定義は目的と手段のペアで行うのがコツである。
	㉙相互理解	•相手の目的や階層を知って合わせればうまくいく。
	㉚統合	•目的発想法は左脳（論理）と右脳（感性）、アイデア発想の発散と収束、の両者を見事に統合するきわめてめずらしい発想法である。

図表ー23ー①　断片的活用法ー目的手段機能の発掘法(1)

テーマ　敬語を使う

目的	否・肯	それをなくしたら、それをしなかったら何が困りますか	困ることを肯定的に表現してください。それが目的になります
手段／目的	二つ上の目的	会話が成立しなかったら自分の意思を伝えられないよ！	意思を伝える
手段／目的	一つ上の目的	ギャップを埋められなかったら、会話が成立しないよ！	会話を成立させる
手段／目的	それ自身の機能・存在目的	地位、年齢、立場、親疎、一対多数など社会関係・人間関係のギャップを埋められないな！	左のギャップを埋める
手段	一つ下の手段	今のやり方を記入し、右と比較して改善する。一般的には敬語の使い方という発想がないので、ただなんとなくといったところだ。	・相手とのギャップを知る ・相手にふさわしい言葉を選ぶ ・その他
手段	二つ下の手段		日頃より敬語を身につける 他

図表—23—②　断片的活用法—目的手段機能の発掘法(2)

テーマ　売り値を決める

目的	否・肯	それをなくしたら、それをしなかったら何が困りますか	困ることを肯定的に表現してください。それが目的になります
手段 / 目的	二つ上の目的	売上が伸びなかったら、利益が出ない	利益を確保する
手段 / 目的	一つ上の目的	利ざやが決まらなかったら、売ることができない	売上を可能にする
手段 / 目的	それ自身の機能・存在目的	いくらの利ざや（付加価値）をいただいたらよいのか、わからない	利ざや（付加価値）を決める
手段	一つ下の手段	今のやり方を記入し、右と比較して改善する。一般的には値段のつけ方、決め方という発想と工夫に乏しいことから、機械的に×1.3などとしているケースが多い。	利幅×販売量が極大となる売値を知る。 商品に表現する
手段	二つ下の手段		競合店など価格情報を収集する 分析し決める

図表—23—③　断片的活用法—目的手段機能の発掘法(3)

テーマ			
品揃えする	否・肯	それをなくしたら、それをしなかったら何が困りますか	困ることを肯定的に表現してください。それが目的になります
	二つ上の目的	来店客が増えなかったら、売上が増えないよ！	売上を増やす
	一つ上の目的	顧客ニーズへのマッチング度が高められなかったら、お客が来てくれないよ！	来店客を増やす
	それ自身の機能・存在目的	品揃えが悪いと、お客のニーズを満たすことができないよ！	顧客ニーズへのマッチング度を高める
	一つ下の手段	今のやり方を記入し、右と比較して改善する。一般的には仕方・やり方といった発想や工夫に乏しいことから、経験と勘のみでやっているケースが多い。	顧客ニーズを知る／商品を確保する
	二つ下の手段		情報を収集する／分析・評価する（顧客ニーズを知る）／省略（商品を確保する）

図表―23―④　断片的活用法―目的手段機能の発掘法(4)

テーマ　漬物石

否・肯	それをなくしたら、それをしなかったら何が困りますか	困ることを肯定的に表現してください。それが目的になります。
二つ上の目的	水分が排出しないと味を吸収できない	味を吸収させる
一つ上の目的	圧力がかからないと菜っ葉などの水分が出せない	菜っ葉などの水分を排出させる
それ自身の機能・存在目的	圧力（重力）がかからない	圧力（重力）をかける
一つ下の手段	今のやり方を記入し、右と比較して改善する。一般的にはやり方、仕方といった発想や工夫が欠けていることから昔と同じことをしているだろう。	圧力をかける 方法を列挙する 評価・選択する
二つ下の手段		省略

を使い、上に向けて否定を続けてゆく。つまり「ギャップが埋められなかったら何が困るか」を問うのだ。

④にはモノの例として、「漬物石」の例をあげているが、やり方はまったく同様である。

以上の否定法は、「人類の幸福」のように大きなものから、指先をわずかに動かす微動作にいたるまで、すべての物事に活用することができる。

さらには、よりよい理解を助けるため、その他のモノゴトを例を図表—24にいくつかあげておく。

最後に、先に示した例はすべて中心となる目的（機能）を一つしか記していないが、それ以外にも副次的な目的が複数存在することをつけ加えておく。

みつけ方② 未来を手に入れる期待法

これは、現在やっているコトやもっているモノではなく、未来にやろうとしているコト、未来に入手しようと思っているモノについて、とくに効果的な手法である。

世界一周旅行をしたら、どんなよいことが期待できるかな！　と問い、できるだけ多くの期待や希望をリストアップしてみる。そして、そのなかから一つ上、二つ上の目的を決めていく。

一つ例をあげてみよう。ヨーロッパへはじめてネクタイの仕入れに行く。以下がその希望・期待である。

- 掘出物がみつかるかも
- 日本で知られていない新しいブランドがみつかるかも
- 現行取扱商品の仕入値を大幅にダウンできるかも
- よい勉強になるぞ……他

これらのなかから一つあるいは複数の目的を決めるのである。否定法に比べると自由で面白く、大胆なアイデアがた

図表―24　機能（目的と手段）の例示

モノとコト	それ自身の機能(手段)	一つ上の目的(代表例)
①ライター	• 熱が出る	• 点火する
②マッチ	• 炎が出る	• 点火する・明るくする
③消しゴム	• 表面がはがれる	• 不要な部分を取り去る
④修正液	• 表面が覆われる	• 不要な部分をみえなくする
⑤懐中電灯	• 光が出る	• 明るくする
⑥時計	• 時刻が表示される	• 時刻を知る
⑦交通信号	• 交通標識が表示される	• 交通を整理する
⑧漬物石	• 圧力・重力をかける	• 水分を排出する
⑨パンチ	• 圧力をかける	• 穴をあける
⑩木の折箱・お櫃《ひつ》	• 水分を吸収する	• 水分を調節する
⑪ハンカチ・タオル	• 水分を吸収する	• 皮膚の水分を除去する
⑫トイレの手洗い	• 手についた汚れを取り除く	• 手を清潔にする
⑬万歩計	• 歩行数が表示される	• 歩行数を知る
⑭冷蔵庫	• 冷気を出す	• 食品その他を保存する
⑮釣り糸を投げる	• 食いつかせる	• 動きをとめる
⑯来客にお茶を出す	• 歓迎の気持ちが伝わる	• 存在感・重要感を満足させる
⑰品揃えをする（販売店）	• 販売の機会、可能性を大きくする	• 売上を増やす
⑱納入品の品質を検査する	• 品質不良品をみつける	• 不良品の受入れを防止する
⑲あいさつする	• 相手を認める	• 相手から認められる
⑳出図する	• 製品情報を後工程へ伝達する	• 図面通りにつくらせる
㉑棚卸する	• 実在庫と帳簿の違いを知る	• 正確な在庫を知る
㉒領収書を発行する	• 相手の支払額を証明する	• トラブルを防止する

くさん出てくる。二つの方法を合わせて活用するとなお効果的である。

みつけ方③ あるレベルから下位手段をみつける手法

否定法はあるレベルの存在目的（機能）から、上位目的を発掘していく方法であった。

ここでは逆に、あるレベルから下位手段を開発していく発想法である。これは、物事がうまくいかない理由や原因、前提条件や制約条件を列挙して、それらを取り除き、排除する形にする方法である。

この手法の開発には次の前提がある。それは、物事は思いどおり、理想どおりにいくことはほとんどなく、むしろ、多くの人は常にうまくいかない体験をもっていることである。それゆえ、うまくいかない理由や原因などの悪材料は、いたるところに山ほど存在しており、そこに目をつけて活用する手法である。

この方法は、問題点系統図を肯定型に逆転させてできあがる。

(3) 体系的な目的手段系統図のつくり方

企画力の中核的な知的ツールとなる目的発想法が、日々の仕事のなかで最も役立つところは、目的手段体系の全階層につき、必要なときにはいつでも、機能で表現できることである。また一つ上の目的、一つ下の手段など、最低限ペアで機能表現できることである。これだけでも、アイデア開発などに卓抜な威力がある。さらに、全社や部門レベル、大型商品の開発・戦略・M＆Aなど、高度で構造的な課題の解決に活用するとその効果は絶大であり、企画テーマはいくらでも出てくる。

それは、テーマごとに、目的手段系統図を作成してそれを活用する方法である。まず経営の目的手段系統図を図表—25に例示する。

図表―25　“経営”の機能系統図（目的手段系統図）

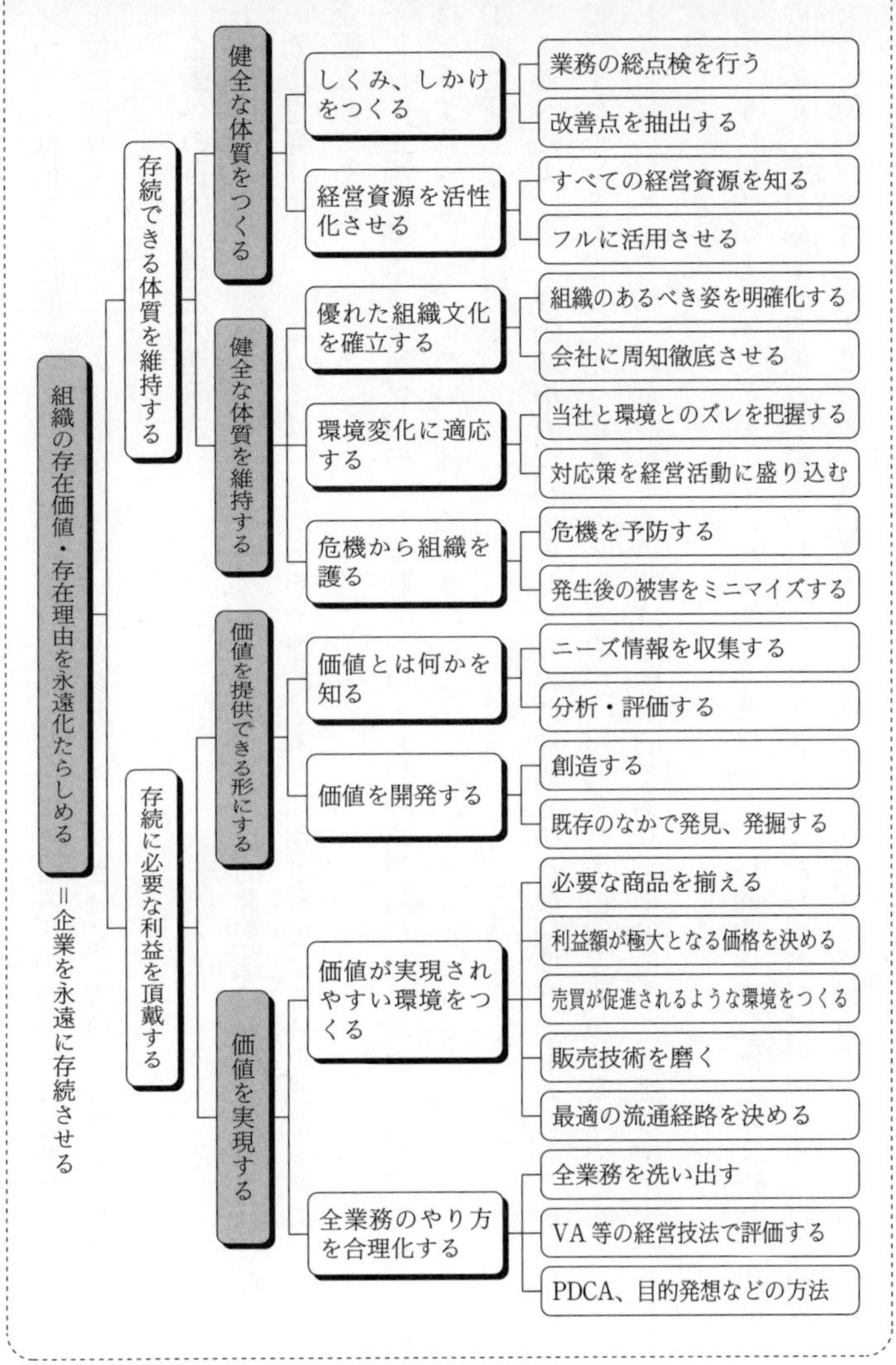
組織の存在価値・存在理由を永遠化たらしめる
＝企業を永遠に存続させる
存続できる体質を維持する
存続に必要な利益を頂戴する
健全な体質をつくる
健全な体質を維持する
価値を提供できる形にする
価値を実現する
しくみ、しかけをつくる
経営資源を活性化させる
優れた組織文化を確立する
環境変化に適応する
危機から組織を護る
価値とは何かを知る
価値を開発する
価値が実現されやすい環境をつくる
全業務のやり方を合理化する
業務の総点検を行う
改善点を抽出する
すべての経営資源を知る
フルに活用させる
組織のあるべき姿を明確化する
会社に周知徹底させる
当社と環境とのズレを把握する
対応策を経営活動に盛り込む
危機を予防する
発生後の被害をミニマイズする
ニーズ情報を収集する
分析・評価する
創造する
既存のなかで発見、発掘する
必要な商品を揃える
利益額が極大となる価格を決める
売買が促進されるような環境をつくる
販売技術を磨く
最適の流通経路を決める
全業務を洗い出す
VA等の経営技法で評価する
PDCA、目的発想などの方法

紙幅のつごうでごく簡単に、レベル5までを作成したが、イメージだけでもつかんでいただければよいと思う。つくり方については最上位目的を定め、そこから下位の三〜四段までおろし、他方では日々刻々に行っている微動作レベルから上位に向けて、二、三段の目的をみつけ、両者をドッキングさせて、調整を行う方法が効率的である。

(4) 企画への目的発想法の活用法

以上には目的発想法についてその概要を述べてきたが、この目的発想法は企画全般を卓越したものたらしめるために多大の効用を発揮する。逆にいえば、目的発想や目的思考が活用されていない企画は本物の企画とはいえない。偽《にせ》企画、似非《えせ》企画なのである。

以下には、企画の基本ステップ13のそれぞれについて、目的発想法がいかに役立つか、また、それを効果的に活用するにはどうすればよいか、について述べてゆきたい。

①評価基準と目的発想法

すでに述べたように、評価基準の役割を果たすものには数え切れないほどのものがあるが、それら多数のなかでもピカ一でダイヤモンドのごとく光り輝く基準となるのが、目的そして目的手段の体系なのである。

なぜならば、目的こそは、われわれがその達成を願う的であり、その目的を評価基準・物差しとして、日々刻々の現状に対処しているからである。

仕事や人生に目的があるからこそ、それが評価基準となって、目的の達成状況を示す現状や方法をみつめることができるのである。今月の販売目標《(目的)》は一億なのに二十日をすぎてもまだ五千万だ。早急に手を打たねば！　となるのである。また、一億の目標《(目的)》を達成するために、目的手段を考えていたならば、それらの一つひとつについても、現状をみることができるのである。競合品のラーメンについては、販売価格を20%下げる計画（手段）にしていたが、トンと忘れていたといった具合にである。

要は、適切な目的（目標）を、いかに多方面に、目的と手段で、精密にもっているかどうかが、評価基準の質量を事実上、決めてしまうのである。

企業も経営も仕事もそして人生も目的と手段の体系と連鎖である。それゆえ、目的こそが最高の評価基準となるのである。

②問題の感知と目的発想法

先に述べたように、明確な目的手段をもっている対象に対しては、現状が実によくみえるのである。目に飛び込んでくる感じである。

目的手段と現状との間に生ずる違和感、ギャップが問題の中核を形成するのである。

③オリエンテーションと目的発想法

オリエンの段階で最も重要なことは、社外の依頼者あるいは上司の行うオリエンにおいて、真の目的をつかむことである。そのテーマを依頼・指示する真の目的を知ることである。

「なんのために何をしたいのか」を明確にしておくことである。上司の指示などでは、目的をいわないでテーマだけを指示する場合が多いが、そのなかには「なんのために行うのか」わからないことがかなりある。

④テーマの認知と目的発想法

オリエン段階では、依頼側・指示側ともにテーマや目的などについて、かなり曖昧なところのあるのが普通である。酷《ひど》いのになると、「売上げが増えること何か考えてよ！」などである。

そこで、テーマの明確化というステップが必要となるのであるが、ここでもきめ手となるのが目的と手段の体系化と位置づけである。

たとえば、先のような例では、「売上げを増やす」ことをテーマとした、「目的手段系統図」を作成し、そのなかからテーマを発掘し、依頼側・指示側に提示して詰めてゆくのである。

また、一見して、スッキリしているようなテーマについても、同様の工程《ステップ》を踏まないと後々《のち》に「しまった」と嘆くことになる場合が多い。

テーマ認知の段階は、また、そのテーマでよい企画ができるのかどうかについて予想する重要なステップでもあるのだ。それにはどうしても、目的手段系統図が必要なのである。

⑤現状の把握と目的発想法

テーマが決まれば、テーマについての現状を把握し、その未来を予測する。たとえば、「仕入れコスト低減のための調達方法革新」というテーマであれば、まずは自社と他社の調達方法の実態をつぶさに調査し、さらに将来を予測する。さて、その際に何を物差し、手本として調査・予測するのか。それこそは、「調達する」をテーマとして作成した目的手段系統図なのである。それは、あるべき姿であることから、手本、枠組み、物差しの役割を果たしてくれるのだ。

⑥問題点の明確化と目的発想法

あるべき姿としての目的手段系統図を物差しにしながら、現状と未来を観るとき、そこには明らかにギャップが存在する。そのギャップこそが問題なのであるがそれは通常、数が多い。そこで絞り込むための評価ステップが必要になる。その評価ツールとして大きく貢献するのが、これまたテーマについて作成した目的手段系統図なのである。あるべき姿としての目的手段からの距離が最も遠くにあり、したがって、悪さかげんが最も大きく、それゆえに、改善効果が最大となる問題をみつけてゆくのである。その改善余地の大きさと予想できる解決策の可能性を総合的に勘案しながら順位をつけてゆく。

目的手段系統図は、あるべき姿を構造的、体系的に示すものであることから、あらゆる問題の位置づけが正しく行えることの効果も大きい。あらゆる角度からの評価ができるからである。

⑦原因分析と目的発想法

問題を解決するためには、すでに存在している原因や将来に発生が予想される原因に対して手を打ち、取り除くことが必要である。そのためには原因を知らなければならない。

ここでもまた、目的発想法の出番がくる。なぜならば、原因を究明するに際しての物差しとしての役割を果たすからである。通常、原因は結果と原因の多段階構造をなし、それをまとめると、因果系統図となり、それはまた、ちょうど、目的手段系統図をそのまま、否定の形に書き換えるとできあがるものである。

端的にいえば、明確となった問題点を解決するための目的手段系統図を作成し、それらすべての項目につき、うまくいっていない状態すなわち悪さかげんを把握してゆくのである。

目的手段系統図と因果系統図（悪い原因型）はいわば、表と裏、肯定と否定、あるべき姿と問題、良い子と悪い子といった関係にあるのだ。ゆえに、反転させれば、目的手段系統図を作成することができるのである。

⑧コンセプトと目的発想法

コンセプトとは、「テーマの目的をよりよく達成するため、手段としてのテーマの推進活動に一貫的、統合的に付加する基本的な価値」である。たとえば、先の例である、「仕入れコスト低減のための革新的調達方法」でのコンセプトは、「ＱＣＤは絶対に現状を上回ること」などである。そこをしっかり押さえておかないと、深刻な品質問題を起こしたりしてかえってコスト高になったりするのである。

コンセプトとは、いわば、目的手段の最適な組み合わせを導き、その実践に一貫した指針を付与するものである。

⑨企画構想と目的発想法

目的発想法の檜舞台はやはり、このステップである。企画構想とは、解決策を立案、構築してゆくステップであるが、企画の骨格と出来栄えが事実上、決まるきわめて重要なステップである。

ここでは、特に必要な能力が二つある。その一つが、創造能力、発想能力であり、二つが論理的思考力、概念構成能力である。しかも両者はまったくといってよいほどに、異質の能力なのである。両能力を兼備えている人は少ない。

しかし、心配はご無用。目的発想法はこの両能力をともに力強く開発・育成してくれる珍しい発想・思考法なのである。

テーマや問題点の機能《はたらき》を目的手段で展開して、それぞれの機能を達成することのできる具体的な実施項目《ホワット》をみつけてゆくのである。面白いほどアイデアが湧き出てくる。

また、多く出てきたアイデアを整序し論理的にまとめておくためにも目的手段の体系が大いに役立つのである。

まずはアイデア発想法としての活用法であるが、物事のすべてを機能《はたらき》として表現するのがその始まりである。その機能をみつけるにもアイデアを必要とするが、それは先にも触れたように、否定法やできない原因列挙法で多くの機能がみつかる。そこで、発掘された機能について、具体的な実施項目《ホワット》をみつけることが必要になる。俗にいう、アイデアを出せ！　とは、この実施項目《ホワット》のことなのである。

しかし、そのホワットをみつけるには、その前提として、「どんな機能《はたらき》をする実施項目《ホワット》をみつければよいのか」「どんな機能を充たす実施項目を発掘すればよいのか」を明確にしなければならない。要するに、めざすべき機能を明確にするステップが必要なのである。

この機能については、自動車などハード商品については、かなり研究・活用されているが、いわゆるコトの世界である経営・管理・事務・営業・サービスなどにおいては、ほとんど活用されていない、いわば暗黒の世界である。

コト・ソフトの仕事に機能という発想をもち込み、機能を先ずみつける習慣をつければ後のホワットはいくらでも湧き出てくる。シネクティクスやチェックリスト法など多くの発想法は、この段階で効果を発揮してくる手法なのである。

さて、アイデアについては、発散段階と収束段階があることはすでに述べたが、目的発想法は、この収束法としての効果も絶大である。アイデアの親元である機能を目的と手段で体系化するのが、目的発想法の真髄であることから、アイデアがいくら出てきても、それぞれの場所にしっくりと落ちつくのである。この収束過程は、目的発想法で万全といえる。

最後に、機能についてであるが、実はそれほど多くはないのである。むしろ、新しい機能を創造してゆくことこそが、今からの大きな課題である。

以下には、日常的なアクションの上位機能をあげておく。

各種アクションの上位機能

•とどける　•わからせる　•つたえる　•ひろげる　•ちぢめる　•とめる　•深める　•明確化する
•つなぐ　•はなす　•のばす　•あわせる　•まとめる　•ひきつける　•うごかす　•近づける
•遠ざける　•集める　•軽くする　•重くする　•小さくする　•大きくする　•短くする　•長くする
•薄くする　•厚くする　•狭くする　•広くする　•たくわえる　•へらす　•ふやす　•簡単にする
•複雑化する　•早くする　•正確にする　•安くする　•美しくする　•楽しくする　•楽にする
•わかりやすくする　•使いやすくする　•守る　•強くする　•細くする　などなど。

⑩実施計画と目的発想法

実施計画の作成では、二つの面で大きく役立つ。一つは、実施計画を立てることの目的を明らかにすることである。いうまでもなく、その目的は、「目的を効率的に達成すること」である。

二つは、⑨で決まった実施項目《ホワット》につき、その実施方法を目的手段でさらにブレークダウンすることである。これがちゃんとできていない計画はほとんど未達に終わる。総論賛成、各論反対となるからである。

⑪企画書作成と目的発想法

ここでも目的発想法の効用は大きい。まずは、企画書はなんのために作るのか、を考えるのである。個々の事情によってその目的は異なるが、場合によっては作らなくてもよいこともある。作る場合でも目的に合ったものは実に少ない。一割程度でしかないのである。

次は、企画書の記載内容と文章についても目的と手段で見直してみることが必要である。それをするだけで、企画書は見違えるような内容になる。

⑫プレゼンテーションと目的発想法

まずは、プレゼンはなんの目的でやるのかを真剣に考えるのである。たとえば説得が目的とする。それでは次に、やり方、媒体など、そのすべては、目的に対して最適の手段となっているか？　を問うてみるのである。

⑬実施・評価と目的発想法

ここにも大きく貢献する活用法がある。それは、日々刻々に手足を動かして行う、所作、仕種レベルの微動作についても、「その目的は何か、手段としての微動作は最適か」を問いながら仕事を進めてゆくのである。変化が激しい現今においては、目的、しかも下位レベルの目的は常に変わり、あるいはなくなっているかもしれないのである。

これを手段の目的化というが多くの人たちが、目的のない、無意味な作業をしているのである。

以上に述べたがごとく、目的発想法は、企画の基本ステップ13のすべてに対して偉大な効力を発揮する。

2．発想と論理と実践に役立つ心形発想法

(1) 心形発想法とは何か

心形発想法は、森羅万象を外からは感覚できない心（内面）と、五感（視覚・聴覚・味覚・嗅覚・触覚）で感覚できる形（外面）の二つで成立していることを、根拠にする発想法である。つまり、心をつくるものは形しかなく、形をつくるものは心しかないということである。

さらに心と形を媒介し、両者をよりよくつなぐものとして、その中間に巧を入れて考えるのである。心と巧と形の内容は図表—26のとおりである。

形から入り、巧が媒介役となり、形と心が螺旋《らせん》状に限りなく発展してゆくのである。その巧こそが企画力なのである。

心形発想法は、なぜ企画力を高めるための知的ツールになるのだろうか。

ステップの1から13までは、すべてやり方・仕方であり行動をともなうが、それらすべての行動に決定的な影響を与えるツールが心形発想法なのである。その活用法を二つに絞って述べる。

一つは大小のすべての物事を、常に心と巧と形に分けて考察する使い方である。たとえば、この企画書の心とは何なのか。巧は、何がどこにどう生かされているのか。まとめ方の形としてはどうなんだ、などと心・巧・形で評価するのである。もちろん、企画を行う前からその三要素を加え、考えておくのである。モノについても、微動作についても同様である。あいさつやお茶をだすなど単純そうに見えることでも、心と巧と形で考えてゆくと深い奥がみえてくるのである。

二つは行動への入り方である。私たちが何か新しい行動に入るとき、大別するとその入り方には二つがある。

図表—26　心・巧・形の要素

形 とは人間の五感で感覚することのできる外面のすべてをいい、味覚、嗅覚といった形のないものも含めている。以下に例示する。

1．人（姿、外見）	2．モノ	3．言葉	4．音
5．動き＝行動	6．状況	7．自然	8．匂い
9．味	10．環境	11．構え	

心 とは人間の五感によっては感覚できない内面のすべて、である。主なものを以下にあげる。

1．気（やる気、勇気、志気、英気等）
2．本質（真・善・美）
3．能力（知識、判断力等）
4．観（人生観、価値観、労働観）
5．欲求（生理的欲求、自己実現欲求）
6．愛・希望・理想等
7．情緒・感性・感情等
8．創造性（独創性、アイデア、知恵等）
9．要求水準・自己イメージ・自尊心・アイデンティティ
10．性格（自信、積極性、消極性）
11．興味・関心・好奇心等
12．目的・手段・機能等
13．潜在意識
14．ビジョン・イメージ等
15．心の文化・組織文化
16．心の習慣……等々

巧とは何か

巧とは、ものごとを手際良く上手にやれる技、技術、方法、ノウハウなどのすべてをいう。それが形として現れないうちは心に属し、形として五感で感覚できるようになると形として取り扱われるため、心形発想法においては、表面に現れないが、心と形をつなぐという偉大な役割をもっている。以下に、いくつか例をあげる。

1．包括的な認識の枠組み
2．考える技術
3．切り口
4．発想法
5．原理・原則
6．法則、公式、方程式
7．技、技術、術、芸、業、態、技
8．ノウハウ
9．工夫、知恵、アイデア
10．基準、標準、モノサシ
11．スキーマ
12．様式、方式
13．戦略、戦術
14．企画
15．型
16．熟練
17．腕
18．手法
19．しくみ
20．しかけ

図表－27　心と形の螺旋状の発展図

その一つは、「心より入りて形に入る」心入法である。心ができてから、行動に移るべしという伝統的な考え方である。

もう一つは、「形より入りて心に入る」形入法である。心ができていなくても、まずは実践から入る方法である。私が推薦するのはもちろん、形入法である。過去三十年間、実業界で徹底して活用し、二百回あまりの講演を行い、大学でも八年間講義してきた。効果てきめんの行動法である。

形入法はやり方・仕方など考えないで、ガムシャラに突っ走れ！　と説いているのではない。あくまで工夫に工夫を重ねた結果のやり方・仕方なのである。理解を得やすくするため、一つ例をあげてみよう。

係長昇進の論文を、「二カ月で三十枚書くように」という通達が人事部長からきた。心から入るとどうなるか。「テーマと内容について毎日少しずつ考えていけば、一カ月もすると合格レベルのものがふくらんでこよう。それから書き始めれば十分だ」と考える入り方である。

次は形入法である。「はじめてのことだし、とにかくなんでもいいから書き始めるぞ！　早速、会社帰りにルーズリーフと見出しを買って、テーマと現状・原因・解決など七項目の見出しをつけ、各項目ごとに一行でもいいから落書きしよう！」と考え、当日からいろいろメモを取り始めた。

彼、形入者は、一応、指圧でもって文字を書いた。実行に着手したわけだ。それは潜在意識にインプットされ、翌日からアイデアがほとばしり出てくる。

「ここはAに聞いたらどうだ」

「こんなデータも必要だぞ」

「解決策についてこれはどうか」

毎日わき出てくるアイデアを、仕事のあいまをみて少しずつ人に聞いたり、資料を調べたり、休日には本屋に行ったりしながら楽しく進め、一カ月が過ぎた。

それまでの調査結果やアイデアは、そのつど机のなかのルーズリーフに貼りつけてきたので、その全体をみると予定の三十枚は十分書ける内容になっている。とにかく全体をとおして書いてみることにした。

書いていくうちに、データ不足や論理的な矛盾など、おかしな個所が次々に出てくる。そのつど、自分でできるところは手直しして、手におえないところは先輩や上司に相談する。だいたい書きおえたのが十五日前だった。

仲の良い友人や先輩、上司、妻にコピーをわたして感想を聞いた。結果、一部修正で完了。とくにあせることもなく、自分の能力の倍以上の論文が完成した。これも形入法を実践したおかげである。

さて、心入者のほうはどうか。一カ月たっても何一つアイデアが浮かんでこない。あせりいらだつ日々が駆け足で過ぎ、ついに一週間前ギリギリとなる。お手上げ状態になり、ただ内容のない文章をつづっただけでおえた。結果はいうまでもない。

このような例からも形入法が、デタラメな行動ではないことがわかったと思う。この方法は立派なやり方・仕方の工夫の成果なのである。

形入法の活用範囲は、ステップの1から13までの全域に及ぶ。その活用法としては、とにかくわからないことがあれば、周りの人に聞きまくる。人は「聞かれたがっている」からである。図表―28には、形から入る法を述べておく。

(2) 心形発想法の企画への活用法

企画を卓越させるためには三つの能力が必須である。それこそは、創造的発想力、論理的思考力、そして行動力である。しかし、その三者の性格はまったく異なり、鼎立《ていりつ》させることはすこぶるむずかしい。

だが心配は無用である。なぜならば、心形発想法をうまく活用すれば、三大能力を容易に開発・育成できるからである。

まずは、形から入ることにより、異質に遭遇でき、アイデアが湧出し、行動力も強化される。形は心をつくり、心が形をつくるというらせん状の発展過程は、おのずと論理性を高めてゆく。

人間世界の基本要素を、心と巧と形とみる切り口は、物事を論理的に考える場合のスキーマとなり、パラダイムとなる。

企画の基本ステップ13のすべてにおいて柔軟ですばやい行動が必要であり、心形発想法の効力には偉大なものがある。

3. 問題発見と背景の理解に役立つパラダイム発想法

(1) パラダイム発想法とは何か

パラダイムとは、物事（心・巧・形）についての、ある時代（期間）における支配的・根源的な見方や考え方、認識の枠組み、およびその表現である。パラダイムを認識する対象には、思想や学説（心）、方法や技術（巧）、物や動き（形）

図表—28　具体的な入り方

	入り方		入り方
1	すぐさばけ！　すぐ片づけよ！	18	嗅げ！
2	すぐ処置せよ！　すぐ手当てせよ！	19	触《さわ》れ！
3	その場で処理せよ！	20	味わえ！
4	しゃべれ！　とにかく声を出せ！	21	笑え！
5	歩け！	22	試みよ！　トライせよ！
6	走れ！	23	人に会え！
7	型にはまれ！	24	変えよ！
8	マネよ！　模倣せよ！	25	参加せよ！　顔を出せ！
9	ふりをせよ！	26	引き金を引け！　ボタンを押せ！
10	らしくせよ！	27	アプローチせよ！
11	強制せよ！	28	電話をかけよ！
12	だまされよ！	29	あいさつせよ！
13	書け！　メモれ！	30	見栄をはれ！
14	読め！	31	スタンドプレーをせよ！
15	聞け！	32	ホラを吹け！
16	見よ！	33	自分を使え！　肉体を駆使せよ！
17	モノを使え！		

などがある。

　簡単にいえば、同時代の人びとが世の中の動きをどうみているか、ということである。そして、その動きの変化をパラダイムシフトという。

　この変化《シフト》は私たちの生活に大きな影響を与えている。とりわけビジネスに対して大きい。パラダイムシフトが企画基本ステップ13の1から13までのやり方・仕方の実践力強化にいかに作用するのか。これも二つに絞って示す。

　一つは、パラダイムシフトが経営の根幹である目的や戦略、目標や実施項目《ホワット》などに対して強力な影響を与えていることである。一例をあげれば、規制緩和により、新規参入や価格設定が自由になるとともに、熾烈な競争が展開されている。しかもそれは地球規模なのだ。それゆえに、目的や実施項目の決め方には、パラダイムシフトを十分に理解しておくことが必須となるわけである。

もう一つは、パラダイムシフトは上位レベルだけでなく、微動作レベルに対してもさまざまな影響をもたらしていること。たとえばインターネットの普及は英語力を必須のものにしている。時間の使い方にしても、二十四時間で考えなければならなくなった。

図表—29には、パラダイムシフトの例を少しだけあげておく。本例は、私がまとめたパラダイムシフト約六百例ほどのなかからほんの一部を紹介したものである。

しかし、いずれにせよ、パラダイムシフトの影響は私たちの仕事や生活時間のすみずみまで深く広く及んでいる。詳細については拙著、『仕事と経営の極意——パラダイム発想法』（学文社）をご参照いただきたい。

今日においては、パラダイムシフトを企画のなかにしっかりと取り入れるのは至極当然なのである。

(2) パラダイム発想法の企画への活用法

以上にごく簡単にパラダイム発想法のなんたるかを述べたが、ここでは企画への活用法についてみておきたい。

第一は、問題の認知・発見に多大の効用を発揮することである。パラダイムシフトは多大の問題を生み出し、企画テーマはいくらでも転《ころ》がっているからである。たとえば、長期低成長、高齢化、規制緩和などをみればよくわかるのである。新規事業企画のテーマなどは無数に存在する。

第二は、ステップの1から13までの全ステップにおいて、パラダイムシフトの影響度を十分に意識しながら進めることである。思わぬところに大きな影響を与えることがあるのだ。

最後は、多くの人が旧パラダイムの発想から抜け出ていないことである。企画を進めてゆく場合、関係者のパラダイム認識度を評価しながら行うとうまく対応することが可能である。

図表―29　パラダイムシフト例

	新パラダイム	旧パラダイム
思考・科学	①東洋神秘主義 ②全体的・包括的(ホリスティック) ③目的因果　④複雑系	①西洋的科学万能主義 ②局部的・分析的・還元主義的 ③自然的因果　④単純系
構造	①複雑（複線・非連続・ホログラフィ的）	①単純（単線・連続・機械論的）
技術	①独創　②基礎研究	①模倣　②応用研究（生産技術中心）
可視性	①見えざる世界（レールなし・不透明）	①見える世界(レールあり・透明)
社会	①高齢化　②高学歴化 ③晩婚化　④女性の社会進出 ⑤年金危機	①ピラミッド型　②中学歴 ③中婚　④男性中心 ⑤年金黒字
家族	①ミニ化　②長男・長女家庭	①中家族　②次・三男家庭
経済	①低成長　②成熟　③ゼロサム	①高成長　②未成熟　③パイあり
政治	①不安定　②財政危機 ③規制緩和　④地方分権	①安定　②財政安定　③規制強化 ④中央集権
世界	①冷戦構造の終結　②地球最適 ③小さな地域　④グローバリゼーション ⑤ボーダーレス	①冷戦構造　②自国最適 ③大きな地球　④ローカリゼーション ⑤ボーダーあり
価値	①心　②価値観の多様化 ③自己表現	①モノ　②価値観の共有 ③低次欲求
企業経営	①独創的経営　②企業文化の時代 ③経営理念　④戦略　⑤人間性の論理 ⑥協調　⑦目的創造　⑧総資産利益率	①模倣的経営　②経済効率の時代 ③利害・打算　④戦術　⑤能率の論理 ⑥競争　⑦手段開発　⑧株主資本利益
組織構造	①小さな本社　②個人決定 ③フラット型ネットワーク組織 ④混血・解散・柔軟組織	①大きな本社　②集団決定 ③ピラミッド型多階層組織 ④純血・閉鎖・硬直組織
意思決定	①トップダウン　②コミッティ・コンセンサス	①ボトムアップ　②集団的意思決定
人的資源	①プロフェッショナル ②エリート・契約・短期雇用に分化 ③自主・自発・主体性	①アマチュア ②終身雇用の正社員が中心 ③従順・忍耐・和
システム	①実力主義　②カフェテリア制 ③機能分担型　④個体主義	①年功序列　②終身雇用制 ③企業内組合　④集団主義

4. 質と価値を引き出す修飾発想法

(1) 修飾発想法とは何か

通常、われわれは、指示されたり、指示するとき、自分から何かをするとき、名詞と動詞で行うことがほとんどである。

「売上げを増せ」

「この伝票、インプットして」

「この原稿、ワープロして」等々である。

わが国は明治維新以来、モノ造りを中心に欧米に追いつき追い越せと肉体の汗をかいてきた。モノ造りでは、通常、上流部門である設計部や生産技術部などが図面や治型具を揃え、作業手順書を作成するなど、指示通りに行えば狙いの品質ができあがる仕組みになっていた。さらにモノ造りでは、物《ブツ》という形のハッキリしたものを対象とすることから、製造工程の始めから終わりまでその良否や出来栄えがよく見えたものである。

しかも、約八割方《がた》の従業員が直接工として製造に携わっていたため、企業全体でみれば、名詞と動詞のやり方でもうまくやってこれたわけである。

だが、時代は変わり、八割方《がた》が知的業務《ワーク》に携わるようになった今日、過去の生産技術部や品質保証部のごとき、プロセスやアウトプットの質に責任をもってくれる部門は存在しない。今日の知的業務に携わる人たちは、始めから終わりまで、その仕事の全工程《プロセス》と結果について自分自身で全責任を負わなければならなくなってきた。

要は刻々の微動作から成果まで、そのすべての知的ワークを自分自身でよりよくし、その価値を高めることが必要なのである。だが、現状は今なお、ほとんどの人たちは、名詞と動詞で仕事をしており、したがって、質とか価値といったことへの関心そのものが皆無なのである。

「企画書、作ればいいんでしょ」「販促、すればいいんでしょ」となるのだ。

そこで、質や価値をみつけ出す発想法として開発されたのが、修飾発想法なのである。その使い方はごく簡単だ。名詞と動詞にあらんかぎりの修飾語をつけ、そのなかから、それぞれの仕事の価値をみつけ出すのである。

(2) 修飾発想法の企画への活用法

それでは、修飾発想法は企画力の強化にいかに役立つのか。二つに絞って述べる。

一つは、基本ステップ13のすべてのあらゆる行為につき常に修飾語をつけて行うことである。いかなる修飾語をつけるかについては、たとえば、真・善・美・愛・早・正・安・楽・快・易・量・質・安全……等々である。もちろん、それら以外にもそれぞれの業務や行為に、価値向上に役立つものをどんどんつけてみることが大切である。

かくしてすべての行動の仕方・やり方が高価値化への途を歩むことになる。

二つは、修飾発想法を基本ステップ13のすべての価値向上への視点・観点として全面的に活用してゆくことである。他からの制御がなくプロセスのすべてを自分の裁量で進めなければならない。しかも、形のみえない知的ワーク。それをよくする仕方・やり方こそが、すべての行動に修飾語をつけて、それぞれの行動に真の価値をみつけることである。名詞と動詞だけではそれがみえないのである。

5．資源の最適活用を図る資源発想法

(1)　資源発想法とは何か

資源発想法とは、「その活用の仕方によっては、生活や仕事・経営の出来栄え、成果に多大の影響を与える源《もと》となるものは何かを認識し、そこから改善・革新の知恵を得る方法」である。

資源発想法を開発したのは、われわれの生活や仕事・経営の源となる資源の内容や意味が時代の激変により、様変わりしており、それを正しく認識し、うまく活用しなければ私生活も仕事もともに幸せにはなれない、という危機感からである。

すなわち、生活や仕事に役立つ資源にはいかなるものがあり、いかに活用すべきか、を知り、実際に活用しなければよい成果は望めないのである。

長い物造り時代の経営資源といえば、ヒト、モノ、カネであり、いずれもハードなもので外在的である。この場合のヒトはあくまでも労働力《レイバー》としての資源であり、他律的、受動的、無個性的なロボットのごとき存在であった。

まずは、図表―30の経営資源の新旧対比表をご覧いただきたい。そこには、ハードからソフト、モノから心、外在性から内在性、集団から個人へのシフトが明確である。

推移リストからもわかるとおり、資源は形から心へ、モノから心へ、マスから個人へ移っている。そこでは資源の活用についても個人の責任になっていることを忘れてはならない。なぜならば、他《ほか》ではない、自分自身が最大最高の資源だからである。自分の能力次第で他は自由自在に操れるのである。

図表―30　経営資源推移の歴史

◇経営資源にもやはり変遷があり、**第一段階が人、モノ、金**であり、**第二段階で時間と情報が加わり**、さらに現在の第三段階においては下記のように多大のソフト資源がプラスされる。

ステップ	経営資源の内容
第一	•人（主として肉体労働）　•モノ　•金
第二	第一の人、モノ、金に情報と時間がプラスされる。
第三 （二一世紀の資源）	第二ステップに以下をプラスする。 1．**従業員**　独創力・創造力・自発性・自主性・主体性 企画力・方法技術……等々の突出力 2．**企業**　経営力・優れた組織風土・文化・伝統等 3．**社外資産**　顧客・販売網・仕入先・下請企業等 4．**社外からみた資産**　信頼・信用・名声・人気・品質等 5．**経営環境**　環境変化こそ最大の経営資源 6．**全般にかかわるもの**　企業イメージ・人間関係・コミュニケーション

(2)　資源発想法の企画への活用法

さて、ではかかる資源発想法は企画力強化に対していかに役立つのか。二つに絞って述べる。

一つは、己自身こそが最大最高の資源であることを先ず深く認識し、次に己の資源を磨き、基本ステップ1から13までの全ステップに万全の活用をすることである。その活用は13ステップの質を向上させ、すべてを洗練させることになる。

二つは、自分以外の資源についての活用法が洗練されることである。己の知が資源であるならば他者の知も重要な資源なのであり、積極的に活用するようになる。共通方法能力の重要項目である時間活用能力や情報処理能力などに対しても、時間や情報を資源とみることによって対応の仕方が変わってくるのである。

いずれにせよ、何を資源とみ、いかに発掘、育成し、その上手な活用法を考える、資源発想法は、企画力の育成・強化に多大の効用を発揮するのである。

四　主として思考力を高める思考法

次は企画に必須の論理的思考力を開発・育成するに当たって大きな力となる思考法のいくつかを紹介する。

1. 弁証法

弁証法とは、簡単にいうと、対立関係の認識と克服の論理である。ヘーゲルは弁証法を正・反・合と定式化したがその方式を用いて説明してみよう。

図表―31にあるように、意見Aに対して、反対意見Bがある。両者の対立から新しい合意Cが得られる。そのCに対して、また誰かが反対意見Dをぶつける。CとDの意見が対立する。しかし、この対立のなかからまた合意Eが生まれる。そして、またこの合意した意見Eに対して、また反対意見Fが生まれる、というように続いてゆく。これが弁証法的発展である。

近年、モノゴトを真剣に考える人はめっきり減ってきたが、弁証法についてはかなり活用されている。矛盾・対立の克服法としてである。弁証法を俗っぽく、単に矛盾・対立の克服・統合といった意味に使うならば、ごく日常的に活用されているのである。

仕事とはいわば、矛盾・対立を克服することであり、企画の仕事はまさに、矛盾・対立克服業といった観がある。

図表ー31　弁証法

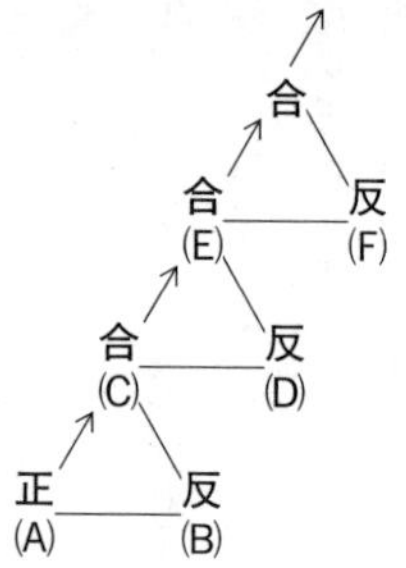

弁証法はこの矛盾・対立の克服に大きく役立つ思考法なのである。

創造学では「創造とは異質と異質の掛け合わせから新しい発想が生まれる」という。ヘーゲルの正・反・合の弁証法はまさに創造学の考え方にも同じなのである。

それでは最後に、弁証法の本質を箇条書きにしておく。

一つ、弁証法は、物事には正と反があることをいっている。すなわち、プラスとマイナス、長所と短所、肯定と否定、好きと嫌い、男と女、大と小……等々、この世には相反するもの、二元対立するものが存在するのである。

二つ、すなわち、この世の中には、正だけ、反だけとか、これだけとか、唯一とか、絶対とかはないのである。

三つ、森羅万象は相対的である。絶対というものは神や宗教だけのことである。

四つ、弁証法は、十人集まれば十の意見があることを教える。みんな違う意見である。

五つ、弁証法は、異質の存在を認める。

六つ、弁証法は、固定観念にとらわれない。

弁証法は、発想や意見や思想に唯一無二の絶対はないことを教える。これは物事を一歩下がって相対的にみることの大切さを教える。

弁証法はアイデア開発法としても物事の観方、切り口としても、いつでも、どこでも使える偉大な発想法、思考法なのである。

弁証法の訓練にはディベートがある。ディベートは弁証法なのである。日常の仕事でも意見の対立を統合する努力は常に行われている。

2. 帰納法

帰納は演繹と並んで科学の二大方法である。帰納はギリシャ時代に誕生し近代において確定した発想法である。帰納とは、個々の具体的事実から一般的な命題や法則を導きだす方法である。特殊から普遍を導きだす方法であるといってもよい。

たとえば、ある仕入れ担当が多くの営業マンに接するうちに、「やたら調子のよすぎる人はどこかで問題を起こすという事例を多数見てきた」。そこで彼は、「調子のよすぎる人は信用できない」という仮説をもつに至った。要するに、具体的な事実から帰納したのである。そして、この仮説を実際の場で活用してゆくのが演繹なのである。

われわれ仕事人は常に帰納的な思考に慣らされている。日々刻々にさまざまな刺激を受け、試行錯誤してゆくなかで、「このケースでは、こうすればよいのだ」という個人的な原則(仮説)をつくりあげてゆく。

それら個人的な仮説や原則も、さらに活用し、修正してゆくにつれて徐々に分類・整理され、体系化されてゆく。それらのなかから世界に通ずる新発見や新発明、新法則や新思想が生まれてくるのである。本著で度々紹介している目的発想法や心形発想法などは私が試行錯誤の上に体系化した、「村上流発想法」から発展していったものである。

さて、企画力との関係やいかに？

能力を開発するとはそれらの過程が順調に進むことなのである。

結論的にいえば、企画とは帰納することなのである。企画の基本ステップ13のすべて、とりわけ、問題の認知や企画構想においては、過去および現在の帰納によるプランナーの仮説や原則などの出来栄え次第で質が決まってしまうからである。

あらゆる情報を帰納して、独創的な仮説を導き出し、それをテーマにし、解決策にするのである。解決策は帰納から出てきた、仮説なのである。

3. 演繹法

演繹とは、「一般的な既知の原理・法則から、特殊な未知のことがらを、経験によらず必然的・論理的結論として導くために推論する思考法」である。簡単にいえば、「仮説を論理的に証明すること」であり、三段論法などがその典型的な例である。

演繹法を仕事のやり方で説明すると、何かをやろうとするとき、最終目的や結果を明確に描くことができ、それに向かって手段を構築し一気にやり遂げるといったものである。

そのように未来の結果を洞察できる能力は帰納的な思考と実践を繰り返すことで徐々に磨かれてきたのである。目的発想法で最上位目的を定義しアクションレベルまで下位に展開してゆく方法も演繹法の一つなのである。

実際の仕事は、事実の積み重ねという帰納的アプローチと、テーマを頭に置いた推論という演繹アプローチの繰り返しによって行われている。よい成果をあげるためには、地道なデータ集めと思考の飛躍を促すことも必要なのである。

帰納と演繹との関係も重要であり、両者は車の両輪の関係にある。

帰納で仮説を引き出し演繹で証明する。両者があいまって、仮説が法則や原理になってゆくのである。重要なことは、思考習慣としてこの思考プロセスをしっかりと身につけることである。

そうすれば、偏見や独断に陥る誤りをさけることができる。いかにすばらしいアイデアがでても、演繹的に証明しなければ単なる思いつきで終わってしまうからである。

人間は経験的に帰納法を使っている。経験則というのは帰納的方法である。経験則を科学的にするには演繹的な方法による検証が必要だ。演繹的方法とは論理的方法である。目的発想法の目的手段体系は演繹的方法の代表である。

日本人は帰納法はできるが、演繹法は苦手である。帰納型はテーマが与えられると、懸命に資料をさがし、なかなか仮説にたどりつかない。演繹型はまずサッと資料に目を通すと直ちに仮説を立て、その仮説の証明に必要なものだけを収集して仮説を裏付ける。

それでは企画と演繹法との関係やいかに？

先には、企画は帰納することだと述べたが、ここでは、企画は演繹することだといいたい。ということは、企画の仕事は、帰納と演繹を両輪として遂行されているからである。

すなわち、企画の思考は帰納と演繹に論拠を置いているということである。企画の基本ステップ13においては、大小さまざまな思考や行動が行われる。それらが実施される前には必ず仮説が立てられる。「この目的のためにはこれこれの手段を講じなければならない」、これはいわば仮説であり、帰納から生まれてくる。

次に、「うまくやるにはこれこれのやり方をしたい」と演繹を使うのである。

仕事のすべてがそうであるが、仕事の推進は、帰納と演繹のプロセスなのである。仮説を立て（帰納）、よい方法を活用し（演繹）、両者を洗練してゆく過程なのである。

企画はそれらがとりわけ濃縮して現れる仕事なのである。

五　主として発想力を高める発想法——創造性開発技法

知的ワークに従事する人たちが八割を占めるようになった今日、個々人の仕事に占める独創力や創造力の重要性は高まるばかりである。トップから末端のアルバイトまで知恵やアイデアを駆使したやり方・仕方をしなければ激しい競争には生き残れないからである。

さて、創造性開発技法などというと、堅苦しく聞こえるが、本書では、ちょっとした思いつき、アイデア、知恵、考え方など広い範囲の何か新しいことを創出する意味で使っている。

その技法については、世に知られているものだけでも三百を越えるが、それらのなかから、企画力養成に効果があり、だれでもが容易に使えるもの五つに絞って述べることとする。

いずれにしても大切なことは、まずは使ってアイデアを出してみることである。

発想法のチャンピオンは、すでに述べた、目的発想法であるが、それ以外にも、既述した発想法・思考法のなかにも、発想力の開発・育成に効果的なものがある。たとえば、心形発想法や弁証法などである。本節と合わせてご活用いただきたい。

企画における創造性《アイデア》の重要性は述べるまでもない。企画は新しさが生命だからである。新しさを出すには、知恵やアイデアが必須である。しかも、創造性は基本ステップ13のすべてに必要なのである。企画構想だけではないのだ。

1. BS（ブレーン・ストーミング）法

(1) BS法とは何か

世界一優れた目的発想法の次は、世界中で最も多く使われているBS法である。BS法は米国のオズボーンが開発したもので、とにかく多くのアイデアを出すことに狙いがある。BS法の原意は「突発性精神錯乱」で、参加者をある興奮状態に置くことで、多くのアイデアを発想しようという方法である。

(2) BS法実施手順

次にBS法の実施手順を述べる。

①四～六名程度のグループをつくる。
②リーダーと書記を決める。
③机・模造紙・ポストイット等を用意する。
④テーマを決める。
⑤発想に当たっての四原則を徹底させる。

第一原則は批判厳禁である。

出された意見の批判は絶対にしない。

第二原則は自由奔放を許すことである。

突飛で変わったアイデアなどなんでもよい。

第三原則は質より量である。
量さえ出れば質のよいものもある。
第四原則は便乗発展である。
人の意見への便乗・改善大いにけっこう。

要はアイデアの数を多く出すことだけを心がけ、それを促進するため、人の意見を批判せず、人の発言に便乗し、自由奔放に発想するのである。

⑥アイデアをポストイットなどに書き、模造紙などに貼ってゆく。

(3) BS法の効用

BS法の効用は大きい。

一つは、短時間に多くのアイデアが出ることである。筆者は毎年、ゼミで、「ゼムクリップの活用法」をテーマとして六十分間行うが、二百個を越えるアイデアが出てくる。

二つは、企画・広告・商品開発・販売促進・業務効率化・動機づけ……等々、きわめて広い範囲に活用できることである。

三つは、やり方によってはけっこう質の高いアイデアを発掘できることである。

(4) BS法からの発展技法

BS法からは改良された亜流の技法が出ている。

一つは、「ゴードン法」である。これは、リーダー以外にテーマを教えないで抽象化したテーマにして提示する方法である。たとえば、コップであれば、「たくわえる」とするのだ。発想の範囲が大きく広がるという特徴がある。

二つは、「フィリップス66法」である。これは、人員六人、時間六分と限定するやり方であり、時間制限により効率のよい発想ができる。

三つは、「635法」である。これは、六人のグループの参加者が三つのアイデアを五分以内で考え、カードに書き、それを便乗発展させるため他の人に渡すというやり方である。時間と発想の数を決めることでさらにプレッシャーを強め、カード化で後の整理をしやすくする。

四つは、「ストップ・アンド・ゴー法」である。これは、全体による討論と小集団の討論とに分け、それを一〇分程度の短時間に交互に行うやり方である。異なった環境のなかで視点を変えた発想ができる。

五つは、「ペアマッチ法」である。これは、二人でBS法を行い次々と相手を替えてゆくやり方である。新鮮な環境を狙うものである。

六つは、「サンドイッチ・テクニック法」である。これは、BS法で出された案を評価して絞り込み、再びそれをテーマにしてBS法を行う。また、まず個人で考えた後、その案をもってBS法でグループ検討し、再び個人作業に戻って考えるやり方である。新しい刺激のなかで異なった発想ができる。

以上の六つに共通していることは、時間を限定する、相手を替えるなどにより、変化による刺激を与えることで創造性を発揮しやすくしていることである。

⑸　BS法と企画力

それでは最後にBS法と企画力との関係やいかに。BS法はいわば手軽に多量のアイデアを出す方法であるから、人間行動のすべてのやり方・仕方をよりよくするための工夫に十分活用できる。ただし、BS法の本質はグループワークにあることから、個々人に特有のことや微動作レベルの小さいことには活用しがたい。多くの場合は、部課や全社などに共通性のある物事、テーマを対象にするとよい。たとえば、既存商品や新商品の新しい活用法、販売促進法、コストダウン、業務効率化、職場の活性化、事務合理化、安全、衛生、ＩＴ活用法……等々である。

2. チェックリスト法

(1) チェックリスト法とは何か

チェックリスト法とは、「発想や行動の視点・観点を予めチェックリスト化しておき、活用する方法」である。その狙いには大別して二つがある。

一つは、アイデアや知恵など、発想を得るための刺激、きっかけ、呼び水の機能《はたらき》をもたせることである。

二つは、たとえば旅行や出張など非日常的な行動をとるときに、失敗をしないようにすることである。

一般的には、前者のことに使われるが、筆者は企画力の要素であるところの「実施」の仕方をより確実にするための工夫として第二の目的を重視している。

(2) チェックリスト法の手順

①チェックリストを用意する

チェックリストの内容については、各自、各社、活用目的に応じて独自のものを作成すればよいが、ここには、オズボーンのリストを紹介する。

オズボーンのチェックリスト

①それを「他の分野」で使えないか
②それと「似たもの」はないか
③「過去に同じようなもの」がなかったか
④形を「拡大・縮小」したらどうなるか
⑤何かを「付加・組合せ」したらどうなるか
⑥他のもので「代用・入替え」できないか
⑦「分割・一部除去・省略」したらどうなるか
⑧「逆にしたら」どうなるか
⑨「変えたら」どうなるか
⑩「二重・誇張する」とどうなるか

このリストは主に商品の開発・改良に使われ大きな効果をあげている。

次には、業務の効率化に役立てることを目的として筆者が作成したリストである。業務効率化にも、他と同様、やり方・仕方があるのだ。そのやり方・仕方を工夫してできたのが「業務効率化のチェックリスト」である。

チェックリスト

①やめられないか？
　間接業務では五割はやめても困らない。
②減らせないか？（時間・金額・回数・頻度・数量・種類・枚数）
　これも五割は減らしても困らない。
③縮小化・短小化・小型化できないか？
④大型化・長大化できないか？
⑤他人にやってもらえないか？（アウトソーシング・外注・他部門・上司・部下・同僚・ボランティア・親会社・派遣会社・アルバイト）
⑥まとめられないか？　合わせられないか？（合併・提携・共同利用）
⑦変えられないか？（人・物・場所・時間・実施項目・相手・販売先・仕入先・ルート・商品・サービス・やり方・仕方・方法）
⑧重複・過剰をやっつけろ！（上下・部門間・グループ間・取引先・仕入れ先）
⑨送付先・サービスの提供先を見直せ！
⑩人の編成替えをせよ！
⑪アウトプットよりインプットの方が大きい不効率業務をすべて追放・改善せよ！
　社内業務の八割は不効率業務である。
⑫個人間のバラツキを直せ！
⑬私用コストを洗い出せ！
　携帯・おしゃべり・ゴルフ話……等々。
⑭六S化を徹底させよ！
　探すことは仕事ではない。
⑮会議を見直せ！

業務効率化の

八割は不要だ。
⑯委員会やプロジェクトを見直せ！
　本気で取り組んでいるのは二割だ。
⑰コンピューターを洗い直せ！
　そこには膨大なムダの山がある。
⑱少数精鋭化させよ！
　少数化すれば精鋭化する。
⑲前倒しできるものはすべて前倒しせよ！
⑳手続き、ルール、社規を見直せ！
㉑段取り・手順を考えよ！
㉒業務のトレードオフを常に行え！
㉓すべての仕事につきその目的と手段の適合性を常に問え！
　目的は何か、手段は最適か、を問うことで業務の質は五割向上し、業務は効率化されて半分になる。
㉔個人が日々刻々に行う微動作は企業の最高目的につながっているか？　それが見えるか？
　真の仕事とは、効率的な仕事とは、畢竟《ひっきょう》、全従業員の全行動が企業の最高目的にムダなく、ムラなく、ムリなく整然とつながっていることなのである。
㉕個人の成果と報酬は連動しているか？
　業務効率化の根本は、全従業員が己にかかるコスト以上を稼ぐことである。それにはまず、己のコストと成果を知ることが前提となる。その仕組み、個人単位に損益計算書を作成するのが「一人会社制」である。工夫力もここまできて、はじめて本物になるのだ。

②チェックリストを活用して発想する

テーマにつき、リストの項目一つひとつに当てはめてアイデアを引き出すステップである。早く成果を出したいときや時間的な制約があるときは、効果のありそうな項目をつまみ食いするも由《よし》、である。

③出てきたアイデアを整理・分類する

(3) チェックリスト法の効用

忍耐強く一つひとつ当てはめてゆけばそれなりにアイデアは必ず出てくるものである。特に商品開発や改良・業務効率化には多大の効果が認められる。

(4) チェックリストからの発展技法

チェックリストの項目は、オズボーンのものだけでも八十数項目もあり、筆者は千項目余をもっている。要するに項目には制約がないわけであり、各人それぞれの成功体験などをもとにどんどん独自のものを追加してゆけばよい。

(5) チェックリストの活用法——行動

チェックリスト法の活用にはもう一つある。それは行動チェックリストである。これにも大別すると三つに分類できる。

一つは、ウッカリミスを防止するために活用するものである。このタイプはチェック項目自体は決まっており、ほとんど変わることはないが、それだけに慣れすぎてかえってウッカリミスを犯すことになる。

それらにはたとえば、家庭では、外出時のチェックリストがあり、会社では一番に出勤した者がなすべき項目のリスト、最後に帰る者のなすべき項目リストなどがある。私生活でも仕事でも車を運転するときにもチェックリストで必要なチェックを行うのである。

企画業務についてもおおいに活用することができる。「企画業務遂行チェックリスト」を作成しておくのである。

二つは、仕事の質を確保するためのチェックリストである。この場合、チェック項目の名称は同じだが、内容は常に変化する。それゆえ、変化する内容の質を確保できるよう促すために使用するものである。

それらにはたとえば、電話をかける前に六W三Hでメモをしておく、「架電チェックリスト」や「社外文書を書くときに必要な九項目のリスト」などである。

最後は、突発的・非日常的な事態に対処するためのチェックリストである。

それらには、たとえば、「海外出張チェックリスト」、「火災発生時の対応チェックリスト」……等々がある。

(6) チェックリスト法と企画

以上には主としてオズボーンの商品開発・改良と筆者の業務効率化について述べてきたが、もちろん、それら以外のすべての人間行動に活用できる創造性開発技法である。商品開発企画、販促企画、組織活性化企画等々の問題発見や解決策の立案、さらには、実行段階における効率化に役立つのである。

チェックリスト法は、企画の基本ステップ13のすべてに、しかもそれぞれのステップのごく細部に亘ってまでの活用が可能である。

評価基準の項目チェックリスト、企画構想立案チェックリスト、実行計画作成チェックリスト……等々である。

3．シネクティクス——類比思考

(1) シネクティクスとは何か

シネクティクスは、ゴードンが創始した類比による着想法であり、「異なった一見関連のない要素を結びつける」方法である。「異質馴化」（見慣れないものを見慣れたものに置き換える）、「馴質異化」（見慣れたものを見慣れないものに置き換える）という作業を通じて、新しいものを発想する着想法である。

(2) シネクティクスの手順

シネクティクスの手順は次のとおりである。

①問題提示
②専門家による分析と解説
③解決試案の発想（「異質馴化」の活用）
④解決目標の設定
⑤類比発想の要求（「馴質異化」の活用）
⑥類比発想
⑦類比の選択
⑧類比の検討
⑨強制適合

⑩解決策作成

4．属性列挙法

(1) 属性列挙法とは何か

属性列挙法とは、「そのものに備わっている固有の性格（属性）という観点から、対象を分解しそれぞれについて創造的に考える方法」である。

この技法では、部分・性状・機能の三つを規定している。

(2) 属性列挙法の手順

手順は次のとおりである。

①テーマを属性に分解する

テーマを、部分・性状・機能に分解する。

部分属性は名詞として表現できる。自動車でいえば、エンジン・ミッション・シャーシ・ボディ……等々である。性状属性は形容詞として表現でき、丸い、四角な、白い、重い……等々である。また機能属性は動詞として示すことができ、たとえば、走る・まがる・とまる・運ぶ……等々である。

②分解された属性ごとに新しい視点でアイデアを発想する

先の属性でいえば、「重い」という性状に対しては、二人でもち上げられるほど軽くならないか、また、機能での「運ぶ」に対しては、別に自動車でなくても駱駝で運んでもいいじゃないか、と発想するのである。

(3) 属性列挙法の効用

分解し、細分化して考えるためたくさんのアイデアを得ることができる。主に商品の改良に効果が大きい。

5. その他、代表的な創造性開発技法50

以上には、比較的使いやすい四つの技法を紹介したが、それら以外にも多くの優れたものがある。

以下には、本書ですでに紹介した発想法・思考法も含めて、名称のみを50だけご紹介する。それぞれの詳細については、各自で学習されたい。

発想法と思考法について、大急ぎでみてきたが、それらを企画に生かすためには、実際に活用してみることである。形から入って、まずは使ってみることが最も大切である。

自由連想法
1 ブレーンストーミング法 2 ブレーンライティング法 3 フィリップス66（バズセッション法） 4 6 3 5法 5 MBS法 6 NBS法 7 カードBS法 8 カードBW法 9 クイック思考法

主要な創造性開発技法50

A．発散技法

	10	希望点列挙法・欠点列挙法
	11	目的発想法
	12	心形発想法
	13	パラダイム発想法
	14	資源発想法
	15	修飾発想法
強制連想法	16	チェックリスト法
	17	属性列挙法
	18	形態分析法
	19	入出法
	20	マトリックス法
	21	SAMM法
	22	あべこべ思考法
	23	エリア・シンキング
	24	焦点法
	25	一対連関法
	26	カタログ法
類比発想法	27	シネクティクス（シネティクス）
	28	ゴードン法
	29	NM法
	30	バイオニクス

B．統合収束技法	
カード利用式一般統合技法	一般統合技法
45 7×7法（セブン・クロス・セブン法） 46 OCU法（オキュー法） 47 SKS法 48 ストーリー法 49 こざね法 50 KPS法	31 KJ法 32 特性要因図 33 因果分析法 34 クロス法 35 ZK法 36 ブロック法 37 目的思考法 38 MSLシステム 39 BD（ビジネス・デザイン）法 40 FBSテクニック 41 インプット・アウトプット法 42 システム合成法 43 システム・ダイナミックス 44 ワークデザイン法

おわりに

企画という手法は、やるべきテーマを自分でみつけ、関係者にわかるように自分でまとめ、他人の協力を得ながら、狙いどおりのアウトプットを出す、いわば一件完結型のやり方である。それは、いわば、個人事業家、個人営業者に限りなく近い形態《スタイル》であるともいえる。

したがって、企画ができるということは、いつでも、どこにいても、自分で仕事をつくれ、実践し、成果をあげられるということである。その力を企業に勤務しながら、養成できるのであるから、よい企画を次々に行うことで、企画力を練磨《ブラッシュアップ》することである。そうすれば、高失業率も、リストラも馬耳東風となるのである。

組織内にあっても、仕事の創造から成果を出すまでの完結能力がなければ、存在意義がなくなってくる。近い将来、個人単位で損益計算を行う、「一人会社制」が導入されるようになってくる。

企画力といっても、それほどむずかしいものではない。世の中は、普通の人が普通に生活しているのであり、その普通のなかに仕事のネタはいくらでも転がっているからである。

少しの意欲とわずかの心がけさえあれば、企画力は育成されるのである。

本書が企画力開発・練磨へのきっかけとなれば本当にうれしいかぎりである。

著者紹介

村上　哲大（むらかみ　てつひろ）

昭和三七年立命館大学法学部卒業。同年、東洋工業（現マツダ）入社。部長、子会社役員を経て、土佐女子短期大学へ転出。学生部長・秘書学科長を経て、平成一三年四月より仁愛大学人間学部教授。総合企画室長。専攻は秘書学、ビジネス方法論、企画開発論、ビジネス能力論、創造性開発論、経営学等。

主な著書に、『仕事学原論』（渓水社）、『日的発想』『秘書理論』『ビジネス発想の方法技術』『二人会社制』（以上、都市文化社）、『形から入って心をつくれ』『形から入って技と心を磨け』（以上、日本教文社）、『仕事と経営の極意―パラダイム発想法』（学文社）、『工夫力が面白いほど身につく本』（中経出版）などがある。

企画の本質と技法

二〇〇二年二月二〇日　第一版第一刷発行

著　者　村上哲大
発行者　田中千津子
発行所　株式会社　学文社
〒一五三―〇〇六四　東京都目黒区下目黒三―六―一
電　話　〇三（三七一五）一五〇一（代）
FAX　〇三（三七一五）二〇一二
振　替　〇〇一三〇―九―九八八四二

印刷　株式会社亨有堂印刷所

乱丁・落丁の場合は本社でお取替します。
定価はカバー・売上カードに表示してあります。
◉検印省略
ISBN4-7620-1109-6